赵 钊◎著

高维因子资产组合
与市场泡沫研究

中国财经出版传媒集团

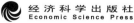
经济科学出版社
Economic Science Press

·北 京·

图书在版编目（CIP）数据

高维因子资产组合与市场泡沫研究/赵钊著. -- 北京：经济科学出版社，2024.1
ISBN 978 - 7 - 5218 - 5582 - 1

Ⅰ. ①高… Ⅱ. ①赵… Ⅲ. ①证券市场 - 定价模型 - 研究 - 中国 Ⅳ. ①F832.51

中国国家版本馆 CIP 数据核字（2024）第 037978 号

责任编辑：孙丽丽 撖晓宇
责任校对：刘 娅
责任印制：范 艳

高维因子资产组合与市场泡沫研究

赵 钊 著

经济科学出版社出版、发行 新华书店经销
社址：北京市海淀区阜成路甲 28 号 邮编：100142
总编部电话：010 - 88191217 发行部电话：010 - 88191522
网址：www. esp. com. cn
电子邮箱：esp@ esp. com. cn
天猫网店：经济科学出版社旗舰店
网址：http://jjkxcbs. tmall. com
北京季蜂印刷有限公司印装
710 × 1000 16 开 15.5 印张 240000 字
2024 年 1 月第 1 版 2024 年 1 月第 1 次印刷
ISBN 978 - 7 - 5218 - 5582 - 1 定价：66.00 元
（图书出现印装问题，本社负责调换。电话：010 - 88191545）
（版权所有 侵权必究 打击盗版 举报热线：010 - 88191661
QQ：2242791300 营销中心电话：010 - 88191537
电子邮箱：dbts@ esp. com. cn）

CONTENTS ▷
目　　录

第 1 章　绪论 ·· 1

　1.1　研究背景 ··· 1

　1.2　资产定价未来研究展望 ······························ 5

　1.3　我国特有的资本市场问题 ·························· 7

　1.4　本书的结构安排 ·· 9

　1.5　本书的特色与创新之处 ··························· 12

第 2 章　高维异象检验：一种新的有效排序法 ··········· 14

　2.1　问题的提出 ·· 14

　2.2　复制异象 ·· 17

　2.3　实证分析 ·· 23

　2.4　进一步的结果 ··· 38

　2.5　研究结论 ·· 52

第 3 章　高维组合构建：总暴露约束与压缩协方差矩阵 ·············· 54

　3.1　问题的提出 ·· 54

3.2　组合构建方法 ………………………………………… 59

3.3　蒙特卡罗模拟 ………………………………………… 64

3.4　实证结果 ……………………………………………… 74

3.5　研究结论 ……………………………………………… 87

3.6　理论证明 ……………………………………………… 89

第4章　高维因子模型估计 ……………………………… 93

4.1　问题的提出 …………………………………………… 93

4.2　因子模型 ……………………………………………… 95

4.3　新的动态估计方案 …………………………………… 101

4.4　实证分析 ……………………………………………… 103

4.5　研究结论 ……………………………………………… 116

4.6　因子计算 ……………………………………………… 117

4.7　正则化估计算法 ……………………………………… 118

4.8　通过验证进行样本分割和调整 ……………………… 120

4.9　稳健性检验 …………………………………………… 121

第5章　构建高维虚拟资产组合 ………………………… 138

5.1　问题的提出 …………………………………………… 138

5.2　文献回顾 ……………………………………………… 141

5.3　数据和组合构建方法 ………………………………… 143

5.4　实证结果 ……………………………………………… 147

5.5　研究结论 ……………………………………………… 157

第 6 章　我国资本市场泡沫与监管 ·············· 159

　　6.1　问题的提出 ························· 159

　　6.2　文献回顾 ························· 160

　　6.3　我国资本市场泡沫与突出的风险点 ·········· 162

　　6.4　我国资本市场监管与干预的反事实仿真 ······· 172

　　6.5　结论与建议 ······················· 184

第 7 章　油市与股市泡沫传染性 ·············· 186

　　7.1　问题的提出 ······················· 186

　　7.2　文献回顾 ························· 189

　　7.3　数据和泡沫识别方法 ················· 191

　　7.4　实证结果 ························· 194

　　7.5　稳健性检验 ······················· 203

　　7.6　结论与启示 ······················· 205

参考文献 ····························· 207

后记 ······························· 238

第 1 章

绪　　论

1.1　研究背景

　　Markowitz（1952）均值方差有效（Mean Variance Efficient，MVE）资产组合理论的提出奠定了资产定价理论的基础，标志着现代金融学的开端。基于这一理论，Sharpe（1964）、Lintner（1965）和 Mossin（1966）在一系列严格的假设条件下，推导出均衡状态下投资者将仅从无风险资产和市场证券组合中进行选择的结论，由此得到资产定价的单因素模型，即资本资产定价模型（Capital Asset Pricing Model，CAPM）。Fama（1970）对资本市场定价的效率问题进行总结，提出了有效市场假说（Efficient Market Hypothesis，EMH）理论。Ross（1976）放松 CAPM 对投资者行为的假设，提出套利定价理论（Arbitrage Pricing Theory，APT），从均衡价格形成的套利驱动机制解释资产价格的决定因素。Lucas（1978）和 Breeden（1979）在资产定价模型中同时考虑投资和消费决策，运用一般均衡分析，提出消费的资本资产定价模型（Consumption-based CAPM，CCAPM）。

　　20 世纪 50 年代到 20 世纪 80 年代是资产定价理论发展的黄金时段。后续资产定价的发展大多从 Fama 和 MacBeth（1973）横截面回归所提供的资产实际收益与特征有关的实证证据出发而建立。如 Fama 和 French（1993）发现除了 β，企业的市值和账面价值市值比也与股票平均收益有关，基于此提出三因素模型。类似地，Hou 等（2015）、Fama 和 French（2015）发现企业的利润和投资与横截面收益密切相关，且不能被三因素模型解释，分别提出四因素和五因素模型，并分别根据投资的定价模型和红利贴现估值模型为新的定价因子提供理论解释。继 Markowitz 和 Sharpe 因其在金融经济学的开创性工作而获得 1990 年的诺贝尔经济学奖之后，Fama 也因其对资产价格的经验分析而获得 2013 年的诺贝尔经济学奖。

随着越来越多与资产收益横截面相关的信号被提出，[①] "资产期望收益的横截面再次陷入混乱"（Cochrane，2011），这就需要在理论和实证方法上有所创新才能实现理论与现实的同步。21 世纪以来，高维因子资产组合与定价得到了巨大的发展，主要体现在以下三个方面。

第一，针对可能存在的统计偏差、数据挖掘等问题提出新的检验方法，旨在识别真正对资产收益有解释和预测能力的信号。如 McLean 和 Pontiff（2016）基于特征分位数构建多空中性投资组合，考察了 97 种不同的收益预测信号，发现其样本外收益和发表的事后收益平均分别下降 26% 和 58%，验证了统计偏差和错误定价的存在。Harvey 等（2016）针对数据挖掘问题提出多元检验，将检验预测信号是否显著的 t 统计量临界值由 2 提高到 3。Ledoit 等（2019）与 De Nard 和 Zhao（2022）发现通过考虑协方差矩阵，构建基于特征的有效排序组合，考察组合的样本外收益可以将检验的 t 统计量翻倍，从而大大提高检验势。

第二，针对高维因子可能存在的高度相关性、非线性等问题，运用贝叶斯、非参、机器学习等方法，进行变量和模型的选择，解决过度拟合问题。如 Kozak 等（2020）运用贝叶斯方法将无近似套利机会理论这一经济机制约束作为先验认识加入模型，根据因子方差的大小将随机折现因子

---

① Green 等（2013）、Hou 等（2020）分别总结了 330 个和 452 个对资产期望收益横截面有预测力的信号或因子。

（Stochastic Discount Factor，SDF）系数进行不同程度的压缩。Freyberger
等（2020）通过非参数方法考虑特征的非线性。Kozak（2020）借助机器
学习中的 Kernel Trick 思想，同时考虑特征的非线性和交互作用。Rapach
等（2013）、Green 等（2017）、DeMiguel 等（2020）、Freyberger 等（2020）
和 Feng 等（2020）应用 LASSO 进行股票收益预测的变量选择。Gu 等
（2020）通过各种机器学习方法对实证资产定价中风险溢价的测度问题提
供了较为全面的比较分析。De Nard 和 Zhao（2023）将脊回归、LASSO、
弹性网络分别运用于因子模型的估计，同时结合非线性压缩方法，提出双
重压缩的协方差矩阵估计量，并应用于高维投资组合的构建。

　　第三，运用新的计量方法估计高维协方差矩阵或通过对组合权重进行
压缩，构建高维因子和高维资产下均值方差有效的资产组合。Daniel 等
（2020）指出，传统的特征组合基于特征进行排序，仅考虑了资产收益的
期望而未考虑其协方差矩阵，所构建的组合不是均值方差有效的，得到的
特征风险溢价不仅包含了定价风险也包含了未定价风险。他们发现考虑了
协方差矩阵的特征组合将显著提高传统特征组合的夏普尔率。Zhao 等
（2023）从数学上证明了对协方差矩阵进行压缩与对组合权重进行约束在
构建组合时有等价性，但前者的实际效果优于后者。

　　与美国股市相比我国股票市场发展还不成熟，属于新兴市场，在制度
环境、市场机制、投资者结构等诸多方面都具有自身特殊性，如个人投资
者占比高、涨跌停板限制、"T＋1"制度、做空门槛高、存在非流通股、
首次公开发行从核准制逐渐改革到注册制等。这些特殊性一方面使得适用
于北美股市的收益预测信号和资产定价模型不一定适用于我国市场，另一
方面使得我国股市波动性高、投机性强、受政策影响大，资产价格可能长
期偏离基本价值，而表现出无效定价，甚至出现泡沫。

　　基于以上理论和现实背景，大量文献对我国股市收益预测、定价、泡
沫和风险进行研究。姜富伟等（2011）以估值、交易量等9个变量作为预
测信号，发现我国股票市场具有显著的可预测性。苏冬蔚和麦元勋
（2004）、Jiang 等（2020）、王琳玉等（2020）、陈淼鑫和黄振伟（2021）

分别发现换手率、企业的财务实力（F 得分）、高阶矩风险和波动的长记忆对股票收益有显著的预测作用；Jiang 等（2018a）和谢谦等（2019）发现公司盈利水平能有效预测我国股票收益。Jiang 等（2018b）考察了文献中常见的 75 个特征，发现交易摩擦、动量和盈利水平等特征对我国股市横截面期望收益有显著预测作用。Leippold 等（2022）用机器学习算法研究了中国股市的 94 个预测因子，发现与美国股市不同，流动性是非常重要的预测因子。Liu 等（2019）结合中国首次公开发行市场监管严格、"借壳上市"现象常见的特点，提出了适用于中国股市资产定价的市值和价值因子。Carpenter 等（2021）则认为中国股市价格信息的有效性在逐渐提升并已经接近美国市场。回顾我国股市发展历程，2007 年和 2014 年出现了较为明显的异常波动，表现为资产价格轨迹偏离随机游走，出现持续爆炸性上涨，但以红利等计算的基本面价值没有随之爆炸性上涨，因此资产价格偏离其基本面价值出现泡沫。王少平和赵钊（2019）使用 Phillips 等（2015）提出的广义上确界 ADF（GSADF）检验，检测出我国股市在 2014 年 11 月 ~2015 年 7 月存在泡沫，同时针对我国资本市场 2015 年的护盘干预进行反事实仿真，提出化解突出风险点的实时监管建议。Zhao 等（2021）检测出我国股市和油市都在 2007 ~ 2008 年和 2014 ~ 2015 年出现泡沫，并通过 Granger 因果关系检验为不同市场之间泡沫的传染效应提供实证证据。

基于以上理论和现实背景，我们一方面需要发展高维理论，利用前沿的统计和计量方法处理高维大数据，构建均值方差有效的高维资产组合，重构资产定价模型；另一方面需要针对我国股市的制度、机制和结构特征，探索我国股市的定价、波动和风险特征，以实现我国资本市场的有效定价，防范和化解资本市场突出风险点，守住资本市场不发生系统性风险的底线。本书从这两个方面进行研究，在高维理论方面，我们关注高维异象的检验、高维组合的构建以及高维因子模型的估计；在我国股市风险防范方面，我们关注泡沫的实时监测、市场泡沫形成的微观结构、护盘干预的政策效果以及股市与油市泡沫的传染关系。

1.2　资产定价未来研究展望

1.2.1　投资者信念的异质性与动态变化

现有的资产定价理论和实证研究大多基于理性预期假设，即假定投资者已知经济背后的模型和参数且进行理性预测。放松理性预期假定，考虑投资者的有限理性、认知局限、直观推断，考虑不同投资者的信念异质性和动态变化，将是未来资产定价领域的重要方向（Brunnermeier et al.，2021）。

资产的价格理论上由投资者对企业未来现金流和风险的预期所决定。现有研究大多关注投资者对股票收益的短期预期，而对企业盈利能力的长期预期考虑不足。此外，投资者对企业风险的认知，更确切地说，投资者对企业未来收益分布及尾部风险的信念，同样对资产价格有决定作用。因此，投资者信念的测度，尤其是投资者对企业长期盈利能力和尾部风险的预期，对资产定价有重要意义。投资者的信念具有异质性，个体投资者和机构投资者有不同的信息来源、处理方式和认知能力，从而形成不同的预期。那么究竟哪类投资者的信念对资产价格的决定起主要作用？在大数据时代，投资者可获得的信息量非常庞大。由此产生的一个自然的问题是，投资者如何基于高维信息形成信念？一方面，从时间序列的角度看，投资者的信念形成是基于过去多长时间的信息得到的？另一方面，从横截面的角度看，面对高维预测因子和高维资产，投资者如何提取关键信息而形成对资产未来收益或企业未来现金流和风险的预期？

1.2.2　大数据时代宏观政策对资本市场的影响

Brunnermeier 等（2021）指出，全球金融危机、新冠疫情、俄乌冲突等一系列全球性事件后，政府宏观政策尤其是央行货币政策对资产价格的影响越来越重要。为维系金融稳定，各国央行对资本市场的干预力度都在加大。除了调整利率，央行还通过各种量化宽松项目、主动收益率曲线管理、回购计划、甚至通过直接入市干预对市场价格进行调节。借助神经网络、深度学习等机器学习算法，我们可以分解不同政策和冲击对于银行、保险、基金等不同金融部门的影响。此外，数字货币等新技术的诞生降低了流动性摩擦，也为研究资产定价及宏观政策影响带来新的挑战。因此，大数据时代，研究宏观政策如何科学合理地制定以精准地调控资本市场风险、提升定价效率、维系金融稳定，具有重要的理论和现实意义。

1.2.3 资产配置需求弹性

家庭通过共同基金、养老基金、保险等中介以及直接购买股票等方式配置其资产。类似地，中介又投资其他中介（如养老基金投资共同基金）或者直接持有资产。资产定价的重要目标之一在于为家庭和机构的资产配置决策提供解释。Brunnermeier 等（2021）从需求分析的角度总结了一个重要的研究问题，即资产价格和特征的变化或者某个外部冲击如何影响投资者在时间维度和横截面维度对资产的需求。例如机构受限于外部约束不得不对一些股票头寸进行平仓，那么其他机构或个人所持的这部分股票资产价格将要下降多少才能使得市场重回均衡状态？基于动态的基金组合持股数据，可以研究资产需求曲线的弹性以及不同替代资产之间的横截面弹性。进一步，还可以从实证的角度研究投资者信念异质性与所受约束是否能解释资产的潜在需求。从投资者的需求曲线出发，我们可以更好地区分理性投资者和噪声交易者，并研究他们各自对资产价格波动的影响。

家庭和机构对资产的需求以及企业对资产的供给共同决定了资产的价格和数量。资产定价理论如果能同时从需求和供给层面对资产的价格和数量给出解释，其意义不仅体现在学术理论的进步和创新，更体现在对政府宏观调控和监管政策效果的回应。例如央行大量购买某种资产将对市场产生何种影响？政府对企业社会责任（ESG）的提倡将对不同种类的资产价格产生什么影响？政府对风险监管的放松或收紧又会产生什么影响？

进一步，投资者对资产的需求还取决于对公司未来增长情况和风险的预期，因此公司的红利政策、资本结构、投资和创新政策、盈利能力等特征也会影响需求。而这些特征又与公司治理密切相关。Elenev 等（2021）将资产定价中投资者的资产需求模型与公司治理中的决策制定结合起来，得到一个能对资产价格、投资者组合、宏观变量、公司政策进行解释的综合模型。

1.3　我国特有的资本市场问题

Hu 和 Wang（2022）对包括债券、股票、衍生品等在内的我国金融市场进行了较为全面的综述。根据上海证券交易所和深圳证券交易所的数据统计，截至 2020 年底，在沪深两市上市的企业数量分别达到 1 794 和 2 347 家，总市值接近 65 万亿人民币，仅次于美国。A 股市场投资者主要包括散户、金融中介、机构投资者以及合格境外机构投资者（QFII）。我国 A 股市场有许多独特性，引起了学术界的广泛关注。第一，A 股属于典型的散户化市场，个人投资者占 80% 的交易量（Hu and Wang，2022）。A 股上市公司分红比例低，许多个人投资者以获取短期买卖价差为目的。Liu 等（2022）的调查数据表明散户对自己的信息优势过于自信，且赌博偏好为其主要交易动机，这直接导致了 A 股过高的换手率和波动率。

第二，A 股首次公开发行（IPO）很长一段时间采用核准制，需要证监会发审委审核。为了与国家的整体经济政策相协调，证监会出于宏观管理的角度约束和调控上市公司的整体数量。相对漫长且结果不确定的 IPO 过程使得一些想要上市的企业借壳上市或者避开 A 股选择在香港或海外市场上市。由于有大量借壳上市的需求，A 股上市企业的退市率远低于发达国家市场。鉴于市值最小的股票往往被当作借壳上市的对象，其收益与其基本面关系不大，因此，Liu 等（2019）提出在构建 A 股的市值因子时，应该将市值在底部30%的股票剔除。近年来，监管机构正逐步改革 IPO 流程，并于 2023 年 2 月 1 日正式启动全面实行股票发行注册制改革。

第三，在交易制度上，A 股当天买的股票需要在下一个交易日才能卖出，且对日内波动设置了上下限。Bian 等（2022）发现由于"T + 1"交易制度的存在，投资者倾向于在接近收盘时购买更多的股票。Chen 等（2019）指出日内的涨跌停限制可能会使得大投资者在股票价格上涨接近10% 上限时买入股票，并在第二天立刻卖出，从而导致长期的价格反转。

第四，做空机制历史短、门槛高，且仅针对部分股票。2010 年 3 月我国证券市场才正式启动券商融资融券业务试点，但仅有少数券商被批准试点该业务，且做空仅针对部分股票。Ni 和 Yin（2020）发现试点企业在被允许卖空以后波动降低且长期和短期的市场表现都变差。卖空机制的不完善导致被高估的股票价格不能及时回复到有效水平，从而影响整体市场的有效性。

第五，股权结构具有特殊性。我国股市是计划经济向市场经济转轨过程中由试点开始逐步发展起来的。20 世纪 80 年代末至 90 年代初，我国对国有企业进行股份制改造，以建立现代企业制度。由于采取了增量发行的方式，原有股票变成非流通股，形成了我国股市流通股和非流通股并存的独特格局，这种股权分置状况导致了同股不同权、同股不同利等弊端。2005 年 4 月，证监会启动股权分置改革试点，通过非流通股股东和流通股股东之间的利益平衡协商机制消除 A 股市场股份转让制度性差异。根据交易所统计数据，到 2023 年底，非流通股的市值占比已从 20 世纪 90 年代初的近 80% 降低到不足 12%。

第六，相对于发达国家市场，我国股市受政策影响较大，政府对股市干预较多。政府频繁干预背后的理论依据是我国股市都相对不成熟，存在着大量没有经验、以投机为目的的散户投资者，政府出于保护投资者并维持金融和社会稳定的目的而对市场进行干预。2014 年下半年到 2015 年上半年，由于沪港通、降息等正向的政策信号刺激，加上房地产资金回流等因素，我国股市快速上涨，在投资者情绪的助推下，场外配资急速扩张，股市泡沫进一步扩大。出于对市场过热和非法配资引起的过度杠杆的担忧，2015年6月12日证监会发布新规，强调将加强对融资融券业务的监管，终止非法配资账户。由此便开启了股市的一轮暴跌，大盘指数一个月蒸发接近40%。为了重振市场信心，政府又出台一系列救市政策，尤其是通过以证金、汇金为代表的资金直接大量购买沪深300成分股的方式进行护盘干预。2015年的股市政策干预和市场表现说明我国股市的"政策市"特征，市场对于政策非常敏感。

　　Hu，Pan和Wang（2021）发现1993～2020年，我国股市平均年化收益率为13%，波动率达到43%，而同期美股平均年化收益率为10%，波动率为19%。也就是说，我国股市风险调整后的表现要远逊色于美国股市——夏普比率仅为美国股市的三分之一（Hu et al.，2021）。学术界普遍认为市值、流动性、短期反转、波动率等信号对我国股市的横截面收益有较强的预测性，而适用于美股的收益预测信号如账面价值市值比、动量、投资、利润等因子的预测效果则不如前者稳健（如 Nartea et al.，2017；Gu et al.，2019；Cheema et al.，2020），Choi 等（2016）、Chen 等（2015）和 Liu 等（2017）尝试从信息不对称、收益分散、政治不确定性等角度结合我国特有的制度背景进行解释。

1.4　本书的结构安排

　　本书主要包括两大部分内容：其一，高维理论及其实证应用，包括高维异象的检验（第2章）、高维组合的构建（第3章）、高维因子模型的估计（第4章）以及虚拟货币高维组合的构建（第5章）；其二，市场泡沫检验及系统性风险防范，包括我国股市泡沫的实时监测、市场泡沫形成的微观结构、护盘干预的政策效果（第6章）、股市与油市泡沫的传染关系（第7章）。本书各章的主要内容如下。

第 1 章，绪论。本章介绍资产组合理论发展的理论和现实背景，尤其是大数据背景下高维因子的资产组合和定价理论以及我国股市泡沫和系统性风险相关的现实背景。本章总结了未来值得关注的资本市场方向：（1）投资者信念的异质性及动态变化，尤其是不同类型的投资者如何基于高维信息形成对市场时间序列及个股横截面收益和风险的预期；（2）宏观政策对资本市场的影响；（3）资产价格和特征的变化如何影响家庭和机构的资产需求。本章总结了我国特有的资本市场问题，包括：（1）市场交易量由个人投资者主导；（2）核准制到注册制改革；（3）"T + 1"交易限制和涨跌停限制；（4）做空门槛高；（5）历史原因导致的股权结构特殊性；（6）政府干预较多，股市受政策影响较大。

第 2 章，高维异象检验。该章提出了检验高维横截面异象的新的有效排序法。在金融文献中，为了检验因子是否能预测股票收益横截面，常用的方法是基于该因子构建多空头中性的组合，同时通过考虑 NYSE 断点和市值加权以减少小微企业偏误。计量文献认为，为了更有效地检验异象，在组合构建中需要考虑协方差矩阵。本章提出的新的有效排序法就是将二者结合起来，在考虑了协方差矩阵的有效排序组合的基础上考虑 NYSE 断点和市值加权以减少小微企业偏误。这种方法能更有效地检验高维横截面异象。我们发现相比于传统的排序组合，这种新的有效排序法能将 t 值平均提高一倍多，即使在考虑交易成本后，新方法的显著优势仍然存在。

第 3 章，高维组合构建。该章从现实出发考虑投资者构建组合时面临的权重约束，从理论和实证两个角度，证明了在构建高维组合时直接对权重施加约束和使用压缩的协方差矩阵的等价性。通过考虑了不同的设定，包括条件协方差矩阵和无条件协方差矩阵、不同的股票数量、不同的组合构建目标（最小方差组合或是对某个因子有给定的暴露），以及不同的交易成本设定，本章发现我们所选压缩协方差方法的实际表现优于对总权重施加约束。我们将权重约束和协方差矩阵之间的数学联系从静态扩展到动态，并从自由度的角度为压缩方法在实际中优于权重约束提供了新的解释。此外，蒙特卡罗模拟和实证分析的结果都表明只要组合允许一定程度的做空，使用 DCC – NL 协方差矩阵估计量就可以降低投资组合的风险、提高组合的夏普比率。

第 4 章，高维因子模型估计。该章基于高维因子提出了一种双重压缩的高维协方差矩阵估计方法。具体来说，这种方法针对因子和资产的双重高维问题，首先利用 LASSO、脊回归或弹性网络在估计因子模型时对系数进行压缩，然后对因子和残差的协方差矩阵进行直接的非线性压缩。我们发现这种双重压缩的协方差矩阵估计方法的实证表现优于其他现有的协方差矩阵估计方法，且当使用这种方法时，不需要考虑因子动物园（factor zoo），而仅需要考虑市值因子或者最重要的潜因子。

第 5 章，构建高维虚拟资产组合。该章基于 100 种市值最大的虚拟货币日度交易数据，考虑 10 个定价因子，构建有效排序组合和基于分位数的排序组合。本章发现了对虚拟货币收益最有预测力的两个价格因子。本章还发现，在虚拟货币资产组合的构建中，有效排序组合优于传统基于分位数的排序组合和简单的 1/N 组合，且这种优势来源于既考虑了协方差动态变化又解决了"维数诅咒"的 DCC – NL 协方差矩阵估计量的使用。此外，本章还发现对权重施加约束可以有效控制虚拟货币组合的风险。

第 6 章，我国资本市场泡沫与监管。该章针对我国资本市场 2015 年的运行与证监部门的护盘干预，使用 GSADF 和 BSADF 泡沫检验，对我国沪深 300 指数及其 10 个一级行业指数进行泡沫检验，确定泡沫起止时间及其微观结构，发现市场泡沫与行业泡沫的引导关系，由此识别突出的风险点，并进行系列反事实仿真分析，提出化解突出风险点的实时监管建议。这一结果系首次以反事实仿真的证据，回应国际金融界对中国股市护盘干预的质疑。

第 7 章，油市与股市泡沫传染性。该章检验了国际原油市场、我国原油市场和我国股市的泡沫。基于代表国际油市的 WTI 和 Brent 原油价格、我国油市的大庆和胜利原油价格、我国股市的沪深 300 指数和我国股市相关板块石油天然气勘探指数，运用 GSADF 泡沫检验，本章识别了原油市场和股票市场的两个泡沫区间，即 2007～2008 年全球金融危机泡沫和 2014～2015 年原油产能过剩泡沫。进一步，运用格兰杰因果关系检验，实证证据表明原油市场和股票市场的泡沫之间存在双向传染效应。2007～2008 年泡沫由股市传染到油市，2014～2015 年泡沫由油市传染到股市。实证结果还发现我国的原油市场对国际原油市场波动越来越敏感。这些实证发现为有效监管市场、防范化解系统性金融风险提供重要启示。

1.5 本书的特色与创新之处

本书的特色与创新之处主要体现在如下三个方面。

第一，针对高维问题进行系列理论方法的创新。在大数据时代，随着越来越多的定价因子被提出，有效检验定价因子、构建均值方差有效的高维资产组合、解决定价因子和资产的双重高维问题十分重要且具有挑战性。围绕这一难题，本书探索如何基于现有的统计理论和计量方法进行创新。具体地，本书基于同时考虑协方差时变性和高维问题的 DCC－NL 协方差矩阵估计量，提出了新的高维横截面异象检验方法、高维资产组合构建的新理论以及新的高维协方差矩阵估计方法。

第二，强调金融理论与计量方法的结合。传统的资产组合构建大多采用基于分位数的排序方法，未考虑协方差矩阵，从而忽略了资产之间的相关性，导致得到的定价因子实际上不仅包含定价风险还包含了未定价的风险，从而不能很好地描述特征所对应的风险溢价。本书将投资组合和资产定价理论与高维时变协方差矩阵的估计方法相结合，改进了传统的组合构建方法，为资产定价的实证研究提供了新的工具。本书将以无风险套利为核心的资产定价理论与以随机矩阵理论为基础的高维协方差矩阵非线性压缩估计结合起来，用前沿的计量方法作为工具研究重要的金融理论问题，以更好地探索前沿金融理论的发展。

第三，强调金融计量理论与我国资本市场现实的结合。以前沿的金融计量理论和方法为支撑，本书探索了我国资本市场的重要问题，包括股票市场特征、股票市场泡沫的识别、突出风险点的界定、股票市场泡沫的微观结构、2015 年政府护盘干预的政策效果、油市与股市泡沫的传染效应等，为防范化解我国资本市场的系统性风险、促进我国资本市场的有效定价提供了重要且有实证依据的政策建议，也为我国投资者更好地理性投资、通过构建有效投资组合实现风险分散化提供了实证依据。

第 2 章 ▮

高维异象检验：一种新的有效排序法

▪ 2.1　问题的提出

在横截面异象检验构建投资组合时，不仅要包含合适且可行的股票收益协方差矩阵估计量，还要考虑到小型和微型市值股票的影响，以模拟"整个"市场。我们通过对超高维度下考虑纽约证券交易所（New York Stock Exchange，NYSE）断点和价值加权的受约束的方差最小化问题，修正了 Ledoit 等（2019）提出的有效排序方法。这一想法是通过有效排序获得更高的 t 统计量，但同时包括所有可投资的股票（包括大、小和微型股），并进行必要的规模控制，以复制"整个"市场，从而得到有代表性的 t 统计量。我们提出的这一新方法控制了微型股偏差，因此可以检验整个横截面的异象，而不局限于"大"股票。更重要的是，（重新审视的）有效排序的表现仍然优于基于分位数的排序。

在任何时候，横截面异象检验构建投资组合时都应只涉及先前获得的数据，所以该检验也被称为预测性检验。[①]　特别地，NYSE 断点调整、价

---

① 换句话说，投资策略是可实际操作的，可由量化基金经理实施。

值加权和美元中性的多空投资组合被持有一段时间，届时将根据最新的因子数据对其进行重新平衡。[①] 这一过程将生成一个投资组合收益的时间序列。如果一个因子的平均投资组合收益在适当的统计显著性水平上超过基准（通常为 0），则该因子就被认为是成功的。其中的核心量是多空投资组合收益的 t 统计量。

我们提出新的有效排序方法用于检验横截面异象，该检验基于以下两个条件：（1）预测收益的因子。（2）合适的协方差矩阵估计量。在每个投资日，我们通过因子数据存在的最大股票数量来复制市场，并检验 Gu 等（2020）中讨论的 94 个（月度）特征。尽管使用复合似然法估计高维时变协方差矩阵大大提高了（计算上的）可行维度，但这一方法仍不适用于我们的超高维设置（多达 5 000 只股票）；参见 De Nard 等（2021b）、Engle 等（2019；2020）。因此，我们使用最新的分析性非线性压缩方法来估计超高维协方差矩阵，该方法适用于维数高达 10 000 的协方差矩阵，参见 Ledoit 和 Wolf（2020a）。

我们发现，当我们从基于分位数的排序组合升级到基于协方差矩阵的（分析性）非线性压缩估计量的新的有效排序组合时，t 统计量的值平均增加了一倍以上。Harvey 等（2016）等很多研究建议在多重检验问题中，需要将 t 统计量的显著性阈值从通常水平的 2 提高到更苛刻水平的 3，因此，这种检验势的提升有非常重要的意义。当使用的临界值为 3 时，有效排序方法几乎使显著因子的数量增至 3 倍。此外，如果我们将有效排序方法应用于特定的 NYSE 断点类别，我们发现，在非微型股中，与基于分位数的排序相比，有效排序仍有显著的优势，这说明协方差矩阵估计量在资产的高维度上表现出色。

我们从不同方面检验了新的有效排序方法的稳健性。我们发现，如果通过 Fama – French 因子对原始投资组合收益进行过滤，所得结果是稳健

---

① 有些作者可能会使用信号、预测因子、特征、异常、横截面模式、预测变量等替代术语来代替"因子"。具体来说，我们指的是一个历史数据的函数，它可以解释后续股票收益的横截面：区分那些表现往往优于同行的股票和那些表现往往逊于同行的股票。

的。我们还考虑了交易成本和流动性约束的不同设置。无论我们是将统一的交易成本设置为 10 个基点，还是将微型、小型和大型股票的交易成本分别设置为 20 个、10 个和 5 个基点，有效排序组合的表现都远远超过了基于分位数的投资组合。当出于现实因素考虑而施加不允许做空的约束时，有效排序的优势更加明显。此外，我们发现与基于分位数的排序相比，有效排序不仅在所有 94 个因子的平均水平上占优势，而且在六个子类别（动量、价值增长比、投资、盈利能力、无形资产和交易摩擦）中都占优势。最重要的是，与最初的有效排序投资组合相比，重新审视的方法在不损害投资组合表现的情况下，成功地减少了对微型股和单一股票不切实际的大头寸暴露。

这些结果的重要性至少体现在以下两个方面。首先，t 统计量是夏普比率的一个缩放版本，因此 t 统计量翻倍意味着投资者将获得巨大的经济收益。在更高的层面上，我们的研究结果支持使用协方差矩阵的非线性压缩估计提高了对资产定价的实证理解这一说法，因为它增强了预测功效，并有助于识别最可靠的定价因子。其次，虽然证券价格研究中心（The Center for Research in Security Prices，CRSP）最大的 1 000 只股票约占股票总市值的 90%，占总交易量的 90% 以上，但将平均股票数量从 1 000 只增加到 3 157 只仍然是很重要的，因为这意味着将样本从"大"股票扩大到"整个市场"。研究结果表明，对于较小的股票（微型股），因子通常表现得更好，而我们的有效排序方法对较大的股票（非微型股）更有效。

本章建立在大量致力于解释股票收益横截面异象的文献基础上。Green 等（2013）和 Harvey 等（2016）总结了这一系列文献中的 300 多篇文章和因子。Cochrane（2011）以及 Mclean 和 Pontiff（2016）提出因子动物园。Hou 等（2020）通过编译包含 447 个横截面异象的迄今为止最大的数据库来复制金融和会计领域的所有异象。然而，规模庞大的因子动物园需要更严格的规则来避免数据挖掘问题。Harvey 等（2016）认为，一个（新的）因子需要使用一个更高的判断准则，即 t 统计量大于 3.0，而不是使用通常的标准。Green 等（2017）在 Fama – MacBeth 回归中同时包括 94

个特征，以识别提供有关股票收益独立信息的因子。Feng 等（2020）提出了一个双重选择程序来评估任何新因子对资产定价的贡献。本章与上述研究的不同之处在于，我们专注于通过考虑股票收益的协方差矩阵估计量来构建更高效的 Markowitz 投资组合。

关于高维 Markowitz 投资组合选择的文献在过去十年左右的时间里经历了大规模的扩张，并且仍在增长；仅列举几个例子，见 DeMiguel 等（2009a；2013）、Fan 等（2008；2013）、Jagannathan 和 Ma（2003）、Ledoit 和 Wolf（2003），以及 Ledoit 和 Wolf（2017a）。根据这些文献，股票收益协方差矩阵中的信息很重要，忽视它将导致投资组合欠佳。最近，Ledoit 等（2019）证明，在大的投资域内使用 Engle 等（2019）最新的协方差矩阵的 DCC - NL 估计量，使横截面异象检测的 t 统计量平均增加两倍以上。他们建议将理论上和实证上表现欠佳的基于分位数排序的投资组合构建程序升级为有效排序。然而，他们仅考虑基于大型股票来复制和检验横截面异象。我们扩展了他们的方法，通过纠正微型股偏差来适应整个市场。

微型股往往具有最高的等权重收益以及最大的横截面标准差。然而，由于交易成本高、流动性差，微型股异象在实践中不太可能被利用。Asparouhova 等（2013）以及 Blume 和 Stambaugh（1983）表明，微观结构摩擦，如买卖价差、非同步交易、离散价格和订单不平衡，会使横截面等权重收益向上偏移。Fama 和 French（2008）表明微型股只占 NYSE - Amex - NASDAQ 市场总市值的 3%，但占股票数量的 60%。为了控制微型股偏差，我们遵循文献，使用 NYSE 断点和价值加权回报来形成多空投资组合，参见 Cremers 等（2012）、Fama 和 French（2008）、Feng 等（2020）、Freyberger 等（2020）和 Hou 等（2020）等。

2.2 复制异象

为复制异象，我们在考虑"整个"市场并控制大型和微型股偏差的情况下，构建暴露于给定因子的多空中性投资组合。与 Fama 和 French（2008）以及 Hou 等（2020）类似，根据市值我们将股票分为三组，记为 Gr ∈ {Micro, Small, Large}，分别考察微型股、小型股和大型股在每个因子上的（平均）收益，其中区分微型和小型以及小型和大型股票的分界点分别是 NYSE 股票市值的第 20 个和第 50 个百分点。

设 N_t^{Gr} 表示每个组在交易日 t 的动态投资域大小。投资域中的股票以 i 为索引。在 t 日，观察到每组企业特征的横截面向量用 $\boldsymbol{m}_t^{Gr}$ 表示。在每个组中，我们构建的多空中性投资组合由一个权重向量 $\boldsymbol{w}_t^{Gr}$ 定义，其满足：

$$\sum_{w_{t,i}^{Gr}<0} |w_{t,i}^{Gr}| = \sum_{w_{t,i}^{Gr}>0} |w_{t,i}^{Gr}| \leq 1 \tag{2.1}$$

因此，整体复制组合由权重向量 $\boldsymbol{w}_t := (w_{t,1}, \cdots, w_{t,N_t})'$ 定义，满足：

$$\sum_{w_{t,i}<0} |w_{t,i}| = \sum_{w_{t,i}>0} |w_{t,i}| \leq 3 \tag{2.2}$$

值得注意的是，这种多空投资组合在每个组内的权重之和必然为 0，因此在全局中的权重之和也为 0。也就是说，在投资组合构建当天，组合在所有组中都是美元中性的。此外，投资组合的总暴露为 6 美元。[1] 若投资组合不是每天更新，习惯上是在下一次投资组合构建前保持股票数量不变，而不是保持投资组合权重不变。[2] 在这种情况下，给定日期的投资组合收益取决于投资组合权重向量如何随着投资组合中各种股票的价格变动而变化。[3]

2.2.1　基于分位数的排序组合

设 B 为所考虑的分位点数。设 d 表示小于或等于 N_t^{Gr}/B 的最大整数。令 $\{(1), (2), \cdots, (N_t^{Gr})\}$ 为 $\{1, 2, \cdots, N_t^{Gr}\}$ 的重排，该重排使得

---

① 值得注意的是，我们还可以限制投资组合有另一种总暴露，例如，通过设置式（2.1）小于等于 1/3，总暴露为 2。
② 保持投资组合权重不变需要每日更新组合，这将产生额外的交易成本。
③ 特别地，在下一次投资组合构建之前，投资组合将不一定是美元中性的。

每个组的企业特征从小到大排列，即 $m_{t,(1)}^{\mathrm{Gr}} \leqslant m_{t,(2)}^{\mathrm{Gr}} \leqslant \cdots \leqslant m_{t,(N_t^{\mathrm{Gr}})}^{\mathrm{Gr}}$。按照经典的复制异象的方法，我们基于有序的企业特征构建价值加权的多空中性组合，参见 Hou 等（2020）等。

令 $\boldsymbol{v}_t^{\mathrm{Gr}} := (v_{t,(1)}^{\mathrm{Gr}}, \cdots, v_{t,(N_t^{\mathrm{Gr}})}^{\mathrm{Gr}})'$ 表示在 t 日按照企业特征排序（从小到大）的市值向量。那么特定组的价值加权的基于分位数的投资组合由权重向量 $\boldsymbol{w}_t^{\mathrm{Qu,Gr}}$ 给出，其中

$$
w_{t,(i)}^{\mathrm{Qu,Gr}} := \begin{cases} -\dfrac{v_{t,(i)}^{\mathrm{Gr}}}{v_{t,(1)}^{\mathrm{Gr}} + \cdots + v_{t,(d)}^{\mathrm{Gr}}} & \text{若 } i \in \{1, \cdots, d\} \\[3mm] 0 & \text{若 } i \in \{d+1, \cdots, N_t^{\mathrm{Gr}} - d\} \\[3mm] \dfrac{v_{t,(i)}^{\mathrm{Gr}}}{v_{t,(N_t^{\mathrm{Gr}} - d + 1)}^{\mathrm{Gr}} + \cdots + v_{t,(N_t^{\mathrm{Gr}})}^{\mathrm{Gr}}} & \text{若 } i \in \{N_t^{\mathrm{Gr}} - d + 1, \cdots, N_t^{\mathrm{Gr}}\} \end{cases}
$$

$$(2.3)$$

这样，在投资组合构建日，特定组的投资组合收益为 $r_t^{\mathrm{Qu,Gr}} := (\boldsymbol{r}_t^{\mathrm{Gr}})' \boldsymbol{w}_t^{\mathrm{Qu,Gr}}$，其中 $\boldsymbol{r}_t^{\mathrm{Gr}}$ 为 t 日的 $N_t^{\mathrm{Gr}} \times 1$ 维特定组的收益向量。

由此得到的每个组的投资组合权重和收益的时间序列使我们能够：（1）研究不同股票市值的异象差异，以及（2）使用 NYSE 断点将相当数量的小型和大型股票分配到极端的分位数中，来复制"整个"市场的异象，以减弱微型股的影响。

我们将三个组的向量堆叠成全局的权重向量 $\boldsymbol{w}_t^{\mathrm{Qu}}$ 和企业特征向量 $\boldsymbol{m}_t$：

$$
\boldsymbol{w}_t^{\mathrm{Qu}} = \begin{pmatrix} \boldsymbol{w}_t^{\mathrm{Qu,Micro}} \\ \boldsymbol{w}_t^{\mathrm{Qu,Small}} \\ \boldsymbol{w}_t^{\mathrm{Qu,Large}} \end{pmatrix} \text{ 和 } \boldsymbol{m}_t = \begin{pmatrix} \boldsymbol{m}_t^{\mathrm{Micro}} \\ \boldsymbol{m}_t^{\mathrm{Small}} \\ \boldsymbol{m}_t^{\mathrm{Large}} \end{pmatrix}
$$

$$(2.4)$$

这样，在投资组合构建日，所得到的投资组合收益表示为：

$$
r_t^{\mathrm{Qu}} := \boldsymbol{r}_t' \boldsymbol{w}_t^{\mathrm{Qu}} = r_t^{\mathrm{Qu,Micro}} + r_t^{\mathrm{Qu,Small}} + r_t^{\mathrm{Qu,Large}}
$$

$$(2.5)$$

其中，$\boldsymbol{r}_t$ 是 t 日对应的 $N_t \times 1$ 维收益向量。

备注 2-1（虚拟变量） 在 Gu 等（2020）的因子数据集中，有六个虚拟变量需要另一种方法构建排序组合。对于基于分位数的投资组合，不

能对 1-0 虚拟差异进行排序。因此，我们遵循 Feng 等（2020）的方法，做多（所有）变量值为 1 的股票，做空（所有）变量值为 0 的股票。

2.2.2　有效排序组合

现在我们重点研究考虑了股票收益协方差矩阵的一种更有效的横截面异象检验。具体地，我们改进了 Ledoit 等（2019）的有效排序方法，使其也能适用于（超）高维的投资域。我们考虑（超）高维度的主要原因是，我们想检验因子对"整个"市场的预测能力。值得注意的是，当我们考虑投资组合中所有可投资的股票时，我们必须控制微型股偏差。所以，我们需要在投资组合优化中加入（NYSE 断点）约束，并使用价值加权的收益。我们提出的组合构建问题可由下式表述：

$$\min_{w_t} w_t' \hat{H}_t w_t \tag{2.6}$$

$$\text{s. t. } m_t' w_t = m_t' w_t^{\text{Qu}} \tag{2.7}$$

$$\text{和} \sum_{w_{t,i}^{\text{Gr}} < 0} |w_{t,i}^{\text{Gr}}| = \sum_{w_{t,i}^{\text{Gr}} > 0} |w_{t,i}^{\text{Gr}}| \leqslant 1 \ \forall \ \text{Gr} \in \{\text{Micro, Small, Large}\} \tag{2.8}$$

其中，$\hat{H}_t$ 是 r_t 的（条件）协方差矩阵 H_t 的可行估计量；见 2.2.3 小节。设 w_t^{Ef} 为这一投资问题的解。这样，在投资组合构建日，所得到的投资组合收益表示为：$r_t^{\text{Ef}} := r_t' w_t^{\text{Ef}}$。

该投资组合满足：（ⅰ）对因子向量 m_t 的暴露与基于分位数的排序组合相同（根据式（2.7））；（ⅱ）对 NYSE 断点的暴露与基于分位数的排序组合相同（或更小）（根据式（2.8））；（ⅲ）与基于分位数的排序组合相比，具有更小的方差（根据式（2.6））。因此，该投资组合通常会具有更大（数量级）的 t 统计量（见下面的式（2.10）），表明检验的功效会增加。请注意，式（2.8）不仅针对 NYSE 断点施加与基于分位数的排序组合相同（或更小）的暴露，而且还控制了均值—方差最优解（跨 NYSE 断点）的不切实际过大的权重和不平衡的多空头寸。此外，与 Ledoit 等（2019）不同的是，我们不限制有效排序组合（总是）具有完全相同的分组暴露和总暴露，见不等式（2.8）。对于某些场景（因子和时间段），有效排序方法具有相同的预期目标式（2.7），但（总）暴露较小，从而体现出其优越性。这意味着，不仅可以减少标准差，而且可以降低暴露，从而减少复制异象所需要的投资量，最终提供更高效的投资组合；见 2.4.4 节和图 2 - 6。

备注 2 - 2（规模因子） 对于规模因子（mvel1，No. 51），我们使用股票市值的对数来构建 Qu 和 Ef 投资组合。此外，我们不再控制规模效应，而是对多头和空头头寸使用等权重的收益，以避免重复考虑市值影响。

2.2.3 协方差矩阵估计量

从文献上看，估计高维股票收益的协方差矩阵是非常困难的。然而，Ledoit 等（2019）证明，使用 Engle 等（2019）的 DCC - NL 估计量可以显著增强横截面异象的检验势。DCC - NL 估计量表现良好的原因是它将关键的时间序列与横截面方法结合起来：即将源自 Engle（1982）的 ARCH/GARCH 家族的动态条件相关（DCC）模型，与源自随机矩阵理论（RMT）校正样本协方差矩阵特征值样本内偏差的非线性压缩（NL）方法结合。值得注意的是，De Nard 等（2021b）用 DCC - NL 对（近似）因子模型进行扩展，提出了新的协方差矩阵估计量 AFM - DCC - NL，以获得高维度下投资组合选择的协方差矩阵的改进估计量。

我们没有使用 AFM - DCC - NL，是因为这一估计方法在超高维中对计算的要求很高。尽管使用复合似然法拟合高维度时变协方差矩阵的最新进展大幅增加了（计算上）可行的维度，但这对于我们的超大型设置（多达 5 000 只股票）是不可行的。[1]

---

① Engle 等（2020）提出了当资产数量为数百而非数千时，一种新的（G）ARCH 类多元模型估计方法。

综合考虑高维问题和计算效率，我们使用 Ledoit 和 Wolf（2020a）最新的分析性非线性压缩估计量，该估计量在相同的精度下通常快 1 000 倍，并可容纳维数高达 10 000 的协方差矩阵。尽管该估计量是静态的，没有包含 r_t 协方差矩阵的时变性质，但考虑到我们遵循金融文献中的一般标准每月更新一次投资组合（见 2.3 节），这个静态的估计量完全可能与（复杂的）动态估计量一样好。

2.2.4 横截面异象检验

根据观察到的策略收益 r_t^{St}，$t = 1$，…，T，我们检验利用某一特征复制（多空）投资组合是否可以提供具有正预期值的收益。具体来说，我们考虑以下假设检验问题：

$$H_0 : \mathbb{E}(r_t^{St}) \leqslant 0 \ \text{与} \ H_1 : \mathbb{E}(r_t^{St}) > 0 \tag{2.9}$$

其中，$St \in \{Qu, Ef\}$ 代表两种投资组合策略之一，即基于分位数的排序或有效排序。检验的 t 统计量为：

$$t^{St} := \frac{\bar{r}^{St}}{SE(\bar{r}^{St})} \ \text{其中} \ \bar{r}^{St} := \frac{1}{T} \sum_{t=1}^{T} r_t^{St} \tag{2.10}$$

其中，$SE(\bar{r}^{St})$ 表示 $\bar{r}^{St}$ 的标准误。

遵循 Ledoit 等（2019）的做法，我们使用了基于带宽自动选择的二次谱（QS）核估计的标准误，详见 Andrews（1991），这是一个 HAC 标准误，对于收益中的异方差和序列相关是稳健的。如果 t 统计量大于临界值，则基于该特征构建多空中性组合产生了显著为正的超额收益。文献中常见的临界值为 2，但考虑到多重检验问题，Harvey 等（2016）呼吁采用更苛刻的临界值 3。除了这两个常见的临界值，我们还考虑了各种更苛刻的临界值，包括通过保守的 Bonferroni 调整的 94 组比较的 5% 和 1% 显著性水平的临界值。

2.3 实证分析

2.3.1 数据来源与投资组合构建规则

我们从证券价格研究中心（CRSP）获得所有在 NYSE、AMEX 和 NAS-DAQ 上市公司的股票日收益数据，样本区间为 1972 年 1 月 1 日到 2016 年 12 月 31 日。由于我们想包含"整个"市场以复制异象，与 Gu 等（2020）或 Hou 等（2020）一样，我们考虑了价格低于 5 美元的股票、股票代码超过 10 和 11 的股票以及金融公司股票。此外，我们从 DachengXiu 的网页上获得 Gu 等（2020）使用的 94 个（月度股票层面）特征。[①] 表 2 - 1 列出了所有特征及其对应的主要文献。遵循惯例，连续 21 个交易日构成一个"月"。所有的投资组合每月更新一次。[②] 我们的样本外期间是 1977 年 1 月 17 日到 2016 年 12 月 31 日，总共有 480 个"月"（或 10 080 天）。

表 2 - 1   **异象**

序号	缩写	企业特征	类别	频率	文献
1	absacc	绝对应计项目	投资	年度	Bandyopadhyay 等（2010）
2	acc	营运资本应计项目	投资	年度	Sloan（1996）
3	aeavol	异常盈余公告量	动量	季度	Lerman 等（2008）
4	age	自 Compustat 首次报道以来的年数	无形资产	年度	Jiang 等（2005）

---

① 见 http：//dachxiu. chicagobooth. edu。值得注意的是，我们使用原始特征（没有秩变换），并通过设定 $\eta = 0.1$ 对异常值进行"缩尾"处理；见 Chincarini 和 Kim（2006）。

② 每月更新是避免不合理的换手率和交易成本的常见做法。在一个月内，从一天到下一天，我们保持股票数量不变，而不是投资组合权重；也就是说，一个月内不发生任何交易。

续表

序号	缩写	企业特征	类别	频率	文献
5	agr	总资产增长率	投资	年度	Cooper 等（2008）
6	baspread	买卖价差	交易摩擦	月度	Amihud 和 Mendelson（1989）
7	beta	β	交易摩擦	月度	Fama 和 MacBeth（1973）
8	betasq	β^2	交易摩擦	月度	Fama 和 MacBeth（1973）
9	bm	账面价值市值比	价值/增长	年度	Rosenberg 等（1985）
10	bmia	行业调整后的账面价值市值比	价值/增长	年度	Asness 等（2000）
11	cash	现金持有量	价值/增长	季度	Palazzo（2012）
12	cashdebt	现金流债务比	价值/增长	年度	Ou 和 Penman（1989）
13	cashpr	现金生产力	价值/增长	年度	Chandrashekar 和 Rao（2009）
14	cfp	现金流价格比	价值/增长	年度	Desai 等（2004）
15	cfpia	行业调整后的现金流价格比	价值/增长	年度	Asness 等（2000）
16	chatoia	行业调整后的资产周转率变化	盈利能力	年度	Soliman（2008）
17	chcsho	流通股变化	投资	年度	Pontiff 和 Woodgate（2008）
18	chempia	行业调整后的雇员变化	无形资产	年度	Asness 等（2000）
19	chinv	存货变化	投资	年度	Thomas 和 Zhang（2002）
20	chmom	6 个月动量的变化	动量	月度	Gettleman 和 Marks（2006）
21	chpmia	行业调整后的利润率变化	盈利能力	年度	Soliman（2008）
22	chtx	税收费用变化	盈利能力	季度	Thomas 和 Zhang（2011）
23	cinvest	公司投资	投资	季度	Titman 等（2004）
24	convind	可转债指标	价值/增长	年度	Valta（2016）
25	currat	流动比率	价值/增长	年度	Ou 和 Penman（1989）
26	depr	折旧/PP&E	价值/增长	年度	Holthausen 和 Larcker（1992）
27	divi	股息启动	价值/增长	年度	Michaely 等（1995）
28	divo	股息遗漏	价值/增长	年度	Michaely 等（1995）

续表

序号	缩写	企业特征	类别	频率	文献
29	dolvol	美元交易量	交易摩擦	月度	Chordia 等（2001）
30	dy	股息价格比	价值/增长	年度	Litzenberger 和 Ramaswamy（1982）
31	ear	盈余公告宣告收益	动量	季度	Kishore 等（2008）
32	egr	普通股股东权益增长率	投资	年度	Richardson 等（2005）
33	ep	市盈率	价值/增长	年度	Basu（1977）
34	gma	总盈利能力	盈利能力	年度	Novy – Marx（2013）
35	grCAPX	资本支出增长率	投资	年度	Anderson 和 Garcia – Feijóo（2006）
36	grltnoa	长期净营运资产增长率	投资	年度	Fairfield 等（2003）
37	herf	行业销售集中度	交易摩擦	年度	Hou 和 Robinson（2006）
38	hire	雇员增长率	无形资产	年度	Belo 等（2014）
39	idiovol	异质收益波动率	交易摩擦	月度	Ali 等（2003）
40	ill	非流动性	交易摩擦	月度	Amihud（2002）
41	indmom	行业动量	动量	月度	Moskowitz 和 Grinblatt（1999）
42	invest	资本支出和存货	投资	年度	Moskowitz 和 Grinblatt（2010）
43	lev	杠杆率	价值/增长	年度	Bhandari（1988）
44	lgr	长期负债增长率	投资	年度	Richardson 等（2005）
45	maxret	最大日收益率	交易摩擦	月度	Bali 等（2011）
46	mom12m	12 个月动量	动量	月度	Jegadeesh 和 Titman（1993）
47	mom1m	1 个月动量	动量	月度	Jegadeesh 和 Titman（1993）
48	mom36m	36 个月动量	动量	月度	Jegadeesh 和 Titman（1993）
49	mom6m	6 个月动量	动量	月度	Jegadeesh 和 Titman（1993）
50	ms	财务报表得分	盈利能力	季度	Mohanram（2005）
51	mvel1	规模（取对数）	交易摩擦	月度	Banz（1981）
52	mveia	行业调整后的规模	交易摩擦	年度	Asness 等（2000）
53	nincr	收益增长次数	盈利能力	季度	Barth 等（1999）
54	operprof	经营盈利能力	盈利能力	年度	Fama 和 French（2015）
55	orgcap	组织资本	无形资产	年度	Eisfeldt 和 Papanikolaou（2013）

续表

序号	缩写	企业特征	类别	频率	文献
56	pchcapxia	行业调整后的资本支出变化	价值/增长	年度	Abarbanell 和 Bushee（1998）
57	pchcurrat	流动比率变化	价值/增长	年度	Ou 和 Penman（1989）
58	pchdepr	折旧变化	价值/增长	年度	Holthausen 和 Larcker（1992）
59	pchgmpchsale	毛利率变化—销售额变化	价值/增长	年度	Abarbanell 和 Bushee（1998）
60	pchquick	速动比率变化	价值/增长	年度	Ou 和 Penman（1989）
61	pchsalepchinvt	销售额变化—存货变化	价值/增长	年度	Abarbanell 和 Bushee（1998）
62	pchsalepchrect	销售额变化—应收账款变化	价值/增长	年度	Abarbanell 和 Bushee（1998）
63	pchsalepchxsga	销售额变化—SG&A 变化	价值/增长	年度	Abarbanell 和 Bushee（1998）
64	ppchsaleinv	销售额存货比的变化	价值/增长	年度	Ou 和 Penman（1989）
65	pctacc	应计项目百分比	投资	年度	Hafzalla 等（2011）
66	pricedelay	价格时滞	交易摩擦	月度	Hou 和 Moskowitz（2005）
67	ps	财务报表得分	盈利能力	年度	Piotroski（2000）
68	quick	速动比率	价值/增长	年度	Ou 和 Penman（1989）
69	rd	研发费用增加	无形资产	年度	Eberhart 等（2004）
70	rdmve	研发费用市值比	无形资产	年度	Guo 等（2006）
71	rdsale	研发费用销售额比	无形资产	年度	Guo 等（2006）
72	realestate	房地产持有量	价值/增长	年度	Tuzel（2010）
73	retvol	收益波动率	交易摩擦	月度	Ang 等（2006）
74	roaq	资产收益率	盈利能力	季度	Balakrishnan 等（2010）
75	roavol	盈利波动率	交易摩擦	季度	Francis 等（2004）
76	roeq	权益回报率	盈利能力	季度	Hou 等（2015）
77	roic	投资资本回报	盈利能力	年度	Brown 和 Rowe（2007）
78	rsup	意外收入	动量	季度	Kama（2009）
79	salecash	销售额现金比	价值/增长	年度	Ou 和 Penman（1989）

续表

序号	缩写	企业特征	类别	频率	文献
80	saleinv	销售额存货比	价值/增长	年度	Ou 和 Penman（1989）
81	salerec	销售额应收账款比	价值/增长	年度	Ou 和 Penman（1989）
82	secured	担保债务	价值/增长	年度	Valta（2016）
83	securedind	担保债务指标	价值/增长	年度	Valta（2016）
84	sgr	销售增长率	价值/增长	年度	Lakonishok 等（1994）
85	sin	罪恶股	动量	年度	Hong 和 Kacperczyk（2009）
86	sp	销售额价格比	价值/增长	年度	Barbee 等（1996）
87	stddolvol	流动性的波动率（美元交易量）	交易摩擦	月度	Chordia 等（2001）
88	stdturn	流动性的波动率（股票换手率）	交易摩擦	月度	Chordia 等（2001）
89	stdacc	应计项目波动率	交易摩擦	季度	Bandyopadhyay 等（2010）
90	stdcf	现金流波动率	交易摩擦	季度	Huang（2009）
91	tang	举债能力/公司有形性	价值/增长	年度	Almeida 和 Campello（2007）
92	tb	税收收入账面收入比	盈利能力	年度	Lev 和 Nissim（2004）
93	turn	股票换手率	交易摩擦	月度	Datar 等（1998）
94	zerotrade	零交易的天数	交易摩擦	月度	Liu（2006）

注：该表列出了我们在实证研究中使用的 94 个因子。我们从 DachengXiu 的网页中获得 Gu 等（2020）使用的企业特征，见 http：//dachxiu. chicagobooth. edu。请注意数据是在 Green 等（2017）中收集的。

我们用 $h = 1$，$\cdots$，480 表示投资日。在任一投资日 h，Qu 投资组合使用五分位数，Ef 投资组合使用基于最近 1 260 个日收益的协方差矩阵的 NL 估计量 $\hat{H}_t$。因为符合条件的股票数量会因缺少股票收益和/或因子数据而随时间变化，我们考虑动态的、特定因子的投资组合规模 $N_{h,k}$（$h = 1$，$\cdots$，480 和 $k = 1$，$\cdots$，94）。对于给定的组合（h，k），投资域由如下方式得到：首先，对于每个因子，我们找到在投资日 h 具有相应企业特征的股票集合。其次，我们找到在最近的 $T = 1\ 260$ 天内有完整的收益历史和在未来 21 天内有完整"未来"收益的股票集合。[①] 最后，我们合并这两个集合得到投资域 $N_{h,k}$。

图 2-1 中显示了平均月度投资域时间序列 $\overline{N}_h = \dfrac{1}{94}\sum_{k=1}^{94} N_{h,k}$，并将其分解为大、小和微型股。投资域的股票数量因子而异。对于某些因子，投资域几乎达到 5 000 只股票，而最小的投资域所包含的股票数量也超过 1 000 只。平均而言，（市场）投资组合由 3 157 只股票组成，这些股票可以分解成 861 只（27.27%）大型股、737 只（23.35%）小型股和 1 559 只

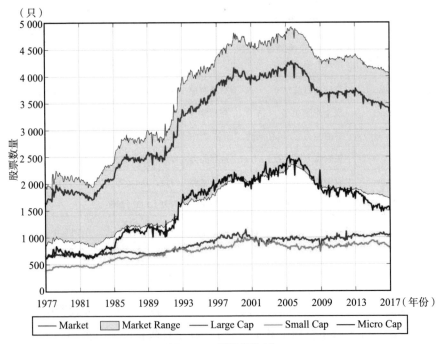

图 2-1　平均投资域

注：从 1977 年 1 月 17 日至 2016 年 12 月 31 日的 480 个样本外月份的投资域（市场）月度时间序列，以及其分解为大型、小型和微型股的情况。图 2-1 报告了所有 94 个因子的平均股票数量（线）。值得注意的是，对于某些因子和日期，投资域几乎达到 5 000 只股票。平均而言，投资域包含 3 157 只股票。

---

① 后一种"前瞻性"限制在现实生活中并不可行，但在有关投资组合样本外评估的相关金融文献中，这是一种常规做法。

（49.38%）微型股。^① 我们可以看到，虽然微型股只占市值的很小一部分，但它们是（动态）投资组合规模的主要驱动因素。平均而言，投资域在前30年有所增加，在2005年达到最大值，而在2006～2016年略有减少。分解表明，大型和小型股票的数量增长缓慢，随着时间的推移是相对稳健的。与此相对，微型股数量在1982～2005年急剧增加，而在样本的最后十年有所减少。

2.3.2 主结果

我们在表2-2中列出了 Qu 和 Ef 组合的单独 t 统计量。不出所料，在某些情况下，Qu 组合的 t 统计量为负（尽管并不显著），因此其对应的因子不会被研究人员考虑。在大多数情况下，Qu 组合的 t 统计量和平均投资组合收益都非常接近于零，以至于另一种考虑额外信息的排序方法，如 Ef 可以改变符号，甚至提供显著为正的结果（11个中的7个）。在某些情况下，Ef 组合的 t 统计量为负（但并不显著）。Ef 的 t 统计量略微为负的所有七种情况并不值得担心，因为其对应的 Qu 组合也不显著。

表2-2   **Qu 和 Ef 组合的 t 统计量及其比值**

No	Qu	Ef	Ef/Qu	No	Qu	Ef	Ef/Qu	No	Qu	Ef	Ef/Qu
1	1.152	**3.100**	**2.691**	8	-0.052	**9.016**	NoI	15	**3.024**	4.645	**1.536**
2	2.701	**4.705**	**1.742**	9	1.998	2.726	**1.365**	16	**3.301**	3.431	**1.039**
3	0.434	0.296	0.683	10	1.452	1.765	**1.216**	17	**3.832**	7.937	**2.071**
4	2.381	1.003	0.421	11	0.280	-0.002	NoI	18	0.128	-1.768	NoI
5	**3.487**	**8.419**	**2.415**	12	0.933	2.080	**2.230**	19	2.933	4.836	**1.649**
6	0.115	1.678	**14.627**	13	2.301	2.697	**1.172**	20	1.393	6.183	4.439
7	-0.067	**8.155**	NoI	14	**3.199**	4.969	**1.553**	21	2.493	1.498	0.601

① 请注意，除了样本外初期的几个因子外，所有投资组合规模（显著）在1260以上。这种（超）大维度使得样本协方差矩阵不仅有很大的估计误差，而且是不可逆的。

No	Qu	Ef	Ef/Qu	No	Qu	Ef	Ef/Qu	No	Qu	Ef	Ef/Qu
22	0.728	2.830	**3.888**	47	**6.932**	**7.975**	**1.151**	72	1.010	1.083	**1.072**
23	0.633	0.710	**1.120**	48	1.686	**4.213**	**2.500**	73	0.102	1.546	**15.149**
24	1.881	1.534	0.815	49	1.590	1.903	**1.196**	74	0.374	0.561	**1.501**
25	1.395	**3.278**	**2.351**	50	2.383	**3.650**	**1.532**	75	1.393	**4.151**	**2.980**
26	0.539	−0.549	NoI	51	−0.785	2.196	NoI	76	0.838	1.203	**1.435**
27	−1.419	2.111	NoI	52	0.429	0.603	**1.407**	77	2.932	**3.959**	**1.350**
28	−1.230	0.686	NoI	53	−0.659	1.276	NoI	78	0.559	2.121	**3.795**
29	0.349	**9.806**	**28.101**	54	**3.583**	**4.328**	**1.208**	79	1.716	0.794	0.462
30	0.886	0.370	0.417	55	2.522	**3.663**	**1.453**	80	0.967	1.290	**1.334**
31	1.713	0.456	0.266	56	0.258	−1.026	NoI	81	2.613	**3.040**	**1.163**
32	2.511	**7.325**	**2.917**	57	2.002	**3.862**	**1.929**	82	−0.128	0.841	NoI
33	1.840	2.684	**1.459**	58	2.275	2.609	**1.147**	83	0.385	−0.341	NoI
34	1.554	0.938	0.604	59	1.090	2.166	**1.988**	84	0.593	**3.306**	**5.579**
35	2.497	**5.225**	**2.093**	60	1.202	2.792	**2.322**	85	**3.629**	**3.980**	**1.097**
36	**3.511**	**3.249**	0.925	61	**3.302**	2.567	0.777	86	**4.103**	**5.541**	**1.351**
37	0.076	−1.748	NoI	62	**3.184**	2.061	0.647	87	0.721	**6.196**	**8.596**
38	1.576	**3.999**	**2.538**	63	0.579	0.551	0.952	88	1.018	−0.486	NoI
39	0.245	**4.331**	**17.685**	64	**3.105**	2.025	0.652	89	**3.587**	**4.664**	**1.300**
40	−0.427	2.163	NoI	65	2.577	**3.221**	**1.250**	90	**3.259**	**3.430**	**1.053**
41	2.081	**6.008**	**2.887**	66	−0.204	2.339	NoI	91	0.419	0.556	**1.326**
42	2.623	**5.807**	**2.214**	67	**3.266**	**4.694**	**1.437**	92	1.669	2.166	**1.297**
43	1.896	1.446	0.763	68	1.820	**3.153**	**1.732**	93	−0.033	**6.727**	NoI
44	2.263	**5.633**	**2.490**	69	2.004	1.704	0.850	94	−0.834	**8.431**	NoI
45	1.732	**4.197**	**2.423**	70	1.601	**4.255**	**2.658**				
46	2.873	2.942	**1.024**	71	0.226	0.345	**1.526**				

注：标记为 Qu 的列包含 Qu 投资组合的 t 统计量（2−10）；标记为 Ef 的列包含 Ef 投资组合的 t 统计量；标记为 Ef/Qu 的列包含对应的比率 Ef/Qu。NoI 代表"不感兴趣"，对应于 Qu 或 Ef 的 t 统计量为负的情况。对于 Ef/Qu，如果数值大于 1，则以粗体显示；对于 Qu 和 Ef，如果数值大于 3，则以粗体显示。

为了公平地比较 t 统计量，我们将注意力限制在 76 个 Qu 和 Ef 都产生正的 t 统计量的相关因子上。对于这些因子，我们还列出了两个 t 统计量的比值：Ef 组合的 t 值除以 Qu 组合的 t 值（见表 2–2）。为了以图形的方式比较 t 统计量，我们还在图 2–2 中报告了箱线图。在 80% 的相关情况下，Ef 的 t 统计量高于 Qu，且平均比率是 2.6。因此，平均而言，当我们从（NYSE 断点和价值加权）Qu 组合升级到 Ef 组合时，t 统计量增加了一倍多。

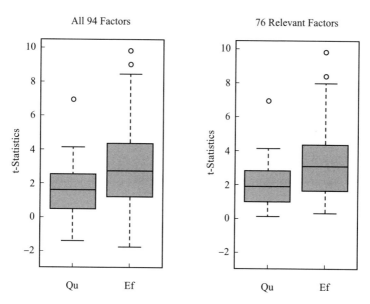

图 2–2　所有 **94** 个因子（左）和 **76** 个 **Qu** 和 **Ef** 均产生正的 t
统计量的相关因子（右）的箱线图

此外，我们在表 2–3 的面板 A 中报告了 Qu 组合的 t 统计量大于 0.5、1.0 和 2.0 时的平均比率。正如预期的那样，平均比率随着下界的增加而下降。例如，对于 Qu 组合 t 统计量大于 1.0 的情况，比率降低至 1.6，但 Ef 组合仍使平均 t 统计量增加了 50% 以上。即使是在 Qu 组合显著的情况下（t 统计量 > 2），Ef 组合也会使 t 统计量（平均）增加 40% 以上。从

表 2-3 面板 A 的最后一列可以看出，在 80% 的情况下，Ef 组合的 t 统计量高于 Qu 组合。

表 2-3 平均 t 比率与超过临界值的 t 统计量个数

面板 A：t 比率

临界值	mean（Ef/Qu）	Ef/Qu > 1
Qu > 0.0	2.639	0.80
Qu > 0.5	1.770	0.79
Qu > 1.0	1.566	0.79
Qu > 2.0	1.430	0.80

面板 B：t 统计量

临界值	Qu	Ef	Qu	Ef
$t > 2$	35	61	0.37	0.65
$t > 3$	16	43	0.17	0.46
$t > 3.46$	8	34	0.09	0.36
$t > 3.89$	2	31	0.02	0.33
$t > 4$	2	28	0.02	0.30
$t > 5$	1	16	0.01	0.17

注：面板 A 报告了基于表 2-2 中标记为 Ef/Qu 的列显示的平均 t 比率（mean（Ef/Qu））以及 Ef 优于 Qu（Ef/Qu > 1）的百分比。第 2 行报告了 Qu 的 t 统计量为正时的平均值和百分比；第 3 行报告了 Qu 的 t 统计量大于 0.5 时的值；第 4 行报告了 Qu 的 t 统计量大于 1.0 时的值；第 5 行报告了 Qu 的 t 统计量大于 2.0 时的值。面板 B 报告了表 2-2 中数值超过临界值的 t 统计量的数量（第 2 列和第 3 列）和比例（第 4 列和第 5 列）。检验统计量大于 3.46（3.89）表明在通过我们保守的 Bonferroni 调整的 94 组比较的 5%（1%）水平下显著。

此外，当我们从 Qu 组合升级到 Ef 组合时，显著因子的数量（和比例）增加了。由于因子数量过多，检验的临界值应该增加，但对于它应该有多大并没有达成共识。因此，我们首先考虑以下临界值：{2，3，4，5}。为了使其更加标准，我们还通过保守的 Bonferroni 调整计算了 5% 和 1% 显著性水平上 94 组比较的临界值，分别为 3.46 和 3.89。从表 2-3 面板 B 的结果中，我们可以看到，与基于分位数的排序相比，有效排序的显著因子的数量/比例总是要大得多。特别地，当使用临界值 3，升级到有效排序时，显著因子的数量/比例几乎是原来的三倍。对于 5% 和 1% 显著性水平的临界值，有效排序分别识别出 34 个（36%）因子和 31 个（33%）因子；而基于分位数的排序只能分别识别出 8 个（9%）和 2 个（2%）因子。

　　另一个有趣的结果是样本外投资组合（Qu 和 Ef）表现的分布。在图 2 – 3 中，我们报告了两个投资组合的平均样本外收益和标准差的箱线图。

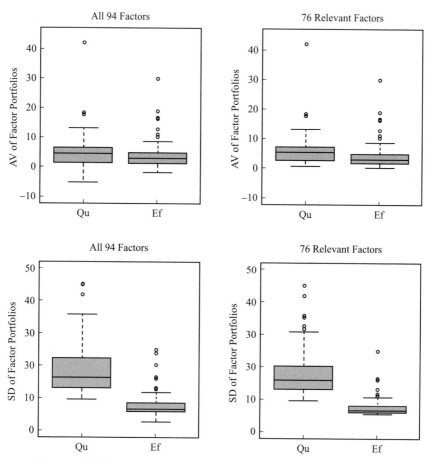

　　图 2 – 3　所有 **94** 个因子（左）和 **76** 个 **Qu** 和 **Ef** 均产生正的 *t* 统计量的
因子（右）的年化样本外平均收益（**AV**）（上）和样本外
收益的年化标准差（**SD**）（下）的箱线图

由于在美元中性的多空投资组合中，波动最大的股票可能会为每单位的因子暴露提供更多的预期回报，因此尽管影响并不大，Ef 组合的平均收益往往小于 Qu 组合的平均收益。[①] 然而，由于式（2.6）的投资组合方差最小化，Ef 组合总是具有较低的样本外标准差。我们检验 Ef 组合的样本外标准差是否显著低于 Qu 组合。通过 Ledoit 和 Wolf（2011）中描述的预白化 HAC_{pw} 方法，得到标准差相等的原假设的双侧 p 值。[②] 我们发现在 1% 的显著性水平上，94 个 Ef 组合中有 92 个的样本外标准差显著低于其对应的 Qu 组合。

2.3.3 NYSE 断点分组

在 2.3.2 节中构造的高效投资组合对因子的暴露有一个相对宽松的约束。在这一小节中，我们加强了这一约束，以保证在三个 NYSE 断点组中，每个组都有与其基于分位数的排序组合相同的因子暴露。投资问题现在被表述为：

$$\min_{w_t^{Gr}} w_t^{Gr\prime} \hat{H}_t^{Gr} w_t^{Gr} \ \forall \, Gr \in \{Micro，Small，Large\} \qquad (2.11)$$

$$s.\ t.\ \boldsymbol{m}_t^{Gr\prime} \boldsymbol{w}_t^{Gr} = \boldsymbol{m}_t^{Gr\prime} \boldsymbol{w}_t^{Qu,Gr} \qquad (2.12)$$

$$和 \sum_{w_{t,i}^{Gr}<0} |w_{t,i}^{Gr}| = \sum_{w_{t,i}^{Gr}>0} |w_{t,i}^{Gr}| \leqslant 1 \qquad (2.13)$$

其中，$\hat{H}_t^{Gr}$ 是 $\boldsymbol{r}_t^{Gr}$ 协方差矩阵 H_t^{Gr} 的可行估计量，见 2.2.3 小节。

对因子暴露的严格约束损害了有效排序组合的表现，这是因为它限制了非线性压缩优化的空间，并将投资域从 N_t 减少到 N_t^{Gr}。尽管如此，我们仍然发现在除微型股以外的所有情况下，有效排序显著优于基于分位数的排序。表 2-4 显示了非微型股（大型和小型股）投资组合的单独 t 统计

---

① 问题在于，这类边缘股票也使得这种异象对投资组合经理的可利用性更低，因为在现实世界中，他们害怕投资者的诉讼，受到政府实体的监管，并受到交易成本的打击（因为波动较大的股票更难交易）。

② 由于样本外规模非常大，为 10 080，因此无需使用 Ledoit 和 Wolf（2011，3.2 节）中描述的计算量更大的 bootstrap 方法，该方法更适用于小样本量。

量和 Ef 与 Qu 的比值。只考虑 Qu 和 Ef 均获得正的 t 统计量的因子，我们发现在 72% 的情况下，Ef 的 t 统计量高于 Qu。Ef 的 t 统计量与 Qu 的 t 统计量的平均比率接近 2.6，表明即使对因子暴露有严格的约束，有效排序方法对于非微型股也有良好的效果。所有结果都与我们的主要发现一致：Ef 的较大的 t 统计量归因于较低的标准差，而 Ef 组合的平均收益往往（略）小于 Qu 组合。

表 2－4　　非微型股（大型和小型股）组合的 t 统计量和 Ef 与 Qu 的比值

No	Qu	Ef	Ef/Qu	No	Qu	Ef	Ef/Qu	No	Qu	Ef	Ef/Qu
1	0.806	1.309	**1.624**	21	1.416	0.269	0.190	41	1.361	2.054	**1.509**
2	1.962	2.801	**1.428**	22	0.354	－1.505	NoI	42	1.452	2.655	**1.828**
3	0.987	0.098	0.099	23	0.513	0.734	**1.431**	43	1.058	0.044	0.042
4	1.168	－0.277	NoI	24	－1.912	1.035	NoI	44	1.013	1.669	**1.647**
5	2.170	**3.145**	**1.449**	25	0.875	1.198	**1.369**	45	1.732	2.462	**1.421**
6	0.130	0.898	**6.915**	26	0.101	－0.093	NoI	46	2.284	2.166	0.949
7	0.153	1.630	**10.662**	27	－1.044	2.267	NoI	47	**6.510**	**7.103**	**1.091**
8	0.155	1.765	**11.360**	28	－0.920	0.800	NoI	48	0.928	1.258	**1.355**
9	1.362	0.224	0.164	29	0.021	－2.354	NoI	49	0.542	0.789	**1.455**
10	0.248	－1.023	NoI	30	0.430	0.574	**1.333**	50	2.171	3.515	**1.619**
11	0.823	1.846	**2.242**	31	1.880	1.207	0.642	51	**4.612**	3.285	0.712
12	0.132	1.509	**11.401**	32	1.267	**3.326**	**2.625**	52	0.582	1.899	**3.263**
13	1.667	1.012	0.607	33	2.096	2.767	**1.320**	53	1.347	1.584	**1.176**
14	2.435	**3.364**	**1.382**	34	0.979	1.565	**1.599**	54	**3.149**	4.749	**1.508**
15	1.449	2.163	**1.492**	35	2.254	**4.051**	**1.797**	55	1.909	3.552	**1.860**
16	1.744	**3.656**	**2.096**	36	2.433	1.246	0.512	56	0.068	－1.358	NoI
17	2.728	**3.504**	**1.284**	37	0.024	0.147	**6.234**	57	1.172	1.112	0.949
18	0.716	0.872	**1.219**	38	0.524	0.053	0.100	58	1.687	1.546	0.917
19	1.714	1.805	**1.053**	39	0.260	1.812	**6.963**	59	0.209	1.830	**8.774**
20	0.362	1.859	**5.135**	40	0.626	1.565	**2.501**	60	0.613	0.274	0.446

续表

No	Qu	Ef	Ef/Qu	No	Qu	Ef	Ef/Qu	No	Qu	Ef	Ef/Qu
61	2.511	1.741	0.693	73	0.104	1.784	**17.149**	85	**3.125**	**3.817**	**1.221**
62	2.669	-0.172	NoI	74	0.341	0.666	**1.954**	86	2.486	2.119	0.852
63	-0.866	0.171	NoI	75	1.033	1.084	**1.049**	87	0.076	0.241	**3.188**
64	2.234	1.720	0.770	76	0.975	0.700	0.719	88	0.412	-1.849	NoI
65	1.806	2.128	**1.179**	77	2.048	**3.000**	**1.465**	89	2.785	0.763	0.274
66	0.040	0.753	**19.023**	78	0.011	-0.617	NoI	90	2.528	0.500	0.198
67	2.228	**4.634**	**2.080**	79	0.632	0.614	0.973	91	-0.213	0.055	NoI
68	1.360	1.781	**1.310**	80	0.654	0.898	**1.372**	92	1.196	1.633	**1.365**
69	1.086	2.313	**2.130**	81	1.866	2.743	**1.470**	93	-0.002	2.236	NoI
70	1.292	**3.169**	**2.453**	82	0.376	0.170	0.452	94	-0.655	0.845	NoI
71	0.182	-0.158	NoI	83	1.521	1.756	**1.155**				
72	0.664	-0.406	NoI	84	0.092	0.725	**7.915**				

注：该表与表2-2相似，但是基于NYSE断点式（2.11）~式（2.13）构建的非微型股投资组合的结果。NoI代表"不感兴趣"，对应Qu或Ef的t统计量为负的情况。对于Ef/Qu，如果数值大于1，则以粗体显示；对于Qu和Ef，如果数值大于3，则以粗体显示。

然而，有趣的是，我们发现有效排序方法在构建微型股和非微型股的投资组合时效果是不同的。对于微型股投资组合，很难说哪种方法效果更好。从表2-5的面板A中，我们可以看到对于微型股，Ef的t统计量与Qu的t统计量的平均比率达到3.1，但是更多的Qu组合具有更高的t统计量。为了消除"离群"比率的干扰，我们还比较了Qu组合的t统计量远离零（即大于0.5、1.0和2.0）的情况下的表现。可以看出，随着下界的增加，平均比率急剧下降。对于Qu组合显著（t统计量大于2）的情况，平均比率小于1。与此相对，对于非微型股投资组合，平均比率始终大于1，Ef优于Qu的百分比虽然随着下界的增加而减小，但始终高于50%。

表2-5　微型股和非微型股组合的平均 t 比率与超过临界值的 t 统计量个数

面板 A：t 比率

临界值	mean（EfM/QuM）	EfM/QuM > 1	mean（EfN/QuN）	EfN/QuN > 1
Qu > 0.0	3.130	0.49	2.568	0.72
Qu > 0.5	1.180	0.42	1.257	0.67
Qu > 1.0	1.012	0.41	1.221	0.67
Qu > 2.0	0.865	0.33	1.115	0.58

面板 B：t 统计量

临界值	QuM	EfM	QuN	EfN
$t > 2$	46	44	20	28
$t > 3$	25	28	4	15
$t > 3.46$	16	20	2	9
$t > 3.89$	8	16	2	4
$t > 4$	5	13	2	4
$t > 5$	2	8	1	1

　　注：面板 A 显示了微型股（第2列和第3列）和非微型股（第4列和第5列）的平均 t 比率（mean（Ef/Qu）），以及 Ef 优于 Qu（Ef/Qu > 1）的百分比。各行报告了当 Qu 的 t 统计量超过不同临界值时的平均值和百分比。面板 B 显示了微型股（第2列和第3列）和非微型股（第4列和第5列）的数值超过临界值的 t 统计量的数量。我们添加一个后缀字母来区分微型（M）和非微型（N）股票。

　　从表2-5面板 B 显示的显著因子的数量中，我们也可以看到微型股和非微型股的明显区别。正如预期的那样，微型股的显著因子数量总是比非微型股大得多。此外，对于非微型股，Ef 方法显著增加了所有临界值小于5的显著因子的数量，而对于微型股，Ef 方法只适用于临界值大于3的情况。这与对于微型股而言 Qu 组合已经具有良好的样本外表现这一事实密切相关。然而，考虑到高交易成本和复制微型股异象的困难性，将 t 统计量的显著性阈值提高到高于3的更高要求的水平，可能是合理的。从这个意义上看，使用 Ef 方法仍然是必要的。

值得注意的是，Ef 对于非微型股特别适用，这是因为所使用的协方差矩阵估计量在流动资产的高维度上表现出色。相反，对于微型股而言，Ef 与 Qu 相比没有显著的价值，因为在估计小型和非流动资产的协方差矩阵时有（太）大的估计误差。例如，一些微型股在一定时期内的估计波动率可能非常低，这并不是因为这些股票的风险较小，而是由于流动性问题导致交易较少（甚至没有），因此价格波动较少（没有）。当估计样本外（协）方差时，会导致方差优化中的"误差最大化"，这是非常危险的（Michaud，1989）。

最后，微型股的 Qu 组合的 t 统计量比非微型股的要大得多，这证实了文献中的发现，即在较小的股票中，异象往往更为明显，我们发现这也适用于 Ef 组合。在 2.4.4 节中将对这种微型股偏差进行更深入的分析。

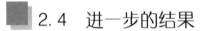

2.4 进一步的结果

2.4.1 通过 Fama – French 因子模型对收益过滤

为了检验结果的稳健性，我们首先通过 Fama 和 French（1993）的三因子模型对样本外投资组合收益进行过滤。也就是说，我们现在关注收益对市场、规模和账面市值因素回归的 α 值，结果如表 2 – 6 所示。从 t 比率和显著因子的数量可以看出，由于 Qu 组合的 t 统计量在过滤后增大更多，Ef 对 Qu 的优势减少，但 Ef 组合的表现仍然持续优于 Qu 组合。我们还通过 Fama 和 French（2015）的五因子对原始投资组合收益进行过滤，结果也是类似的。

表2-6　平均 t 比率与超过临界值的 t 统计量个数：三因子模型过滤后的结果

面板A：t 比率

临界值	mean（Ef/Qu）	Ef/Qu > 1
Qu > 0. 0	2.071	0.60
Qu > 0. 5	1.343	0.56
Qu > 1. 0	1.257	0.54
Qu > 2. 0	1.227	0.53

面板B：t 统计量

临界值	Qu	Ef	Qu	Ef
$t > 2$	57	63	0.61	0.67
$t > 3$	29	41	0.31	0.44
$t > 3.46$	23	33	0.24	0.35
$t > 3.89$	18	31	0.19	0.33
$t > 4$	17	29	0.18	0.31
$t > 5$	6	16	0.06	0.17

注：表2-6与表2-3相似，但呈现的是通过 Fama - French 三因子模型过滤后的收益的结果。面板A显示了平均 t 比率，mean（Ef/Qu），以及 Ef 优于 Qu（Ef/Qu > 1）的百分比。面板B显示了数值超过临界值的 t 统计量的数量（第2列和第3列）和比例（第4列和第5列）。

2.4.2　交易成本和流动性约束

在图2-4中，我们给出了定义为 $\frac{1}{479}\sum_{h=1}^{479}\|w_{h+1} - w_h^{hold}\|_1$ 的平均换手率的箱线图，其中 $\|\cdot\|_1$ 表示 L^1 范数，w_h^{hold} 表示 h 月末"持有"投资组合权重的向量。[①]

我们发现 Ef 组合的换手率（平均而言）低于 Qu 组合，这与 Ledoit 等（2019）的发现相反，他们发现使用有效排序方法增加了换手率。一种可

---

① 向量 w_h^{hold} 由投资组合权重的初始向量 w_h，以及投资组合中的 N 只股票在 h 月内的价格演变决定。

能的解释是企业（特别是微型企业）特征随着时间的推移而变化，这样基于分位数的排序改变了多头和空头的选择范围，但因子暴露的水平和协方差矩阵的结构或多或少保持不变，从而导致"更"稳定的有效排序组合。此外，Ledoit 等（2019）还发现，有效排序的换手率随着投资组合规模的增大而减小，他们最大的（恒定）投资域是 $N = 1\ 000$，而我们的动态投资域的平均规模为 3 157 只股票，是他们的三倍多。

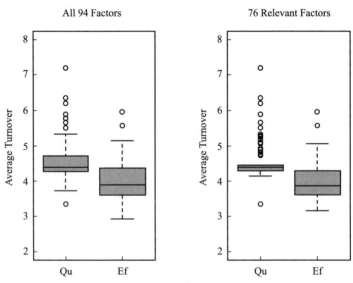

图 2 - 4   所有 94 个因子（左）和 76 个 Qu 和 Ef 均产生正的 t
统计量的因子（右）的平均换手率的箱线图

注：数字 1 对应于每"月"100% 的换手率。

在表 2 - 7 中，我们总结了扣除 10 个基点（bps）的交易成本后的 t 统计量。此外，在表 2 - 8 中我们报告了 t 比率和显著因子的数量。我们发现，当考虑交易成本（10 个基点）时，只有少数因子仍在统计上显著。然而，Ef 组合的表现仍然优于 Qu 组合。对于 Ef，仍有七个 t 统计量大于 3 的高度显著的因子（总资产增长率、β、β^2、6 个月动量的变化、美元交易量、1 个月动量、股票换手率），而对于 Qu，只有 1 个月动量因子仍高度显著。①

表 2-7 　　　**Qu 和 Ef 组合的 t 统计量及其比值：考虑交易成本**

No	Qu	Ef	Ef/Qu	No	Qu	Ef	Ef/Qu	No	Qu	Ef	Ef/Qu
1	-0.680	-1.386	NoI	22	-1.728	-2.558	NoI	43	0.685	-1.841	NoI
2	0.494	0.249	0.503	23	-3.180	-5.499	NoI	44	-0.475	0.412	NoI
3	-2.505	-5.978	NoI	24	-0.678	-1.742	NoI	45	0.421	0.166	0.393
4	0.277	-3.632	NoI	25	-0.017	-1.157	NoI	46	1.891	0.508	0.269
5	1.436	**3.487**	**2.428**	26	-0.788	-4.545	NoI	47	**5.566**	**6.177**	**1.110**
6	-0.742	-1.120	NoI	27	-2.851	0.331	NoI	48	0.238	0.532	**2.235**
7	-0.718	**5.896**	NoI	28	-2.436	-0.820	NoI	49	0.436	-0.853	NoI
8	-0.704	**6.327**	NoI	29	-1.113	**5.214**	NoI	50	0.077	-1.081	NoI
9	0.534	-1.050	NoI	30	-0.358	-3.674	NoI	51	-0.261	-5.034	NoI
10	-0.973	-2.664	NoI	31	-1.923	-5.449	NoI	52	-1.816	-1.837	NoI
11	-1.026	-4.102	NoI	32	0.453	2.695	**5.944**	53	-4.203	0.821	NoI
12	-0.794	-1.745	NoI	33	0.373	-1.372	NoI	54	1.758	0.406	0.231
13	0.659	-1.628	NoI	34	-0.002	-2.868	NoI	55	1.087	-0.244	NoI
14	1.684	1.092	0.649	35	0.131	0.255	**1.947**	56	-2.234	-5.585	NoI
15	0.518	0.573	**1.108**	36	0.991	-1.426	NoI	57	-1.465	-1.313	NoI
16	0.105	-1.372	NoI	37	-1.617	-6.223	NoI	58	-0.946	-2.024	NoI
17	1.679	2.846	**1.695**	38	-0.673	-0.949	NoI	59	-1.616	-2.655	NoI
18	-2.512	-6.625	NoI	39	-0.561	1.342	NoI	60	-2.186	-2.325	NoI
19	0.539	-0.032	NoI	40	-2.568	-3.121	NoI	61	0.303	-2.346	NoI
20	-0.105	**3.137**	NoI	41	0.843	2.234	**2.649**	62	-0.159	-2.975	NoI
21	0.185	-3.080	NoI	42	0.500	0.941	**1.882**	63	-2.001	-3.797	NoI

① 在未报告的结果中，我们发现对于 5 个基点的交易成本，对于 Ef 组合，总资产增长率、β、β²、（行业调整后的）现金流价格比、流通股变化、6 个月动量的变化、美元交易量、普通股股东权益增长率、资本支出增长率、异质收益波动率、行业动量、资本支出和存货、长期负债增长率、1 个月动量、罪恶股、销售额价格比、流动性的波动率、应计项目波动率、股票换手率和零交易的天数是高度显著的，而对于 Qu 而言，只有流通股变化、1 个月动量、经营盈利能力、罪恶股、销售额价格比和应计项目波动率等因子是高度显著的。

续表

No	Qu	Ef	Ef/Qu	No	Qu	Ef	Ef/Qu	No	Qu	Ef	Ef/Qu
64	0.127	−2.852	NoI	75	0.172	−0.143	NoI	86	2.504	1.418	0.566
65	0.055	−1.508	NoI	76	−1.099	−3.232	NoI	87	−2.205	0.097	NoI
66	−2.865	−3.682	NoI	77	1.145	0.234	NoI	88	−0.363	−5.388	NoI
67	0.774	−0.783	NoI	78	−1.807	−2.631	NoI	89	1.902	0.840	0.441
68	0.254	−1.515	NoI	79	−0.045	−4.227	NoI	90	1.666	1.072	0.644
69	−0.214	−1.708	NoI	80	−0.905	−3.488	NoI	91	−1.161	−3.860	NoI
70	0.526	1.666	**3.164**	81	0.644	−1.293	NoI	92	−1.020	−2.498	NoI
71	−0.669	−1.626	NoI	82	−2.278	−3.323	NoI	93	−0.997	**3.419**	NoI
72	−0.445	−2.285	NoI	83	−2.563	−3.671	NoI	94	−1.919	2.083	NoI
73	−0.925	−2.124	NoI	84	−1.412	−1.135	NoI				
74	−1.416	−3.605	NoI	85	2.645	2.606	0.985				

注：表2-7与表2-2相似，但呈现的是扣除了10个基点（bp）的交易成本的结果。NoI 代表"不感兴趣"，对应于 Qu 或 Ef 的 t 统计量为负的情况。对于 Ef/Qu，如果数值大于1，则以粗体显示；对于 Qu 和 Ef，如果数值大于3，则以粗体显示。

表2-8 平均 t 比率与超过临界值的 t 统计量个数

面板 A：t 比率

临界值	mean（Ef/Qu）	Ef/Qu > 1
10 个基点		
Qu > 0.0	1.45	0.50
Qu > 0.5	1.15	0.43
Qu > 1.0	0.84	0.27
Qu > 2.0	0.89	0.33
5/10/20 个基点		
Qu > 0.0	2.32	0.55
Qu > 0.5	0.92	0.44
Qu > 1.0	0.72	0.38
Qu > 2.0	0.65	0.50
只做多头		
Qu > 2.0	1.70	0.98

面板 B：t 统计量

临界值	Qu	Ef	Qu	Ef
10 个基点				
$t>2$	3	12	0.03	0.13
$t>3$	1	7	0.01	0.07
$t>3.46$	1	5	0.01	0.05
$t>3.89$	1	4	0.01	0.04
$t>4$	1	4	0.01	0.04
$t>5$	1	4	0.01	0.04
5/10/20 个基点				
$t>2$	2	9	0.02	0.10
$t>3$	1	4	0.01	0.04
$t>3.46$	1	4	0.01	0.04
$t>3.89$	1	4	0.01	0.04
$t>4$	1	4	0.01	0.04
$t>5$	1	3	0.01	0.03
只做多头				
$t>3.89$	92	93	0.98	0.99
$t>5$	70	93	0.74	0.99
$t>7$	8	88	0.09	0.94
$t>9$	0	61	0.00	0.65

注：表 2－8 显示了扣除交易成本和市场摩擦的 t 比率和 t 统计量，通过包括 10 个基点的一般交易成本和大型股为 5 个基点、小型股为 10 个基点、微型股为 20 个基点的 NYSE 断点的特定交易成本，以及只做多头的投资组合。面板 A 显示了平均 t 比率、mean（Ef/Qu），以及 Ef 优于 Qu（Ef/Qu>1）的百分比。第 3～6 行（第 8～11 行）报告了当 Qu 的 t 统计量分别大于 0、0.5、1.0 和 2.0 时，10 个基点的一般交易成本（大型/小型/微型公司分别为 5/10/20 个基点的 NYSE 断点的特定交易成本）的平均值和百分比。最后一行报告了 Qu 的 t 统计量大于 2.0 只做多头的投资组合的平均值和百分比。面板 B 显示了数值超过临界值的 t 统计量的数量（第 2 列和第 3 列）和比例（第 4 列和第 5 列）。第 3～8 行和第 10～15 行分别报告了 10 个基点的一般交易成本和大型/小型/微型公司分别为 5/10/20 个基点的 NYSE 断点的特定交易成本的结果。最后 4 行报告了只做多头的投资组合的结果。检验统计量大于 3.46（3.89）表明在通过我们保守的 Bonferroni 调整的 94 组比较的 5%（1%）水平下显著。

考虑到现实中交易成本往往随着公司规模和流动性的增加而降低，我们将微型、小型和大型股的交易成本分别设定为20、10和5个基点。由于微型股的交易成本较大，Qu 和 Ef 组合的 t 统计量都有所下降。尽管如此，Ef 仍然优于 Qu。Ef 识别出四个高度显著的因子（β、β^2、美元交易量、1 个月动量），而 Qu 只识别出一个显著的因子（1 个月动量），见表 2 - 8 面板 B 中间部分。

此外，考虑到许多股票（尤其是微型股）做空是不现实的，我们利用 NYSE 断点和价值加权构建了只做多头的 Qu（QuL）和 Ef（EfL）组合。这些投资组合的构建与我们的多空 Qu 和 Ef 组合相似，只是我们将所有个体权重设定为不小于 0。现在每个只做多头的投资组合的净暴露是 3 美元，而不是 0 美元。

我们在表 2 - 8 的面板底部显示了只做多头的投资组合的结果。我们发现，t 统计量在数量级上远大于对应的多空中性投资组合。然而，值得注意的是，对于 Ef，99% 的检验异象的 t 统计量在 1% 的水平上显著，即使在保守的 Bonferroni 调整下也是如此。从表 2 - 8 的最后一行中，我们可以看到 Ef 对 Qu 的优势要比在多空中性情况下大得多。对于 98% 的异象检验，Ef 成功地提高了 t 统计量。

2.4.3　异象类别

受 Hou 等（2015）的启发，我们将 94 个因子（得分）分为六个异象类别，包括动量、价值增长比、投资、盈利能力、无形资产以及交易摩擦，见表 2 - 1。

在表 2 - 9 中，我们列出了每个类别的所有股票的 Qu 和 Ef 的 t 比率和 t 统计量。值得注意的是，Ef 在所有六个类别中的表现都远远优于 Qu。所有交易摩擦 Ef 组合的 t 统计量都严格高于对应的 Qu 组合。此外，对于动量、投资和盈利能力这些异象，（重新审视的）Ef 排序方法也显著增强了检验功效。

表2-9　　　　　平均 t 比率与超过临界值的 t 统计量个数

面板A：所有股票的 t 比率

临界值	动量		价值/增长		投资		盈利能力		无形资产		交易摩擦	
	mRatio	Ratio >1	mRatio	Ratio >1	mRatio	Ratio >1	mRatio	Ratio >1	mRatio	Ratio >1	mRatio	Ratio >1
Qu>0.0	1.90	0.80	1.46	0.70	1.96	0.92	1.44	0.82	1.57	0.67	9.33	1.00
Qu>0.5	2.04	0.89	1.46	0.69	1.96	0.92	1.44	0.80	1.58	0.60	3.27	1.00
Qu>1.0	1.82	0.88	1.31	0.71	2.04	0.91	1.13	0.75	1.58	0.60	1.94	1.00
Qu>2.0	1.54	1.00	1.19	0.70	1.98	0.90	1.19	0.83	0.91	0.33	1.18	1.00

面板B：所有股票的 t 统计量

临界值	动量		价值/增长		投资		盈利能力		无形资产		交易摩擦	
	Qu	Ef	Qu	Ef	Qu	Ef	Qu	Ef	Qu	Ef	Qu	Ef
$t>2$	4	7	10	19	10	11	6	7	3	3	2	14
$t>3$	2	5	6	8	3	11	3	5	0	3	2	11
$t>3.46$	2	5	1	4	3	8	1	4	0	3	1	10
$t>3.89$	1	5	1	3	0	8	0	3	0	2	0	10
$t>4$	1	4	1	3	0	8	0	2	0	1	0	10
$t>5$	1	3	0	1	0	6	0	0	0	0	0	6

注：面板A显示了动量、价值增长比、投资、盈利能力、无形资产和交易摩擦这六个因子类别的平均 t 比率、mRatio = mean（Ef/Qu）和Ef优于Qu（Ratio>1）的百分比。第2行报告了Qu的 t 统计量为正时的平均值和百分比。第3行报告了Qu的 t 统计量大于0.5时的值。第4行报告了Qu的 t 统计量大于1.0时的值。第5行报告了Qu的 t 统计量大于2.0时的值。面板B显示了每个类别的数值超过临界值的 t 统计量的数量。检验统计量大于3.46（3.89）表明在通过我们保守的Bonferroni调整的94组比较的5%（1%）的水平上显著。

在表2-10和表2-11中，我们分别总结了非微型股和微型股的每个类别的Qu和Ef的 t 比率和 t 统计量。如上所述，对因子暴露的严格约束损害了有效排序组合的表现，因为它限制了优化的空间。尽管如此，我们仍然可以发现在除微型股以外的所有类别中，有效排序比基于分位数的排序更有优势。特别地，投资、盈利能力和无形资产这些类别从（重新审视的）Ef 排序方法中获利。然而，对于微型股，Ef（平均而言）仅适用于投资和交易摩擦因子组合，而对于盈利能力和无形资产，标准 Qu 组合有更高的检验功效。

表 2－10   平均 t 比率与超过临界值的 t 统计量个数：非微型股投资组合

面板 A：非微型股的 t 比率

临界值	动量		价值/增长		投资		盈利能力		无形资产		交易摩擦	
	mRatio	Ratio >1	mRatio	Ratio >1	mRatio	Ratio >1	mRatio	Ratio >1	mRatio	Ratio >1	mRatio	Ratio >1
Qu>0.0	1.50	0.67	2.06	0.54	1.49	0.92	1.43	0.82	1.55	0.80	6.06	0.80
Qu>0.5	1.04	0.63	1.03	0.47	1.49	0.92	1.38	0.80	1.55	0.80	1.35	0.57
Qu>1.0	1.08	0.60	0.94	0.43	1.48	0.90	1.44	0.88	2.15	1.00	0.73	0.40
Qu>2.0	1.09	0.67	1.00	0.40	1.26	0.75	1.67	1.00	NaN	NaN	0.39	0.00

面板 B：非微型股的 t 统计量

临界值	动量		价值/增长		投资		盈利能力		无形资产		交易摩擦	
	Qu	Ef	Qu	Ef	Qu	Ef	Qu	Ef	Qu	Ef	Qu	Ef
$t>2$	3	4	6	6	4	7	4	5	0	3	3	3
$t>3$	2	2	0	1	0	4	1	5	0	2	1	1
$t>3.46$	1	2	0	0	0	2	0	4	0	1	1	0
$t>3.89$	1	1	0	0	0	1	0	2	0	0	1	0
$t>4$	1	1	0	0	0	1	0	2	0	0	1	0
$t>5$	1	1	0	0	0	0	0	0	0	0	0	0

注：表 2－10 与表 2－9 类似，但呈现的是基于 NYSE 断点式（2.11）~式（2.13）构造的非微型股投资组合的结果。面板 A 显示了动量、价值增长比、投资、盈利能力、无形资产和交易摩擦这六个因子类别的平均 t 比率、mRatio = mean（Ef/Qu）和 Ef 优于 Qu（Ratio >1）的百分比。第 2 行报告了 Qu 的 t 统计量为正时的平均值和百分比。第 3 行报告了 Qu 的 t 统计量大于 0.5 时的值。第 4 行报告了 Qu 的 t 统计量大于 1.0 时的值。第 5 行报告了 Qu 的 t 统计量大于 2.0 时的值。面板 B 显示了每个类别的数值超过临界值的 t 统计量的数量。检验统计量大于 3.46（3.89）表明在通过我们保守的 Bonferroni 调整的 94 组比较的 5%（1%）水平下显著。

表2-11 平均 t 比率与超过临界值的 t 统计量个数：微型股投资组合

面板A：微型股的 t 比率

临界值	动量		价值/增长		投资		盈利能力		无形资产		交易摩擦	
	mRatio	Ratio >1	mRatio	Ratio >1	mRatio	Ratio >1	mRatio	Ratio >1	mRatio	Ratio >1	mRatio	Ratio >1
Qu>0.0	1.30	0.56	1.34	0.52	1.17	0.58	0.67	0.11	0.83	0.17	13.18	0.75
Qu>0.5	1.10	0.50	1.11	0.48	1.08	0.55	0.46	0.00	0.83	0.17	2.58	0.63
Qu>1.0	1.10	0.50	0.98	0.47	1.08	0.55	0.46	0.00	0.85	0.20	1.63	0.57
Qu>2.0	1.01	0.43	0.82	0.31	1.02	0.56	0.51	0.00	0.65	0.00	1.08	0.50

面板B：微型股的 t 统计量

临界值	动量		价值/增长		投资		盈利能力		无形资产		交易摩擦	
	Qu	Ef	Qu	Ef	Qu	Ef	Qu	Ef	Qu	Ef	Qu	Ef
$t>2$	7	5	15	14	9	9	7	2	4	2	4	12
$t>3$	5	3	5	9	7	7	4	0	1	1	3	8
$t>3.46$	4	3	3	4	5	5	1	0	1	1	2	7
$t>3.89$	1	2	2	3	3	1	1	0	1	0	0	6
$t>4$	1	3	1	2	2	3	0	0	1	0	0	5
$t>5$	1	2	1	0	0	2	0	0	0	0	0	4

注：表2-11与表2-9类似，但呈现的是基于NYSE断点式（2.11）~式（2.13）构造的微型股投资组合的结果。面板A显示了动量、价值增长比、投资、盈利能力、无形资产和交易摩擦这六个因子类别的平均 t 比率，mRatio = mean（Ef/Qu），以及Ef优于Qu（Ratio>1）的百分比。第2行报告了Qu的 t 统计量为正时的平均值和百分比。第3行报告了Qu的 t 统计量大于0.5时的值。第4行报告了Qu的 t 统计量大于1.0时的值。第5行报告了Qu的 t 统计量大于2.0时的值。面板B显示了每个类别的数值超过临界值的 t 统计量的数量。检验统计量大于3.46（3.89）表明在通过我们保守的Bonferroni调整的94组比较的5%（1%）水平下显著。

2.4.4 与原始方法的比较

这一部分，我们使用Ledoit等（2019）的原始方法来构建基于分位数的排序组合（QuO）和有效排序组合（EfO）。这里与前述Qu和Ef的主要区别是没有考虑股票市值的影响，也就是既不考虑NYSE断点，也不考虑价值加权。

我们还构建了价值加权的基于分位数的排序组合（用QuV表示），以提供一个简单的基准，即考虑到股票的相对规模。请注意，QuV 对所有股票使用价值加权，而不考虑 NYSE 断点，因此与我们的 Qu 组合不同。此外，为了与我们的结果进行公平的比较，我们对权重进行了缩放，使每个美元中性组合的总暴露为 6 美元。

从表 2 – 3 和表 2 – 12 报告的结果中，我们可以看到基于分位数的投资组合的从最好到最差的排序是 QuO、Qu、QuV。有趣的是，QuO 和 Qu 都发现了许多显著的异象，而 QuV 表现很差，这也意味着一个微型股偏差是一个较为严重的问题。等权重的基于分位数的投资组合对微型股持有很高的权重，并从其巨额异常回报中获利。这看起来很有希望，但由于交易成本高和流动性差，主要基于微型股的异象在实践中不太可能被利用。然而，如果引入价值加权的基于分位数的投资组合，只有少数异象仍统计显著。因此，我们证实了之前文献中的发现，即异象表现主要是由市值较小的股票驱动，大市值和流动性好的股票很难复制异象。而当我们不仅通过引入价值加权，而且通过引入 NYSE 断点来纠正微型股偏差，以得到一个加权以及平衡（从而具有代表性）的投资组合时，我们发现了表现良好且实际可行的投资组合。

表 2 – 12 　　　　　　　　平均 t 比率与超过临界值的 t 统计量个数

面板 A：t 比率

临界值	mean（QuV/QuO）	QuV/QuO > 1	mean（EfO/QuO）	EfO/QuO > 1
QuO > 0.0	0.500	0.124	1.392	0.607
QuO > 0.5	0.299	0.068	1.357	0.595
QuO > 1.0	0.296	0.057	1.286	0.586
QuO > 2.0	0.297	0.022	1.182	0.644

面板 B：t 统计量

临界值	QuO	QuV	EfO	QuO	QuV	EfO
$t > 2$	45	6	59	0.48	0.06	0.63
$t > 3$	29	1	40	0.31	0.01	0.43
$t > 3.46$	24	1	34	0.26	0.01	0.36

面板 B：t 统计量

临界值	QuO	QuV	EfO	QuO	QuV	EfO
$t > 3.89$	15	1	27	0.16	0.01	0.29
$t > 4$	13	1	27	0.14	0.01	0.29
$t > 5$	5	1	18	0.05	0.01	0.19

注：面板 A 显示了平均 t 比率，mean（QuV/QuO），和 QuV 优于 QuO（QuV/QuO > 1）的百分比（第 2 列和第 3 列）；以及平均 t 比率，mean（EfO/QuO），和 EfO 优于 QuO（EfO/QuO > 1）的百分比（第 4 列和第 5 列）。行分别报告了当 QuO 的 t 统计量为正、大于 0.5、大于 1.0 和大于 2.0 时的平均值和百分比。面板 B 显示了数值超过临界值的 t 统计量的数量（第 2~4 列）和比例（第 5~7 列）。检验统计量大于 3.46（3.89）表明在通过我们保守的 Bonferroni 调整的 94 组比较的 5%（1%）水平下显著。我们添加一个后缀字母来区分原始（O）等权重和价值加权（V）方法。

最后，当我们比较原始的有效排序组合（见表 2-12）和新的有效排序组合（见表 2-3）时，我们发现平均来看 t 统计量的水平非常相似。值得注意的是，即使我们引入了价值加权和 NYSE 断点，重新审视的 Ef 仍发现了一些更显著的异象。换句话说，引入的规模控制不会损害投资组合的表现，并成功地减少了对微型股和单一股票的过多暴露。[①]

原始的等权重的有效排序和基于分位数的排序组合对于微型股的暴露是非常大的。图 2-5 显示，对于几乎所有 94 个被检验的异象，原始方法对微型股持有过高的权重（平均而言绝对持有量为 3.3），而重新审视的有效排序方法在所有三个 NYSE 断点类别中的暴露相同（为 2）。需要注意的是，原始方法将一半以上的资金投资于微型股，导致了巨大的交易成本以及甚至可能是不可行的投资组合，而重新审视的版本可以纳入对微型股暴露的投资者特定的约束。在表 2-13 中，我们报告了扣除交易成本后的结果，并发现对于原始有效排序方法，极少数异象仍统计显著。[②] 此外，

---

① 原始的 Ef 方法对微型股赋予了很大的权重，因为一些较小的股票在一定时期内可以具有非常低的波动率。然而，这通常不是因为这些股票的风险较小。相反，这是由于流动性问题导致交易较少（没有），从而价格波动较少（没有）。当估计样本外（协）方差时，会导致方差优化中的"误差最大化"，这是非常危险的（Michaud，1989）。

② 只有三个异象的 t 统计量大于 2，并且只有 1 个月动量因子仍高度统计显著。

扣除交易成本后，当微型股被纳入投资域时，原始的 Ef 方法相对基于分位数的排序方法没有任何优势。

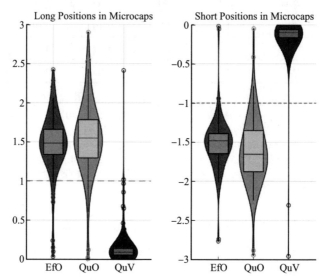

图 2 – 5　94 个原始排序组合 EfO、QuO 和 QuV 中微型股的

平均多头（左）和空头（右）头寸的小提琴箱线图

注：对于多头（空头），位于 1（–1）处的水平线对应重新审视的 Ef 和 Qu 建议的 NYSE 断点约束水平。因此，高于（低于）1（–1）的多头（空头）头寸表示对微型股有更大的暴露。

表 2 – 13　　　　　　　　　　 *t* 统计量超过临界值的个数：扣除交易成本

t 统计量

临界值	QuO	QuV	EfO	QuO	QuV	EfO
$t > 2$	4	1	4	0.04	0.01	0.04
$t > 3$	3	1	2	0.03	0.01	0.02
$t > 3.46$	3	1	2	0.03	0.01	0.02
$t > 3.89$	1	1	2	0.01	0.01	0.02
$t > 4$	1	1	2	0.01	0.01	0.02
$t > 5$	0	1	2	0.00	0.01	0.02

注：表 2 – 13 显示了扣除交易成本（5/10/20 个基点）后数值超过临界值的 *t* 统计量的数量（第 2 ~ 4 列）和比例（第 5 ~ 7 列）。检验统计量大于 3.46（3.89）表明在通过我们保守的 Bonferroni 调整的 94 组比较的 5%（1%）水平下显著。我们添加一个后缀字母来区分原始（O）等权重和价值加权（V）方法。

我们提出新的有效排序方法的另一个优势是，平均来看，它可以以较低的总暴露来复制异象。在图 2-6 中，我们展示了这一新的有效排序方法的所有 94 个异象的平均暴露。可以看到，与固定暴露为 6 的基准相比，我们的方法显著减少了投资量。因此，应该从原始的方法更新到我们提出的重新审视的有效排序方法，以获得更好的且实际更可行的投资组合。

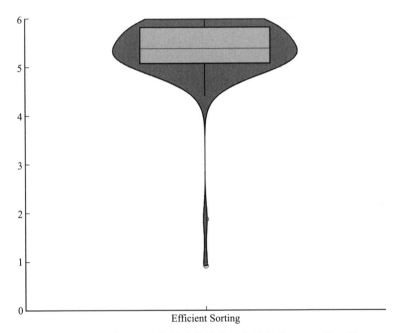

图 2-6 94 个重新审视的有效排序组合平均总暴露的箱线图

注：基于分位数的和原始的有效排序组合的总暴露为 6。

备注 2-3（学术与现实生活） 在 2.3 节和 2.4 节中，我们展示了如何检验"整个"市场的横截面异象，以及为什么包括 NYSE 断点和价值加权来控制微型股偏差很重要。然而，我们构建的投资组合仍应被视为"学术"的投资组合，因为我们没有施加额外的约束，比如最大投资仓位约束、因子暴露约束、风格约束，而这些约束在现实生活中很常见。此外，在重新平衡或移除微型股时，习惯上会（明确）限制换手率和交易成本。[①] 尽管由于这些原因，投资组合是不现实的，但比较异象复制方法的功效仍然是有用的。关键是，在排序投资组合框架中运作的现实投资组合经理总是会从使用更准确的协方差矩阵估计量中受益，而与他们面临的约束的数量和性质无关。从这个意义上来说，我们提出新的有效排序方法有重要的现实价值。

2.5 研究结论

本章证明，根据均值—方差最优理论，在对横截面异象的预测性检验中，构建投资组合时不仅应该包含一个合适可行的股票收益协方差矩阵的估计量，还应该考虑到小型和微型股，以模拟"整个"市场的异象。我们通过一个超高维度的受约束的方差最小化问题来修正有效排序。新的方法通过 NYSE 断点和价值加权来控制微型股的偏差。

我们发现，当从基于分位数的排序组合升级到基于协方差矩阵的（分析性）非线性压缩估计量的有效排序组合时，t 统计量平均增加了一倍以上。如果我们仅将有效排序方法应用于特定的 NYSE 断点类别（大、小和微型股），有效排序的表现仍优于基于分位数的排序。

我们提出新的有效排序方法的另一个优点是，平均而言它以较低的总暴露复制异象。因此，应该从原始的方法更新到这一重新审视的有效排序方法，以获得更好的和实际更可行的投资组合。最重要的是，我们发现与原始有效排序相比，我们修正后的方法在不损害投资组合表现的情况下减少了对微型股的暴露。

此外，由于换手率的减少，在考虑到交易成本或流动性现实的情况下，有效排序的优势得到加强。除此之外，有效排序组合不仅在所有 94个因子的平均水平上占优势，而且在六个异象类别（动量、价值增长比、

---

① 为此，我们还在 2.3.3 节中给出了非微型股的结果。

投资、盈利能力、无形资产以及交易摩擦）的每个类别中都占优势。

多重检验问题中将 t 统计量显著性阈值提高到一个更高要求的水平是合理的，因此，检验势的稳健提升非常重要。新的有效排序法有助于提高预测功效，进而促进对资产定价背后机制的探索，从而体现出其重要的理论价值和现实意义。

第3章

高维组合构建：总暴露约束
与压缩协方差矩阵

3.1 问题的提出

我们知道，在构建高维无约束投资组合时，使用样本协方差矩阵将会导致极端头寸，组合的样本外表现一般也会非常差。有两类常见的方法用以改进投资组合的表现。其一是对投资组合权重进行直接约束（如，Jagannathan and Ma，2003；DeMiguel et al.，2009a；Fan et al.，2012；Behr et al.，2013；Li，2015）或压缩（如，Golosnoy and Okhrin，2007；Frahm and Memmel，2010；Tu and Zhou，2011；DeMiguel et al.，2013；Bodnar et al.，2018）；其二是使用改进的协方差矩阵估计量间接约束或压缩投资组合权重（如，Ledoit and Wolf，2003；2017a；Fan et al.，2008；Fan et al.，2013；Engle et al.，2019；De Nard et al.，2021b）。

一般认为，对投资组合权重进行直接约束是对协方差矩阵进行压缩的简单替代方案。为什么这两种方法有利于高维投资组合的表现？其背后的理论机制是相似的：导致极端权重的股票其极端样本协方差通常是由估计错误所引起的（详细解释见 DeMiguel et al.，2009b）。因此，对投资组合权重施加约束或压缩样本协方差都可以减少抽样误差并提高样本外表现。

本章旨在对这两种方法进行比较分析，并得到有最优表现的方法。特别地，假定所构建投资组合为完全投资，即投资组合的权重总和为1（而不为0），这也是现实中大部分资产管理者的默认选择。尽管权重总和为1，但仍然允许一些个股的头寸为空头。一个有趣的问题是组合共允许多少空头头寸（总暴露）。常见的投资策略有：对总暴露没有任何限制的策略、"150/50"策略（意味着对于1亿美元的资本，允许做空5000万美元，同时做多1.5亿美元）、"130/30"策略和"100/0"策略（不允许卖空）。为了进行更可靠的分析，我们考虑了对做空约束的多种选择，总暴露约束参数连续地从1（"100/0"策略）增加到16（"850/750"策略）。同时，与已有文献不同，在估计协方差矩阵时，我们不再局限于线性压缩的无条件协方差矩阵，而是让样本协方差矩阵的每个特征值都有对应的在高维渐近下最优确定的压缩强度，同时我们还结合多元GARCH效应考虑了协方差矩阵的时变特征。

本章专注于高维投资组合风险的降低和效率的提高，对相关文献有以下贡献。首先，我们将约束投资组合权重和压缩协方差矩阵的数学等价性从传统的静态框架扩展到动态，其中结合了多元GARCH效应。其次，我们发现使用恰当选择的压缩协方差矩阵策略总是优于施加任意确定的总暴露约束的策略。我们从自由度的角度为这种理论与现实的差异提供了一种新的解释。最后，我们给出了压缩估计和总暴露约束的最优值，这可以为量化投资者和分析师提供启示。此外，我们发现，只要允许少量空头头寸，协方差矩阵的非线性（NL）压缩就可以改善高维投资组合的表现，但对总暴露施加约束常常会损害高维投资组合的表现。

如果约束权重和压缩协方差本质上是等价的，那么为什么对具有适度总暴露约束的投资组合进行协方差矩阵压缩仍然是有利的？答案是，约束总暴露只有一个自由度，即允许总暴露的程度；而NL类型的压缩的自由度通常很大，其数值等于系统中变量的数量，这是因为随着矩阵维度和样本大小一起趋于无穷大，这些变量在渐近意义上单独地进行优化。也就是说，对协方差矩阵进行压缩是精细的自动调整，而对总暴露进行约束则是对全局进行限制。因此，当 NL 压缩方法提供最佳压缩时，总暴露约束是多余的。

我们通过蒙特卡罗模拟和实证分析证明了对广泛的权重受到约束的投资组合使用 NL 压缩协方差矩阵估计优于施加总暴露约束。此外，我们发现使用动态条件相关（DCC）模型可以提高投资组合的表现。DCC - NL 压缩（DCC - NL）投资组合始终表现最优：只要允许少量空头头寸（只要经纪商允许，许多完全投资的基金都可以这样做），使用 DCC - NL 协方差矩阵估计量有最优的表现。在考虑了正态分布和 t 分布扰动项的模拟中，这一结果是稳健的，在构建了全局最小方差（GMV）投资组合和涉及盈利因子的均值方差有效（MVE）投资组合的实证研究中，我们的研究结果也是稳健的。

我们知道，自从 Markowitz（1952）的开创性工作以来，统计和优化技术已被用于开发多样化的投资策略，这些策略要么（1）将风险最小化（GMV 投资组合），要么（2）在风险收益权衡上有效（MVE 投资组合）。第一种组合为协方差矩阵的估计量和所使用的优化程序提供了更纯粹的检验，而第二种组合还需要一个良好的但很难获得的收益预测模型对收益进行预测。

过去的几十年，一方面，学者们进行了各种尝试来减少高维度协方差矩阵的估计误差。对因子结构施加假设（如，Stock and Watson，2002；Fan et al.，2008；Bai and Li，2012；Fan et al.，2013）和压缩样本协方差矩阵（Ledoit and Wolf，2003；2004a；2004b；2012；2015；2020a）是两种常见的且公认有效的方法。压缩法也可以用在因子模型中估计残差协方差矩阵（De Nard et al.，2021b）。另一方面，文献中引入了多种方法来处理预期收益的参数不确定性问题，包括贝叶斯方法（如，Pástor，2000；Wang，2005；Pástor and Stambaugh，2009；Tu and Zhou，2010；Bauder et al.，2020）和其他一些非贝叶斯策略（如，Goldfarb and Iyengar，2003；

Garlappi et al.，2007；Brandt et al.，2009；Branger et al.，2019）。此外，现有文献已经提出了数百种信号来预测股票未来收益（见 Hou et al.，2015；Harvey et al.，2016；Green et al.，2017；及其引用）。在实证中，我们同时考虑高维协方差矩阵的估计问题和股票收益的预测问题。具体来说，为了构建 MVE 投资组合，我们使用信号净资产收益率（ROE）作为预期收益的代理变量，这已被证明对横截面异象具有统计显著的解释力（Feng et al.，2020）。我们使用信号收益价格比（E/P）作为替代代理变量进行稳健性检验。同时，我们考虑了不同的交易成本。

我们的研究与试图提供统一的分析框架从而对权重施加约束并使用协方差矩阵的改进估计量的文献最密切相关。Jagannathan 和 Ma（2003）发现，在没有卖空约束的情况下，基于样本协方差矩阵构建的 GMV 投资组合的表现与使用线性压缩估计量构建的投资组合一样好。但是，如果使用协方差矩阵的压缩估计量，则无卖空约束将损害样本外表现。他们通过约束权重和压缩协方差的机制相似性来解释二者相似的表现。

De Miguel 等（2009a）和 Brodie 等（2009）使用 ℓ_2 范数或 ℓ_1 范数框架来统一权重和协方差矩阵中的压缩效应。ℓ_2 范数约束，如脊回归，将所有回归系数压缩到零并且不产生任何稀疏性，对应 Ledoit 和 Wolf（2004b）的压缩估计量。ℓ_1 范数约束，如 LASSO 回归，倾向于给出稀疏权重，对应 Jagannathan 和 Ma（2003）中有卖空约束的投资组合。Yen（2016）为优化投资组合施加了 ℓ_1 范数和 ℓ_2 范数两种惩罚。

还有学者研究了投资组合优化的等价无约束回归表示。Britten – Jones（1999）通过人工线性回归讨论了投资组合选择问题。在此基础上，Fan 等（2012）以及 Li（2015）表明，约束投资组合范数等价于约束估计风险。此外，Ao 等（2019）提出了一种策略——"MAXSER"，该策略基于一种新的无约束回归表示，可以同时实现均值方差有效和风险控制。此外，Callot 等（2020）通过使用节点回归直接估计协方差矩阵的逆来研究高维投资组合的方差、权重和风险。

值得注意的是，现有文献在投资组合选择中，与权重约束的表现进行了比较的协方差矩阵的压缩估计量都是线性的。这些线性压缩估计量的压缩目标有 Ledoit 和 Wolf（2003）提出的 Sharpe（1963）的单指数协方差矩阵、Ledoit 和 Wolf（2004b）提出的单位矩阵，以及 Ledoit 和 Wolf（2004a）（Li，2015）提出的常数相关模型。线性压缩估计本质上等同于通过统一的压缩强度将样本特征值线性压缩到更集中的一组特征值。Ledoit 和 Wolf（2012；2015）将样本特征值的线性压缩扩展到非线性压缩，得到协方差矩阵的 NL 估计量，该估计量已被证明具有更好的样本外表现（Ledoit and Wolf，2015；2017a）。Ledoit 和 Wolf（2020b）认为线性压缩更容易理解和实现，但 NL 压缩更加灵活和强大。由于线性到非线性压缩的扩展实质上是压缩机制从具有外生目标和统一压缩强度的程序改进为内生的优化算法，因此将其效果与施加不同程度的总风险暴露约束的效果进行比较是非常重要的。

此外，Bollerslev 等（2018）认为，为了考虑协方差的动态变化，压缩强度应该是随时间变化的。与此思想一致，Engle 等（2019）提出协方差矩阵的 DCC - NL 估计量，在 DCC 模型的"相关目标"最大似然估计中使用 NL 压缩估计量代替样本协方差矩阵。结果表明，协方差矩阵的 DCC - NL 估计量比基于传统 DCC 模型的估计量表现更好。由于 DCC 模型在捕获条件异方差方面起作用，我们推测 DCC 模型的使用也将有助于改善具有总暴露约束的投资组合的样本外表现。

我们的工作与以往文献的主要区别体现在以下两个方面。首先，我们采用最前沿的协方差矩阵估计量，它不仅应用 NL 压缩程序来考虑不同的个体压缩强度，而且使用 GARCH 模型考虑协方差的动态变化。其次，我们重点关注当施加某些特定的总暴露约束时 DCC - NL 对 DCC 的改进。基于此，我们得到新的发现，即 DCC - NL 估计量始终是首选，且使用 NL 压缩估计量优于施加总暴露约束。

3.2　组合构建方法

3.2.1　压缩和 DCC

由于过度拟合，样本协方差矩阵在高维度上的样本外表现不佳。在不对数据施加任何额外结构假定的情况下，压缩方法通过纠正样本特征值的偏差来提高估计精度。我们知道，最小的样本特征值向下偏移，最大的样本特征值向上偏移。压缩方法背后的基本思想是将极端样本特征值拉向所有样本特征值的总平均值。Ledoit 和 Wolf（2003；2004a；2004b）提出了线性压缩估计量。当所有样本特征值都以相同的压缩强度进行调整时，线性压缩估计量是 NL 优化问题的一阶近似解。Ledoit 和 Wolf（2012；2015）提出的 NL 压缩估计量允许样本特征值以不同的压缩强度进行调整，并且通常比线性压缩估计量表现得更好。

为了确定每个样本特征值（关于特定损失函数）的最优压缩强度，Ledoit 和 Wolf（2015）将 Mar cenko 和 Pastur（1967）方程离散化并构造量化特征值采样变换（QuEST）函数。通过对 QuEST 函数求逆，可以获得总体特征值的一致估计量。具体来说，令 $(\lambda_1, \cdots, \lambda_N)$ 表示 $N \times N$ 维样本协方差矩阵 S 的一组降序排列特征值，$(\boldsymbol{u}_1, \cdots, \boldsymbol{u}_N)$ 是对应的特征向量。令 $Q_{T,N}(\boldsymbol{t}) := (q_{T,N}^1(\boldsymbol{t}), \cdots, q_{T,N}^N(\boldsymbol{t}))'$ 表示 QuEST 函数，它将总体特征值集 $\boldsymbol{t} := (t_1, \cdots, t_N)$ 转换为样本特征值集。因此，给定一组样本特征值，可以通过反转 QuEST 函数一致地估计总体特征值：

$$\hat{\boldsymbol{\tau}} := \underset{t \in [0, +\infty)^N}{\operatorname{argmin}} \frac{1}{N} \sum_{i=1}^{N} \left(q_{T,N}^i(\boldsymbol{t}) - \lambda_i \right)^2 \tag{3.1}$$

协方差矩阵的非线性压缩估计量（记为 NL）为

$$\hat{\Sigma} := \sum_{i=1}^{N} \hat{\lambda}_i(\hat{\boldsymbol{\tau}}) \cdot \boldsymbol{u}_i \boldsymbol{u}_i' \qquad (3.2)$$

其中，$\hat{\lambda}_i(\hat{\boldsymbol{\tau}})$，$i = 1, \cdots, N$ 表示基于 $\hat{\boldsymbol{\tau}}$ 的压缩特征值。这一压缩公式的基本思想是

$$\hat{\lambda}_i(\hat{\boldsymbol{\tau}}) \approx \boldsymbol{u}_i' \Sigma \boldsymbol{u}_i \qquad (3.3)$$

其中，$\sum$ 表示无条件总体协方差矩阵。当矩阵维数和样本量以 Ledoit 和 Wolf（2015）详述的方式一起趋于无穷大时该近似值渐近有效。式（3.2）和式（3.3）与 $\lambda_i = \boldsymbol{u}_i' \sum \boldsymbol{u}_i$ 和 $S = \sum_{i=1}^{N} \lambda_i \cdot \boldsymbol{u}_i \boldsymbol{u}_i'$ 非常相似：我们所做的只是将权重由特征向量 $\boldsymbol{u}_i$ 确定的投资组合的样本内方差替换为相同投资组合的真实方差。这是一个实质性的改进，因为特征向量 $(\boldsymbol{u}_i)_{i=1,\cdots,N}$ 是从与特征值 $(\lambda_i)_{i=1,\cdots,N}$ 相同的数据集中提取的，这导致了巨大的过拟合偏差。

此外，为了捕捉资产收益的波动性聚类特征，Engle（2002）使用 DCC 模型研究方差和协方差的时变结构。令 $\underset{t}{\Sigma} := (\sigma_{ijt})$ 表示资产收益 $r_t := (r_{it})$（N 维列向量）在时间 t 的条件协方差矩阵，其中 $t = 1, \cdots, N$。令 $D_t := diag(\sigma_{11t}^{\frac{1}{2}} \cdots \sigma_{NNt}^{\frac{1}{2}})$ 表示波动率矩阵，$Q_t := (q_{ijt})$ 表示伪相关系数矩阵，$P_t := (p_{ijt})$ 表示相关系数矩阵，满足

$$P_t := diag(q_{11t}^{-1/2} \cdots q_{NNt}^{-1/2}) Q_t diag(q_{11t}^{-1/2} \cdots q_{NNt}^{-1/2}) \qquad (3.4)$$

DCC 模型定义如下：

$$\Sigma_t = D_t P_t D_t \qquad (3.5)$$

其中，每个单变量波动率的动态由 GARCH（1，1）模型刻画：

$$\sigma_{ii,t}^2 = \sigma_{ii,0}^2 (1 - \alpha_i - \beta_i) + \alpha_i r_{i,t-1}^2 + \beta_i \sigma_{ii,t-1}^2 \qquad (3.6)$$

伪相关系数矩阵 Q_t 被定义为

$$Q_t = \overline{Q}(1 - \alpha - \beta) + \alpha s_{t-1} s_{t-1}' + \beta Q_{t-1} \qquad (3.7)$$

其中，α_i，β_i，α 和 β 为满足对于每个 $i \in \{1, \cdots, N\}$ 都有 $\alpha_i + \beta_i < 1$ 且 $\alpha + \beta < 1$ 的非负标量。$\sigma_{ii,0}$ 是个体 i 的资产收益的长期波动率，$s_t = D_t^{-1} r_t$ 是在时间 t 的去波动的收益，$\overline{Q}$ 是 s_t 的长期协方差矩阵。

通过将 $\overline{Q}$ 的 NL 压缩估计量与 DCC 模型相结合，Engle 等（2019）提出了协方差矩阵的 DCC – NL 估计量。为避免高维矩阵的求逆，他们还在估计 DCC 模型时使用了 2MSCLE 方法（Pakel et al.，2021），该方法为结合所有 2×2 块相邻对生成的个体似然的复合似然估计。

综上所述，NL 旨在通过压缩特征值来提高协方差矩阵的估计精度，从而减少估计误差。同时，DCC 通过动态建模考虑了条件异方差性。鉴于这些优势，DCC – NL 估计量应该比 DCC 估计量、NL 估计量和样本协方差矩阵（用 S 表示）具有更好的样本外表现。

尽管本章使用了 Engle 等（2019）的 DCC – NL 方法，但与他们关注无约束情况不同，我们探讨了 DCC – NL（以及其他估计量）与总暴露约束的相互作用。由于许多投资者面临杠杆约束，这一研究更具有实际意义。

3.2.2 构建具有总暴露约束的 GMV 投资组合

基于时变协方差矩阵 $\boldsymbol{\Sigma}_t$ 的估计量 $\hat{\boldsymbol{\Sigma}}_t$，构建具有总暴露约束的 GMV 投资组合等价于以下最小化问题：

$$\min_{\boldsymbol{w}_t} \boldsymbol{w}_t' \hat{\boldsymbol{\Sigma}}_t \boldsymbol{w}_t$$

$$满足 \ \boldsymbol{w}_t'\mathbf{1} = \mathbf{1} \ \text{and} \ \sum_{i=1}^{N} |w_{i,t}| \leqslant \gamma \qquad (3.8)$$

约束 $\sum_{i=1}^{N} |w_{i,t}| \leqslant \gamma$ 可以表示为 $\|\boldsymbol{w}_t\|_1 \leqslant \gamma$。注意 $\gamma \geqslant 1$，且约束随着 γ 的增加而变弱。当 $\gamma = 1$ 时，该约束等同于 Jagannathan 和 Ma（2003）考虑的极端情况，即不允许卖空。$\gamma = 1.6$ 对应于 130/30 策略的完全投资组合，$\gamma = 2$ 对应于 150/50 策略。当 $\gamma = \infty$ 时，总暴露不受限制。

定义如下拉格朗日函数：

$$L(\boldsymbol{w}_t, \mu, \lambda) = \boldsymbol{w}_t' \hat{\boldsymbol{\Sigma}}_t \boldsymbol{w}_t - \mu(\boldsymbol{w}_t'\mathbf{1} - 1) - \lambda(\gamma - \|\boldsymbol{w}_t\|_1) \qquad (3.9)$$

并且令 $\boldsymbol{g}_t$ 为 $\|\boldsymbol{w}_t\|_1$ 的次梯度向量。那么，对于 $w_{i,t} \neq 0$，$\boldsymbol{g}_t$ 的第 i 个元素是

唯一的，即 $g_{i,t} = sign(w_{i,t})$；对于 $w_{i,t} = 0$，$g_{i,t}$ 可以是 ［－1，1］ 中的任何值。

因此，上述总暴露约束优化问题式（3.8）的 Karush－Kuhn－Tucker （KKT） 条件为

$$
\begin{cases}
2\hat{\boldsymbol{\Sigma}}_t \boldsymbol{w}_t - \mu \mathbf{1} + \lambda \boldsymbol{g}_t = 0, \\
\lambda(\gamma - \|\boldsymbol{w}_t\|_1) = 0, \ \lambda \geqslant 0, \\
\|\boldsymbol{w}_t\|_1 \leqslant \gamma, \ \boldsymbol{w}_t'\mathbf{1} - 1 = 0
\end{cases}
\tag{3.10}
$$

其中，$\mathbf{1}$ 是数字 1 的列向量，λ 和 μ 是拉格朗日乘数。用 $\boldsymbol{w}_t^*$ 表示式（3.10）的解。下面的结果表明，根据 DCC 估计量构造总暴露约束的最小方差投资组合等价于从 DCC 估计量的压缩版本构造（无约束的）最小方差投资组合。

定理 3 – 1

（1）令 $\tilde{\boldsymbol{\Sigma}}_{\gamma,t} = \hat{\boldsymbol{\Sigma}}_t + \dfrac{1}{2}\lambda \ (\boldsymbol{g}_t^* \mathbf{1}' + \mathbf{1}\boldsymbol{g}_t^{*\prime})$，其中 $\boldsymbol{g}_t^*$ 是 $\boldsymbol{w}_t^*$ 处的次梯度，λ 是式（3.10）中定义的拉格朗日乘数。如果 $\hat{\boldsymbol{\Sigma}}_t$ 是正定 DCC 协方差矩阵估计量，则 $\tilde{\boldsymbol{\Sigma}}_{\gamma,t}$ 是正定的。

（2）部分约束投资组合优化问题式（3.8）等价于优化问题

$$
\min_{\boldsymbol{w}_t'\mathbf{1} = 1} \boldsymbol{w}_t' \tilde{\boldsymbol{\Sigma}}_{\gamma,t} \boldsymbol{w}_t
\tag{3.11}
$$

值得注意的是，优化问题式（3.8）是通过使用二次规划算法（Tibshirani，1996）解决的。尽管我们在经验分析中没有计算理论上的正则化矩阵 $\tilde{\boldsymbol{\Sigma}}_{\gamma,t}$，但定理 3 – 1 中建立的等价性可以解释两种优化问题之间的关系。拉格朗日乘数 λ 可以看作控制压缩量的参数，它说明了 $\tilde{\boldsymbol{\Sigma}}_{\gamma,t}$ 与协方差矩阵压缩估计量之间的关系。

容易看出，对总暴露施加约束的方法只有一个自由度：拉格朗日乘数 λ（或等效地，总暴露约束 γ，因为保持其他一切都相等时这两者是一一对应的）。相比之下，NL 压缩有 N 个自由度 $\widehat{\lambda}_1(\hat{\boldsymbol{\tau}})$，…，$\widehat{\lambda}_N(\hat{\boldsymbol{\tau}})$，每一个都是通过高维渐近下的自动程序最优选择的。当总体特征值可以分散、聚

集或以其他方式不规则变化时，这种"局部微调"的能力将会是一个巨大的优势。

上述分析为什么在总暴露约束已经隐含地提供压缩的情况下，应用 NL 和 DCC - NL 仍然可以改进策略提供了数学上的证明。在无约束情况下，Ledoit 和 Wolf（2015）以及 Engle 等（2019）已经分别证明 NL 和 DCC - NL 的有效性。本章 3.4.2 节中实证分析的目的是验证在有杠杆约束的情况下 NL 和 DCC - NL 的有效性。

3.2.3　构建具有总暴露约束的 MVE 投资组合

给定协方差矩阵 $\hat{\boldsymbol{\Sigma}}_t$ 的估计量和总暴露参数 γ，基于收益预测信号 $\boldsymbol{m}_t := (m_{1t}, \cdots, m_{NT})'$ 的 MVE 投资组合表示为：

$$\min_{\boldsymbol{w}_t} \boldsymbol{w}_t' \hat{\boldsymbol{\Sigma}}_t \boldsymbol{w}_t \tag{3.12}$$

$$满足\ \boldsymbol{w}_t' \mathbf{1} = 1 \tag{3.13}$$

$$\boldsymbol{w}_t' \boldsymbol{m}_t = b_t \tag{3.14}$$

$$\sum_{i=1}^{N} |w_{i,t}| \leqslant \gamma \tag{3.15}$$

其中，b_t 是对信号 $\boldsymbol{m}_t$ 的目标暴露。在我们的实证研究中，b_t 由排序投资组合决定。具体地，

$$b_t = \boldsymbol{w}Q_t' \boldsymbol{m}_t \tag{3.16}$$

其中，$\boldsymbol{w}Q_t$ 是基于分位数投资组合的权重向量。令 $\{(1), (2), \cdots, (N)\}$ 是 $\{1, 2, \cdots, N\}$ 按照信号 $\boldsymbol{m}_t$ 的得分降序的排列。那么，$wQ_t^{(1)} = \cdots = wQ_t^{(d)} := 1/d$ 和 $wQ_t^{(d+1)} = \cdots = wQ_t^{(N)} := 0$，其中 d 是小于或等于投资组合规模 N 与分位数 B 的比率的最大整数。我们在实证分析中考虑五分位数（$B = 5$）。

将问题式（3.12）的解表示为 $\boldsymbol{w}_{b,t}^*$，则我们可以得到以下类似定理 3 - 1 的定理。

定理3-2 部分约束投资组合优化问题式（3.12）等价于优化问题。

$$\min_{\boldsymbol{w}_t} \boldsymbol{w}'_t \tilde{\boldsymbol{\Sigma}}_{\gamma,t} \boldsymbol{w}_t$$

$$\text{满足 } \boldsymbol{w}'_t \boldsymbol{1} = 1 \text{ and } \boldsymbol{w}'_t \boldsymbol{m}_t = b_t \qquad (3.17)$$

其中，正则化协方差矩阵 $\tilde{\boldsymbol{\Sigma}}_{\gamma,t} = \hat{\boldsymbol{\Sigma}}_t + \frac{1}{2}\lambda\left(\boldsymbol{g}^*_{b,t}\boldsymbol{1}' + \boldsymbol{1}\boldsymbol{g}^{*'}_{b,t}\right)$。这里，$\boldsymbol{g}^*_{b,t}$ 是 $\boldsymbol{w}^*_{b,t}$ 处的次梯度，λ 是拉格朗日乘数。

与3.2.2节 GMV 情况一样，我们可以看到总暴露约束中隐含的压缩只有一个自由度，因此 NL 压缩以其 N 个自由度占据理论上的优势。对于 DCC - NL 来说更是如此，因为它覆盖了总暴露约束中缺少的时变成分。这为3.4.2节的实证分析提供了理论证明，该分析检验了 Ledoit 和 Wolf（2015）以及 Engle 等（2019）对 NL 和 DCC - NL 的结果是否从无约束的 MVE 投资组合延续到有暴露约束的 MVE 投资组合。

3.3 蒙特卡罗模拟

在上一节中，我们证明了当 DCC 模型捕获协方差矩阵的时变结构时，对投资组合施加总暴露约束等效于使用压缩估计量。在本节中，我们使用蒙特卡罗模拟来量化使用不同协方差矩阵估计量和不同水平的总暴露约束构建的投资组合的有限样本表现。特别地，我们想研究和比较 NL 压缩估计、DCC 模型和总暴露约束在投资组合改进中的有用性，并回答以下问题：使用 NL 压缩协方差矩阵估计量和最优总暴露约束哪个更好？使用动态模型（带 DCC）还是静态模型（不带 DCC）更好？使用 NL 压缩是否能改进具有适度总暴露约束的投资组合的表现？最后，NL 压缩、DCC 模型和总暴露约束如何影响风险近似值？

3.3.1 数据生成过程

为了生成与经验数据相匹配的模拟数据，我们首先使用 2010～2014 年这 5 年的日度数据，基于 NL 压缩法估计 CRSP 数据库中流动性最强（$N = 500，1\,000$）的股票收益的无条件协方差矩阵。并将该矩阵视为真正的无条件协方差矩阵。

其次，我们模拟 DCC 时间序列 $r_t = \Sigma_t^{1/2} z_t$，扰动项 z_t 服从多元标准正态分布或具有五个自由度的多元"Student" t 分布。条件协方差矩阵 Σ_t 由式（3.5）到式（3.7）生成，式（3.6）中的所有个股 $i = 1，\cdots，N$ 的参数 $\alpha_i = 0.05$ 和 $\beta_i = 0.93$，式（3.7）中的参数 $\alpha = 0.05$ 和 $\beta = 0.93$。对于每个模拟，我们由此生成一个 $T \times N \times N$ 的时变协方差矩阵和相应的模拟收益的一个 $T \times N$ 矩阵，其中时间长度 T 为 1 250，投资组合大小 N 为 500 或 1 000。我们将每个模拟重复 100 次。

3.3.2 投资组合改进

我们基于四种不同的协方差矩阵估计量构建 GMV 投资组合［式（3.8）］，包括样本协方差矩阵（S）、Ledoit 和 Wolf（2015）提出的 NL 压缩估计量（NL）、基于 DCC 模型的协方差矩阵估计量（Engle，2002）和 Engle 等（2019）提出的 DCC – NL 估计量。对于每个协方差矩阵估计量，我们允许任意选择取值范围为 1～16 总暴露参数 γ。此外，我们还考虑了没有对总暴露施加约束的情况（$\gamma = \infty$）。

在表 3 – 1 中，我们报告了由式（3.18）得到的经验投资组合的年化实际风险、权重的标准差和基于四种协方差矩阵估计量构建的经验投资组合的总空头头寸，包含无任何总暴露约束和有最优总暴露约束（ + constraint* ）两种情况。显示的所有结果都是针对典型模拟数据集的，该数据集在 100

次模拟中具有中位数 oracle 风险。

表 3 - 1　　　　　　　　　组合的实际风险、标准差和权重的总空头头寸

	$Z_t \sim N(0,1)$				$Z_t \sim t(5)$			
	γ	R_{act}	$StdW$	$ShortW$	γ	R_{act}	$StdW$	$ShortW$
面板 A：500 stocks contained in the portfolio								
S	∞	5.53	2.35	403.15	∞	5.54	2.36	407.13
S + constraint*	5.5	5.10	1.72	225.00	6.0	5.14	1.80	250.00
NL	∞	5.01	1.58	258.62	∞	5.01	1.59	265.09
NL + constraint*	5.9	5.01	1.53	245.00	5.9	5.01	1.54	245.00
DCC	∞	5.11	2.33	397.52	∞	5.07	2.33	396.53
DCC + constraint*	4.6	4.45	1.57	180.00	4.5	4.40	1.56	175.00
DCCNL	∞	4.40	1.68	270.62	∞	4.37	1.70	275.47
DCCNL + constraint*	4.9	4.32	1.48	195.00	4.8	4.27	1.48	190.00
面板 B：1 000 stocks contained in the portfolio								
S	∞	6.63	1.92	701.15	∞	6.48	1.91	698.72
S + constraint*	5.0	4.11	0.87	200.00	5.1	4.04	0.88	205.00
NL	∞	3.92	0.74	245.30	∞	3.84	0.75	250.86
NL + constraint*	5.9	3.92	0.74	244.44	5.6	3.84	0.73	229.99
DCC	∞	6.43	1.84	665.61	∞	6.24	1.85	673.41
DCC + constraint*	4.4	3.91	0.82	169.98	4.4	3.84	0.82	169.98
DCCNL	∞	3.69	0.79	252.52	∞	3.65	0.80	256.07
DCCNL + constraint*	5.2	3.66	0.74	209.97	5.2	3.61	0.75	209.97

注：表 3 - 1 报告了基于不同协方差矩阵估计量构建的经验 GMV 投资组合的模拟结果，这些投资组合无总风险约束或具有最优总风险约束（ + constraint*）。所有给出的结果都是 100 个模拟的中位数。面板 A 和 B 分别报告了包含 500 只和 1 000 只股票的投资组合的结果。左面板和右面板分别显示了扰动项服从多元标准正态分布和具有 5 个自由度的多元 t 分布的模拟数据的结果。我们基于四种不同的方法，使用最近的 1 250 个日收益估计协方差矩阵。这四种方法分别是样本协方差矩阵（S）、NL 压缩估计量（NL）（Ledoit and Wolf, 2015）、DCC 估计量（Engle, 2002）和 DCC - NL 估计量（Engle et al., 2019）。绝对权重之和不应超过总暴露参数 γ。$\gamma = \infty$ 表示对投资组合的总暴露没有约束，最优 γ 对应于投资组合具有最小年化实际风险（R_{act}）的总暴露约束。表 3 - 1 还报告了经验投资组合权重的标准差（StdW）和权重的总空头头寸（ShortW）。所报告的数字皆为百分比。

可以看到，使用协方差矩阵的 NL 压缩估计量总是优于对总暴露施加最优约束，并且使用 DCC 模型提高了所有情况下的表现。例如，当 $N = 1\,000$ 且扰动项 z_t 服从多元标准正态分布时，施加总暴露约束使得经验投资组合的年化实际风险最多从 6.63% 降低到 4.11%，而使用 NL 协方差矩阵估计量使得风险降低到 3.92%，DCC – NL 使得风险降低到 3.69%。我们还发现，额外对总暴露施加最优约束对 NL 投资组合没有影响，但它提高了 DCC – NL 投资组合的表现。

备注 3 – 1（最优约束的决定因素） 在具有不同程度总暴露约束的投资组合中使实际风险最小的最优约束（具有总暴露参数 γ^*）在实践中是未知的。根据式（3.18），最优约束参数 γ^* 由真实的协方差矩阵 Σ_t 和估计的权重向量 $\hat{w}_t$ 共同决定。假设当总参数 γ 在 oracle 最优参数 γ^{*orc} 附近时，估计的权重向量接近 oracle 向量。那么，γ^* 应接近 oracle 最优参数 $\gamma^{*orc} = \sum_{i=1}^{N} |w_{i,t}^*|$，其中 $w_{i,t}^*$ 表示最优权重向量 $w_t^* = \dfrac{\Sigma_t^{-1}\mathbf{1}}{\mathbf{1}'\Sigma_t^{-1}\mathbf{1}}$ 的第 i 个元素。

令 $\Sigma_t^{-1} = (\sigma_{ij,t})_{1 \leqslant i,j \leqslant N}$，则 $\mathbf{1}'\Sigma_t^{-1}\mathbf{1} = \sum_{i=1}^{N}\sum_{j=1}^{N}\sigma_{ij,t}$，并且 $\gamma^{*orc} = \dfrac{\sum_{i=1}^{N}\left|\sum_{j=1}^{N}\sigma_{ij,t}\right|}{\sum_{i=1}^{N}\sum_{j=1}^{N}\sigma_{ij,t}}$。

给定逆协方差矩阵的正定性，$\sum_{i=1}^{N}\sum_{j=1}^{N}\sigma_{ij,t}$ 为正。因此，如果许多行总和 $\sum_{j=1}^{N}\sigma_{ij,t}$ $(i = 1, \cdots, N)$ 是负数，那么 γ^{*orc} 和 γ^* 都会很大。特别地，如果任意一行总和都不为负，则 $\gamma^{*orc} = 1$ 且 γ^* 接近 1。

为了进行更全面的比较，我们在图 3 – 1 和图 3 – 2 中分别展示了对于 $z_t \sim N(0, 1)$ 和 $z_t \sim t(5)$ 的模拟数据，随着总暴露约束参数 γ 不断变化，四个协方差矩阵估计量的年化实际风险。从图 3 – 1 和图 3 – 2 中可以清楚地看出，使用 DCC – NL 协方差矩阵在具有不同总暴露约束的所有情况下均有最小的实际风险。NL 压缩的收益随着约束 γ 的约束力变小和投资组合规模 N 变大而增加。Jagannathan 和 Ma（2003）对前者提供了解释：对投资组合权重施加约束具有类似压缩的效果，因此会损害协方差矩阵的压缩估计量的表现。后者则与 Ledoit 和 Wolf（2017a）的发现一致，即压缩对组合表现的改进在高维度上更为明显。相比之下，DCC 的优势随着约束 γ 的约束力变小和投资组合规模 N 变大而变弱。这是因为在没有有效约束的情况下，在估计模型时产生的大误差会损害 DCC 的表现，而大的投资组合维度会加剧这一问题。

备注 3 - 2（$T < N$ 时 DCC 的表现） 为了使分析更完整，我们还考虑了观察数（T）小于股票数（N）的情况。当 $T < N$ 时，样本协方差矩阵不是满秩的，因此它的逆矩阵不存在。由于传统的 DCC 估计量依赖于样本

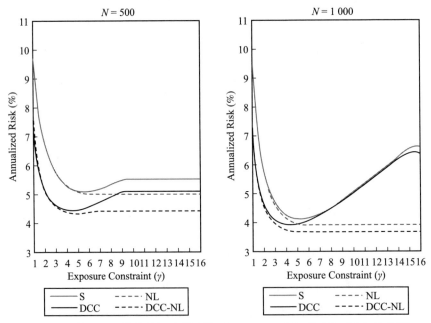

图 3 - 1 基于不同协方差矩阵估计量（S，NL，DCC，DCC - NL）和不同
程度的总暴露约束（约束强度随参数 γ 的增大而减小）构建的
100 个模拟 GMV 投资组合的年化实际风险中位数

注：模拟数据的扰动项服从多元标准正态分布。

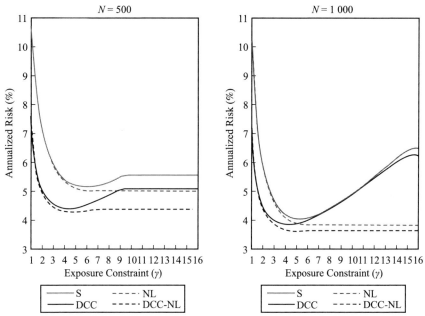

图 3 - 2　基于不同协方差矩阵估计量（S，NL，DCC，DCC - NL）和不同

程度的总暴露约束（约束强度随参数 γ 的增大而减小）构建的

100 个模拟 GMV 投资组合的年化实际风险中位数

注：模拟数据的扰动项服从自由度为 5 的多元 t 分布。

协方差矩阵，它的逆矩阵也不存在。在这种情况下，使用 NL 压缩估计量的优势是不证自明的。为了评估 DCC 的表现，我们比较了 NL 和 DCC - NL 的结果。数据生成过程与第 3 节中描述的相同，但我们改变了 T 和 N 的设置，设定 $T = 500$，$N = 1\,000$。在未报告的结果中，我们发现当 N/T 较大时，DCC 模型的优势降低。特别地，当总暴露约束很紧（γ 较小）时，DCC - NL 仍然产生较小的实际风险，但如果没有施加有效的总暴露约束，则 NL 表现更好。这一发现表明，在 DCC 模型的估计中，高维度小样本量问题（$N/T = 2$）会导致较大的近似误差，这一误差可以通过施加严格的总暴露约束来减少。在这种特殊情况下，如果没有施加外部总暴露约束，建议使用纯 NL 方法，但如果施加一般的外部总暴露约束（如"130/30"或"150/50"），DCC - NL 仍是首选。

基于 $z_t \sim N(0,1)$ 的模拟数据，我们还分别在图 3 – 3 和图 3 – 4 中展示了 $N = 500$ 和 $N = 1\,000$ 的 100 个模拟中 R_{act} 的第 10、第 50 和第 90 个百分位数。可以看到抽样变化总是很小。此外，选择 DCC – NL 估计量时 R_{act} 的三个百分位数比其他三种估计量的百分位数更近，说明 DCC – NL 估计量在投资组合选择中的表现更稳定。表 3 – 1 中 StdW 和 ShortW 列的数字表明，压缩估计量和总暴露约束都大大降低了权重的标准差和总空头头寸。相比之下，压缩估计量更显著地降低了权重的标准差，总暴露约束在减少总空头头寸方面有更明显的效果。综上所述，对于不同的总暴露约束，产生最低风险的总是 DCC – NL 估计量。对总暴露施加适度约束有效地降低了风险，但使用 DCC – NL 协方差矩阵估计量一致地有更好的表现。

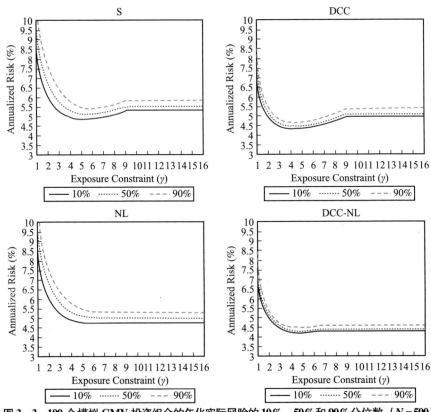

图 3 – 3　100 个模拟 GMV 投资组合的年化实际风险的 10%、50% 和 90% 分位数（$N = 500$）

注：$N = 500$，扰动项服从多元标准正态分布。

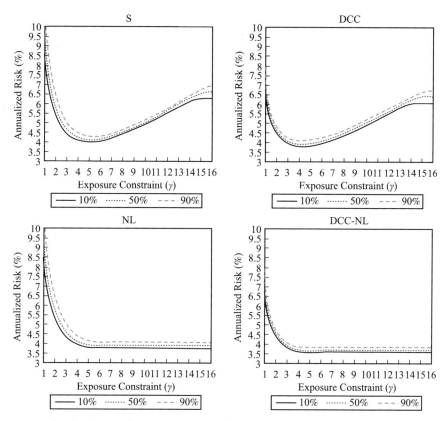

图 3-4 100 个模拟 GMV 投资组合的年化实际风险的 10%、50%

和 90% 分位数（$N = 1\,000$）

注：$N = 1\,000$，扰动项服从多元标准正态分布。

3.3.3 风险近似值

受到 Fan 等（2012）启发，除了 R_{act}，我们还计算了基于估计权重和估计协方差矩阵的理论最优投资组合的 oracle 风险（表示为 R_{orc}）和经验风险（表示为 R_{emp}），以分析风险近似值。具体来说，三种年化风险的定义如下：

$$R_{act} = \sqrt{252}\,\hat{\boldsymbol{w}}'_t \boldsymbol{\Sigma}_t\, \hat{\boldsymbol{w}}_t \tag{3.18}$$

$$R_{orc} = \sqrt{252}\boldsymbol{w}'_t \boldsymbol{\Sigma}_t \boldsymbol{w}_t \tag{3.19}$$

$$R_{emp} = \sqrt{252\,\hat{\boldsymbol{w}}_t' \hat{\boldsymbol{\Sigma}}_t\, \hat{\boldsymbol{w}}_t} \tag{3.20}$$

注意，只有经验风险是已知的，而 R_{emp} 和 R_{act} 之间的差反映了协方差矩阵中的估计误差。

基于 $z_t \sim N(0,1)$ 的模拟数据，图3 – 5 和图3 – 6 分别描述了 $N = 500$ 和 $N = 1\,000$ 的所有三种风险。图3 – 5（或图3 – 6）中四幅图展示的 oracle 风险曲线表明，当约束形成 150/50 策略，包括 150% 的多头头寸和 50% 的空头头寸时，在 γ 达到 2 之前，理论风险随着总暴露参数 γ 的增加而迅速下降。事实上，根据实际协方差矩阵，GMV 组合在 $N = 500$ 和 $N = 1\,000$ 时分别有 $\gamma^{*orc} = 5.578$ 和 $\gamma^{*orc} = 5.5846$，说明在 $N = 500$ 和 $N = 1\,000$

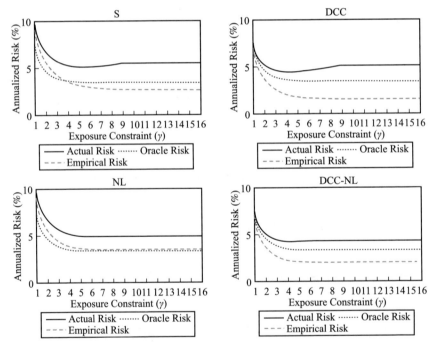

图3 – 5　基于不同协方差矩阵估计量（S、NL、DCC、DCC – NL）和面临
不同程度的总暴露约束（约束强度随参数 γ 的增加而降低）
构建的 100 个模拟 GMV 投资组合 oracle 风险中位数、
年化实际风险中位数和年化经验风险中位数（$N = 500$）

注：$N = 500$，扰动项服从多元标准正态分布。

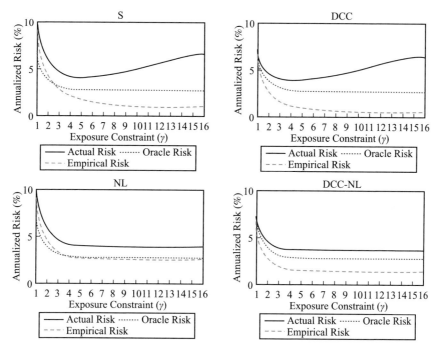

图3-6 基于不同协方差矩阵估计量（S、NL、DCC、DCC-NL）和面临

不同程度的总暴露约束（约束强度随参数 γ 的增加而降低）

构建的100个模拟 GMV 投资组合 oracle 风险中位数、

年化实际风险中位数和年化经验风险中位数（$N=1\,000$）

注：$N=1\,000$，扰动项服从多元标准正态分布。

时 oracle 总空头头寸分别为237.9%和242.3%。当 $\gamma > \gamma^*$ 时，oracle 风险保持不变，并且放松约束降低了经验风险，但增加了实际风险。当 $N=1\,000$ 和使用 DCC 协方差矩阵估计量时，实际风险的增加尤其明显。

当 $\gamma=1$ 时，这三种风险都很高，但几乎相同。随着 γ 的增大，实际风险与经验风险的差值增大，说明协方差矩阵的估计难度增大。如果使用不涉及压缩的协方差矩阵估计量来构建 $N=1\,000$ 的高维投资组合，当 $\gamma > 4$ 时，实际风险曲线开始向上倾斜，使实际—经验差值和实际 oracle 差值急剧增大。实际风险和 oracle 风险之间的差距表现出与实际—经验差非常相似的性质，但是在使用 DCC 模型时，前者比后者小得多，说明 DCC 模型在估计最优权重方面起重要作用。

总体而言，NL 压缩减少了协方差矩阵的近似误差，并在施加相对宽松的约束时改善了权重分配，而 DCC 模型改善了投资组合分配，从而降低了实际风险。相比之下，随着总暴露约束的加强，近似误差会减少，但严格的约束会导致过于保守的配置，从而会损害投资组合的表现。

3.3.4　压缩与总暴露约束结合

最后，在某些情况下，总暴露约束是外部施加的。例如，受到监管当局的管制、主要经纪人受到融资条件的限制，或受到最初资料收集阶段文件中向基金投资者宣传的风险管理承诺的限制。在这种情况下，表 3 – 1 和图 3 – 1、图 3 – 2 表明，即使已经施加了总暴露约束，使用 DCC – NL 仍然有好处。事实上，对于每一个面板和总暴露约束 γ 的每一个值，有以下结论成立：

（1）条件协方差矩阵（DCC）优于无条件协方差矩阵（S）。

（2）压缩的条件协方差矩阵（DCC – NL）优于普通的条件协方差矩阵（DCC）。

在这里，我们衡量"更好"的标准是 GMV 投资组合收益的标准差较低。然而，请注意，随着总暴露约束 γ 变得更有约束力，压缩带来的好处逐渐减弱。这是因为总暴露约束采用了一种野蛮的"一刀切"的过度压缩，使得局部自适应最优 NL 压缩的好处几乎没有发挥空间。

3.4　实 证 结 果

3.4.1　数据

这一小节，我们检验总暴露约束、协方差矩阵压缩估计以及使用 DCC 模型捕捉异方差对 GMV 投资组合和 MVE 投资组合样本外表现的影响。我们使用与 Ledoit 等（2019）相同的投资组合构建规则，但我们同时对投资组合权重施加了不同水平的总暴露约束。

具体来说，我们关注在纽约证券交易所、美国证券交易所和纳斯达克交易的股票，这些股票的日收益数据包括最近 1 250 天以及未来 21 天的日收益数据，不同股票间的相关系数不超过 0.95。[①] 我们使用的日收益率数据来自证券价格研究中心（CRSP）的数据库，涵盖了 1980 年 1 月 1 日至 2018 年 12 月 31 日期间的数据。样本外区间为 1986 年 1 月 8 日至 2018 年 12 月 31 日。我们每 21 个连续交易日更新一次投资组合，从而形成 1986 年 1 月 8 日至 2018 年 12 月 31 日的 396 个投资日。在每个投资日 $\mathfrak{h}$，协方差矩阵根据最近的 1 250 天的日度收益率估算（大致等于 5 年）。

对于 GMV 投资组合和 MVE 投资组合，我们都考虑两种不同的投资组合规模 $N = 500$ 和 $N = 1\ 000$。对于给定的组合 $(\mathfrak{h}, N)$，在满足上述条件的股票集合中，我们选择最大的 N 只股票（以投资日期 $\mathfrak{h}$ 时的市值衡量）作为我们的投资域。

我们考虑了四种协方差矩阵估计量：样本协方差矩阵（S）、NL 压缩估计量（NL）（Ledoit and Wolf, 2015）、基于 DCC 模型的协方差矩阵估计量（Engle, 2002）和 DCC – NL 估计量（Engle et al., 2019）。为了同时考虑总暴露约束和压缩协方差矩阵估计量的影响，我们基于每种投资组合类型和投资组合规模的每种协方差矩阵估计量，建立了具有可变总暴露参数 γ 的投资组合。

3.4.2　主要结果

1. GMV 投资组合的结果

表 3 – 2 给出了 GMV 投资组合的样本外表现测度结果。对应投资组合

---

① 样本相关系数由最近 1 250 天的日度收益率计算得到。如果两只股票之间的相关系数超过 0.95，我们将删除这二者中成交量较小的股票。

的每种协方差矩阵估计量都有四种不同的总暴露参数,分别为 $\gamma = \infty$、2、1.6 和 1。具体来说,我们报告了年化平均收益率(AvR),其计算方法是样本外收益率的平均值乘以 252,年化标准差(StdR),其计算方法是样本外收益率的标准差乘以 $\sqrt{252}$,以及信息比(IRs),即 AvR 与 StdR 的比值。

表 3 – 2   GMV 投资组合的样本外表现、权重特征和平均换手率

	$\hat{\Sigma}$	AvR	StdR	IR	MinW	MaxW	StdW	ShortW	AvT
Panel A：500 stocks contained in the portfolio									
$\gamma = \infty$	S	10.23	10.78	0.95	−6.23	10.27	1.73	255.14	6.50
	NL	10.63	9.75	1.09	−2.85	4.90	1.00	140.21	2.35
	DCC	13.22	10.44	1.27	−4.25	16.29	1.61	179.22	4.11
	DCC – NL	12.94	9.55 ***	1.35	−2.24	14.86	1.27	109.56	2.04
$\gamma = 2$	S	10.78	9.99	1.08	−3.43	9.84	1.02	50.00	3.19
	NL	10.69	9.86	1.08	−2.75	5.69	0.80	50.00	1.39
	DCC	12.22	9.82	1.24	−2.72	17.97	1.30	49.97	2.88
	DCC – NL	12.38	9.52 ***	1.30	−2.05	16.85	1.23	49.41	1.36
$\gamma = 1.6$	S	10.71	10.11	1.06	−3.12	10.64	0.99	30.00	2.80
	NL	10.77	10.06	1.07	−2.73	6.39	0.78	30.00	1.39
	DCC	12.02	9.78	1.23	−2.42	19.29	1.32	30.00	2.76
	DCC – NL	12.24	9.59 ***	1.28	−1.94	18.50	1.28	29.94	1.29
$\gamma = 1$	S	10.67	11.34	0.94	0.00	12.99	1.02	0.00	2.36
	NL	10.97	11.34	0.97	0.00	8.20	0.80	0.00	0.36
	DCC	11.13	10.19	1.09	0.00	24.83	1.52	0.00	1.29
	DCC – NL	11.24	10.17	1.10	0.00	24.74	1.52	0.00	0.17
Panel B：1 000 stocks contained in the portfolio									
$\gamma = \infty$	S	10.16	13.54	0.75	−7.26	9.78	1.69	557.00	12.62
	NL	10.64	8.81	1.21	−1.44	2.44	0.49	142.76	3.26
	DCC	10.28	10.51	0.98	−4.44	19.60	1.36	335.99	7.42
	DCC – NL	11.26	8.16 ***	1.38	−1.15	16.22	0.79	97.29	2.73

续表

	$\hat{\Sigma}$	AvR	StdR	IR	MinW	MaxW	StdW	ShortW	AvT
Panel B：1 000 stocks contained in the portfolio									
$\gamma=2$	S	10.78	9.27	1.16	−2.39	8.41	0.62	50.00	3.56
	NL	10.67	9.13	1.17	−1.64	3.30	0.41	50.00	1.69
	DCC	10.71	8.52	1.26	−1.77	21.98	0.95	49.99	3.30
	DCC−NL	11.24	8.11***	1.39	−1.13	18.71	0.83	49.60	1.66
$\gamma=1.6$	S	10.95	9.37	1.17	−2.07	9.15	0.62	30.00	2.96
	NL	10.92	9.41	1.16	−1.76	3.80	0.42	30.00	1.65
	DCC	10.90	8.35	1.31	−1.55	23.70	0.99	30.00	2.96
	DCC−NL	11.23	8.10***	1.39	−1.09	21.15	0.90	29.98	1.48
$\gamma=1$	S	12.02	10.94	1.10	0.00	11.75	0.67	0.00	2.47
	NL	12.04	10.98	1.10	0.00	5.52	0.46	0.00	0.55
	DCC	9.96	8.62	1.16	0.00	31.73	1.24	0.00	1.42
	DCC−NL	9.66	8.53***	1.13	0.00	31.01	1.22	0.00	0.22

注：表 3−2 报告了基于不同协方差矩阵估计量构建的、有不同程度总暴露约束的 GMV 投资组合的样本外结果。协方差矩阵根据四种不同的方法使用最近的 1 250 天的日收益率估计，这四种方法是样本协方差矩阵（S）、NL 压缩估计量（NL）（Ledoit and Wolf，2015）、DCC 估计量（Engle，2002）和 DCC−NL 估计量（Engle 等，2019）。γ 为总暴露参数，表示绝对权重之和的上确界。因此，γ = ∞、2、1.6、1 即空头头寸不超过总投资的 ∞、50%、30%、0。我们持有这些投资组合 21 天，并记录它们的每日收益。我们报告了他们的样本外年化平均收益（AvR）、年化标准差（StdR）和信息化率（IRs）。此外，还报告了投资组合权重的四个特征，分别是最小权重（MinW）、最大权重（MaxW）、权重标准差（StdW）、权重总空头头寸（ShortW），最后还报告了投资组合的平均换手率（AvT）。报告的所有数字（列 IRs 除外）均为百分比。面板 A 和面板 B 分别报告了持有 500 只股票和 1 000 只股票的投资组合的结果。在标记为 DCC 和 DCC−NL 的行中，对于 StdR，两个投资组合中的其中一个显著表现优于另一个，用星号表示：***、** 和 * 分别表示在 0.01、0.05 和 0.1 水平上的显著性。

一方面，在具有不同总暴露约束的所有情况下，DCC−NL 在四种协方差矩阵估计中表现最好。从 GMV 投资组合的 StdR 来看，当 $N=1\,000$ 且不施加总暴露约束时，DCC−NL 的优势最为显著：与样本协方差矩阵相比，DCC−NL 的样本外标准差降低了 5.38 个百分点。

随着总暴露约束收紧，压缩带来的优势会逐渐减少，但 DCC−NL

估计量总是最优选择：即使在施加适当的总暴露约束时，它也能产生最小的样本外标准差。我们使用 Ledoit 和 Wolf（2011）描述的预白噪声化 HAC_{PW} 方法来检验在不同的总暴露约束下，DCC - NL 相对于 DCC 的优势表现在样本外标准差上是否显著。结果表明，除完全不允许做空的情况外，从样本外标准差来看，DCC - NL 优于 DCC，且在 0.01 水平上始终显著。另一方面，如果协方差矩阵中不使用压缩，$\gamma = 2$ 和 $\gamma = 4$ 的中等约束优于 $\gamma = 1$ 的不允许卖空的极端约束和 $\gamma = \infty$ 的无约束。例如，当 $N = 1\ 000$ 时，如果使用样本协方差矩阵，50% 卖空约束（$\gamma = 2$）策略与无约束策略和不允许卖空的策略相比，分别使样本外标准差降低 4.27 和 1.67 个百分点。然而，如果使用 NL 压缩估计量，施加总暴露约束的效果是有限且不显著的。

正如预期的那样，使用 DCC 和施加适当的总暴露约束的组合效果不如使用 DCC - NL 估计量。具体而言，当 $N = 1\ 000$ 时，使用约束为 $\gamma = 1$ 的 DCC 估计量构建的 GMV 投资组合的年化样本外标准差为 8.35%，比使用样本协方差矩阵降低了 13.54%，但使用不受任何总暴露约束的 DCC - NL 估计量会产生更低标准差，为 8.16%。

图 3 - 7 显示了样本外风险随参数 γ 不断增大的变化情况。对于基于不同协方差矩阵估计量构建的所有投资组合，无论样本量为 500 还是 1 000，样本外风险都是先下降后上升。对于 500 只股票的投资组合，对应于最低风险的最佳选择大约是 $\gamma = 2$（150/50 策略），对于 1 000 只股票的投资组合，对应于最低风险的最佳选择大约是 $\gamma = 1.6$（130/30 策略），在这两种情况下，都建议使用 DCC - NL 估计量。

总之，无论是否施加总暴露约束，DCC - NL 估计量在所有情况下都有最优表现；对总暴露施加 30% ~ 50% 的约束也能改善投资组合的表现，但不如使用 DCC - NL 估计量有效。因此，投资者应该使用 DCC - NL 估计量来改善投资组合的表现，而不是强加外部总暴露约束。

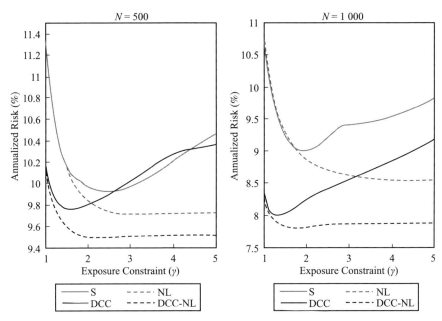

图3-7　基于不同协方差矩阵估计量（S、NL、DCC、DCC-NL）构建的、

有不同程度的总暴露约束（约束强度随着参数 γ 的

增加而降低）的 GMV 投资组合的样本外风险

2. MVE 投资组合的结果

表3-3报告了基于信号 ROE 构建的 MVE 投资组合的结果。ROE 是一个常见的盈利因子，一定程度上代表企业的增长潜力（Haugen and Baker，1996），并已被证明对横断面异常具有统计上显著的解释能力（Hou et al.，2015；Feng et al.，2020）。我们计算净资产收益率的方法是：经常性损益除以滞后 1 个季度的权益账面价值。数据来自合并后的 CRSP/Compustat 数据库。

从 IR 和相应的显著性检验来看，DCC-NL 估计量仍然是所有协方差矩阵估计量中表现最好的。当总暴露约束不太紧时，DCC-NL 估计量的表现显著优于 DCC。当 $N=1\,000$ 且权重不受约束时，使用 DCC-NL 估计量构建的 MVE 投资组合的 IR 为 1.79，几乎是使用样本协方差矩阵的两倍。

当估计协方差矩阵不使用压缩时，130/30 和 150/50 策略优于不受任何权重约束和完全不能做空的极端约束策略。此外，直接使用 NL 压缩估计量优于施加 30% 或 50% 的卖空约束，这两个卖空约束都优于施加不能卖空的约束，而以上这些方法都不如使用无任何约束的 DCC - NL 估计量。

这些结果再次支持了我们的猜想，即无论是否使用 DCC 模型来考虑协方差和方差中的动态，对投资组合权重施加约束的效果都类似于使用压缩的协方差矩阵估计量。但与 NL 压缩不同的是，对投资组合权重施加约束，仅有总暴露约束一个自由度，因此很难达到最优的压缩水平。

表 3 - 3　　　　基于 ROE 信号构建的 MVE 投资组合样本外表现、

权重特征和平均换手率

	$\hat{\Sigma}$	AvR	StdR	IR	MinW	MaxW	StdW	ShortW	AvT
Panel A：500 stocks contained in the portfolio									
$\gamma = \infty$	S	12.79	11.03	1.16	-6.53	10.39	1.79	267.08	6.72
	NL	13.77	10.00	1.38	-3.07	5.04	1.05	150.65	2.50
	DCC	15.36	10.73	1.43	-4.69	16.35	1.68	195.82	4.27
	DCC - NL	15.27	9.78	1.56 ***	-2.65	14.86	1.32	122.55	2.19
$\gamma = 2$	S	12.97	10.23	1.27	-3.73	10.15	1.07	50.00	2.67
	NL	13.32	10.22	1.30	-3.00	6.17	0.86	50.00	1.12
	DCC	14.18	10.05	1.41	-3.10	18.36	1.35	50.00	2.55
	DCC - NL	14.42	9.81	1.47 **	-2.48	17.41	1.29	50.00	1.20
$\gamma = 1.6$	S	12.63	10.56	1.20	-3.38	11.06	1.06	30.00	2.35
	NL	12.98	10.57	1.23	-3.00	7.11	0.85	30.00	1.14
	DCC	13.61	10.17	1.34	-2.79	19.62	1.36	30.00	2.40
	DCC - NL	13.84	10.01	1.38 **	-2.39	19.09	1.33	30.00	1.13
$\gamma = 1$	S	12.74	12.30	1.04	0.00	14.90	1.14	0.00	2.30
	NL	12.83	12.33	1.04	0.00	10.79	0.94	0.00	0.32
	DCC	12.14	11.41	1.06	0.00	22.75	1.47	0.00	1.14
	DCC - NL	12.08	11.41	1.06	0.00	22.68	1.47	0.00	0.15

续表

$\hat{\Sigma}$		AvR	StdR	IR	MinW	MaxW	StdW	ShortW	AvT
Panel B：1 000 stocks contained in the portfolio									
$\gamma = \infty$	S	13.05	13.82	0.94	−7.57	9.80	1.73	571.36	12.88
	NL	14.57	9.02	1.62	−1.55	2.48	0.51	151.45	3.39
	DCC	13.46	10.95	1.23	−4.83	19.52	1.42	361.70	7.82
	DCC−NL	15.00	8.37	1.79***	−1.45	16.67	0.83	110.62	2.89
$\gamma = 2$	S	13.36	9.36	1.43	−2.50	8.52	0.64	50.00	2.86
	NL	13.74	9.46	1.45	−1.77	3.53	0.44	50.00	1.36
	DCC	14.12	8.59	1.64	−1.98	21.72	0.96	50.00	2.69
	DCC−NL	14.34	8.33	1.72**	−1.47	19.77	0.88	49.99	1.41
$\gamma = 1.6$	S	13.20	9.72	1.36	−2.22	9.32	0.64	30.00	2.48
	NL	13.55	9.82	1.38	−1.92	4.17	0.45	30.00	1.35
	DCC	13.75	8.61	1.60	−1.81	23.19	0.99	30.00	2.54
	DCC−NL	13.73	8.45	1.62	−1.45	22.04	0.95	30.00	1.25
$\gamma = 1$	S	14.14	11.66	1.21	0.00	12.68	0.73	0.00	2.42
	NL	13.77	11.77	1.17	0.00	7.17	0.53	0.00	0.49
	DCC	12.03	10.06	1.20	0.00	25.05	1.07	0.00	1.24
	DCC−NL	11.95	9.97	1.20	0.00	24.97	1.07	0.00	0.17

注：表3-3报告了基于信号ROE构建的、使用不同的协方差矩阵估计量并有不同程度的总暴露约束的MVE投资组合的样本外结果。协方差矩阵根据四种不同的方法使用最近的1 250天的日收益率估计，这四种方法是样本协方差矩阵（S）、NL压缩估计量（NL）（Ledoit and Wolf，2015）、DCC估计量（Engle，2002）和DCC−NL估计量（Engle et al.，2019）。γ为总暴露参数，表示绝对权重之和的上确界。因此，$\gamma = \infty$、2、1.6、1，即总空头头寸不超过总投资的∞、50%、30%、0。我们持有这些投资组合21天，并记录它们的每日收益。我们报告了他们的样本外年化平均收益（AvR）、年化标准差（StdR）和信息化率（IRs）。此外，还报告了投资组合权重的四个特征，分别是最小权重（MinW）、最大权重（MaxW）、权重标准差（StdW）、权重总空头头寸（ShortW），最后还报告了投资组合的平均换手率（AvT）。报告的所有数字（列IRs除外）均为百分比。面板A和面板B分别显示了持有500只股票和1 000只股票的投资组合的结果。在标记为DCC和DCC−NL的行中，对于IR，两个投资组合中的其中一个显著表现优于另一个，用星号表示：***、**和*分别表示在0.01、0.05和0.1水平上的显著性。

3.4.3 投资组合权重

对于每个投资周期，我们计算投资组合中 N 只股票的最小权重（MinW）、最大权重（MaxW）、权重的标准差（StdW）和权重的总空头头寸（ShortW）。我们在表 3 – 2 和表 3 – 3 中列出了 1986 年 1 月 8 日至 2018 年 12 月 31 日的 396 个投资日的投资组合权重的四个特征的平均值。我们发现，基于样本协方差矩阵构建的组合具有最小的最小权重和最大的总空头头寸，而基于 DCC 估计量构建的组合具有最大的最大权重，基于 NL 估计量构建的组合具有最小的最大权值重和最小的权重标准差。

如果不对组合施加总暴露约束，那么总空头头寸将总是很大，特别是当 N 很大且协方差矩阵的估计中没有使用压缩时。例如，当 $N = 1\,000$ 时，如果使用 DCC 估计量，GMV 投资组合的总空头头寸达到 335.99%，如果使用样本协方差矩阵，这个数字甚至达到 557.00%。对于 MVE 组合，对应的空头头寸更大，DCC 估计量对应的值为 361.70%，样本协方差矩阵对应的值为 571.36%。类似于施加总暴露约束，使用 NL 压缩估计量在很大程度上减少了总空头头寸和投资组合的换手率。

3.4.4 稳健性检验

1. 不同的预测信号

为了稳健性检验，我们使用不同的收益预测信号来构建 MVE 投资组合。现在我们不再使用净资产收益率（ROE）这个信号，而是关注一个既能显示增长潜力又能反映价格水平的因素。我们遵循 Basu（1983）的方法使用 E/P。E/P 用每股收益除以股票价格来衡量。

表 3 – 4 给出了基于 E/P 信号构建的 MVE 投资组合的结果，从表 3 – 4

中我们得出了与前面提到的主要发现相似的结论。首先，DCC – NL 估计量仍然是我们考虑的所有估计量中表现最好的，但只有在对总暴露的约束足够宽松时，它相对于 DCC 的优势才显著。当 $N=1\,000$ 且没有总暴露约束时，以样本协方差矩阵为基础，NL 估计量和 DCC – NL 估计量分别使 IR 提高了 70% 和 90% 以上。随着总暴露约束强度的增加和投资组合规模的减小，NL 压缩带来的收益将变得更弱。其次，当使用 S 或 DCC 时，$\gamma=2$ 和 $\gamma=1.6$ 的适度约束比没有约束和不允许卖空的约束具有更好的样本外表现。最后，使用 NL 估计量的效果比施加 30% 或 50% 卖空约束的效果更显著。当 $N=1\,000$ 时，使用 NL 估计量和 50% 卖空约束将构建的投资组合的 IR 从 1.03 分别提高到 1.74 和 1.62。

表 3 – 4　　　基于 E/P 信号构建的 MVE 组合的样本外表现、
权重特征和平均换手率

	$\hat{\Sigma}$	AvR	StdR	IR	MinW	MaxW	StdW	ShortW	AvT
Panel A：500 stocks contained in the portfolio									
$\gamma=\infty$	S	13.86	10.89	1.27	−6.46	10.49	1.77	263.44	6.73
	NL	14.64	9.90	1.48	−3.06	5.36	1.04	148.22	2.47
	DCC	16.37	10.58	1.55	−4.82	16.27	1.66	192.81	4.24
	DCC – NL	16.23	9.69	1.68 ***	−2.67	14.67	1.30	120.38	2.16
$\gamma=2$	S	13.96	10.14	1.38	−3.65	10.67	1.07	50.00	2.67
	NL	14.30	10.16	1.41	−2.94	6.80	0.85	50.00	1.13
	DCC	15.52	9.91	1.57	−3.13	18.23	1.34	50.00	2.55
	DCC – NL	15.49	9.72	1.59	−2.47	17.16	1.27	50.00	1.20
$\gamma=1.6$	S	14.07	10.46	1.35	−3.31	11.76	1.06	30.00	2.36
	NL	14.46	10.51	1.38	−2.91	7.97	0.86	30.00	1.15
	DCC	15.16	10.04	1.51	−2.83	19.63	1.36	30.00	2.41
	DCC – NL	15.11	9.92	1.52	−2.39	18.97	1.32	30.00	1.13

续表

$\hat{\Sigma}$		AvR	StdR	IR	MinW	MaxW	StdW	ShortW	AvT
Panel A: 500 stocks contained in the portfolio									
$\gamma = 1$	S	47.04	249.22	0.19	0.00	44.25	2.95	0.00	3.41
	NL	15.61	12.80	1.22	0.00	12.52	1.00	0.00	0.32
	DCC	15.04	11.67	1.29	0.00	23.66	1.51	0.00	1.15
	DCC – NL	15.02	11.59	1.30	0.00	23.50	1.51	0.00	0.15
Panel B: 1 000 stocks contained in the portfolio									
$\gamma = \infty$	S	14.04	13.65	1.03	−7.65	10.09	1.72	567.54	12.84
	NL	15.51	8.93	1.74	−1.51	2.63	0.51	149.02	3.35
	DCC	14.74	10.77	1.37	−5.04	19.48	1.40	355.07	7.71
	DCC – NL	15.94	8.27	1.93 ***	−1.42	16.46	0.82	107.99	2.85
$\gamma = 2$	S	15.02	9.28	1.62	−2.50	9.03	0.64	50.00	2.87
	NL	15.13	9.40	1.61	−1.76	3.78	0.43	50.00	1.38
	DCC	15.77	8.51	1.85	−2.06	21.64	0.95	50.00	2.72
	DCC – NL	15.67	8.25	1.90	−1.45	19.45	0.87	49.99	1.43
$\gamma = 1.6$	S	15.38	9.66	1.59	−2.17	9.95	0.64	30.00	2.51
	NL	15.43	9.80	1.57	−1.88	4.53	0.44	30.00	1.37
	DCC	15.42	8.53	1.81	−1.81	23.19	0.99	30.00	2.56
	DCC – NL	15.31	8.36	1.83	−1.41	21.81	0.94	30.00	1.26
$\gamma = 1$	S	17.49	12.01	1.46	0.00	13.84	0.75	0.00	2.45
	NL	4.40	35.40	0.12	0.00	16.86	0.83	0.00	0.71
	DCC	15.12	10.27	1.47	0.00	26.05	1.10	0.00	1.28
	DCC – NL	14.98	10.18	1.47	0.00	25.70	1.10	0.00	0.17

注：表3－4与表3－3相似，不同之处在于MVE投资组合是基于E/P信号构建的。

2. 交易成本

在实际中，交易成本是重要的问题（Mei et al.，2016；Mei and Nogales，2018）。在表3－5中，我们给出了在考虑交易成本的情况下，基于ROE

信号构建的 MVE 投资组合的结果。参考 Avramovic 和 Mackintosh（2013）与 Webster 等（2015），我们将买卖价差设置为 3 或 5 个基点以考虑交易成本。

表 3-5　基于 ROE 信号构建的考虑交易成本的 MVE 投资组合的样本外表现

$\hat{\Sigma}$	Spread = 3 basis-points			Spread = 5 basis-points		
	AvR	StdR	IR	AvR	StdR	IR
Panel A：500 stocks contained in the portfolio						
$\gamma = \infty$ S	10.37	11.04	0.94	8.75	11.07	0.79
NL	10.45	10.03	1.04	8.23	10.10	0.82
DCC	11.40	10.77	1.06	8.77	10.87	0.81
DCC - NL	12.06	9.81	1.23 ***	9.92	9.88	1.00 ***
$\gamma = 2$ S	9.59	10.26	0.93	7.33	10.33	0.71
NL	10.49	10.23	1.03	8.61	10.28	0.84
DCC	10.84	10.08	1.08	8.61	10.14	0.85
DCC - NL	11.56	9.83	1.18 ***	9.66	9.88	0.98 ***
$\gamma = 1.6$ S	9.36	10.58	0.88	7.18	10.64	0.68
NL	10.14	10.59	0.96	8.25	10.63	0.78
DCC	10.32	10.20	1.01	8.13	10.26	0.79
DCC - NL	11.01	10.03	1.10 ***	9.13	10.08	0.91 ***
$\gamma = 1$ S	9.49	12.32	0.77	7.33	12.37	0.59
NL	10.29	12.34	0.83	8.59	12.37	0.69
DCC	9.30	11.43	0.81	7.41	11.47	0.65
DCC - NL	9.60	11.42	0.84 ***	7.95	11.45	0.69 ***
Panel B：1 000 stocks contained in the portfolio						
$\gamma = \infty$ S	8.40	13.86	0.61	5.31	13.97	0.38
NL	8.71	9.14	0.95	4.81	9.40	0.51
DCC	6.01	11.11	0.54	1.05	11.45	0.09
DCC - NL	9.32	8.49	1.10 ***	5.54	8.75	0.63 ***

续表

$\hat{\Sigma}$	Spread = 3 basis-points			Spread = 5 basis-points		
	AvR	StdR	IR	AvR	StdR	IR
Panel B：1 000 stocks contained in the portfolio						
$\gamma = 2$						
S	7. 69	9. 46	0. 81	3. 91	9. 69	0. 40
NL	8. 61	9. 54	0. 90	5. 19	9. 72	0. 53
DCC	8. 51	8. 70	0. 98	4. 78	8. 94	0. 53
DCC – NL	9. 19	8. 43	1. 09 ***	5. 76	8. 64	0. 67 ***
$\gamma = 1.6$						
S	7. 67	9. 81	0. 78	3. 98	10. 02	0. 40
NL	8. 42	9. 90	0. 85	5. 00	10. 08	0. 50
DCC	8. 19	8. 72	0. 94	4. 49	8. 96	0. 50
DCC – NL	8. 64	8. 54	1. 01 ***	5. 25	8. 75	0. 60 ***
$\gamma = 1$						
S	8. 63	11. 74	0. 73	4. 95	11. 91	0. 42
NL	8. 95	11. 83	0. 76	5. 74	11. 96	0. 48
DCC	6. 94	10. 13	0. 68	3. 55	10. 30	0. 34
DCC – NL	7. 25	10. 03	0. 72 ***	4. 11	10. 18	0. 40 ***

注：本表报告了基于信号 ROE 构建、使用不同的协方差矩阵估计量、并在考虑交易成本时面临不同程度的总暴露约束的 MVE 投资组合的样本外结果。我们报告他们的样本外 AvR，年化标准差（StdR）和 IRs。AvR 和 StdR 以百分比表示。面板 A 和 B 分别显示了持有 500 只和 1 000 只股票的投资组合的结果。左边和右边的面板分别显示了 3 个基点和 5 个基点买卖价差假设下的结果。在标记为 DCC 和 DCC – NL 的行中，对于 IR，两个投资组合中的其中一个显著表现优于另一个，用星号表示：*** 、** 和 * 分别表示在 0.01、0.05 和 0.1 水平上的显著性。

不出所料，IR 随着交易成本的增加而降低。IR 的大小特征与我们的主要结果一致。在所有情况下，DCC – NL 估计量在四种协方差矩阵估计量中产生最好的样本外表现。当不施加总暴露约束时，DCC – NL 估计量的优势最为显著。当 $N = 500$ 且买卖价差为 3 个基点时，如果不对总暴露施加约束，使用 DCC – NL 估计量将使得使用 S 估计量的 IR 从 0.94 增加到 1.23。当有约束条件时，DCC – NL 估计量仍然有助于提高 IR。此外，由于压缩降低了换手率，与忽略交易成本时相比，DCC – NL 估计量相对于 DCC（S）估计量的优势更加显著和稳健。

3.4.5　在实践中将压缩与总暴露约束结合

在比较总暴露约束与压缩的过程中，我们还找到了将这两种技术结合是否有好处的证据。回答这一问题的关键是：对谁有好处？

对于总暴露受约束的投资组合，从样本协方差矩阵升级到 DCC–NL 估计量（同时保留总暴露约束）几乎与 3.3.4 节中分析的蒙特卡罗模拟一样带来全面的好处。前面的结论仍然成立，即如果总暴露的约束不那么严格，压缩就有更大的改善空间。

就单纯的 DCC–NL 投资组合而言，逐渐收紧总暴露约束往往会损害组合表现，但并非总是如此，在开始阶段甚至可能有所帮助。因此，在以下这些情况下，施加 $\gamma = 2$ 的约束（对应于 150/50 投资组合）实际上会产生更好的表现：

GMV 投资组合，500 只股票。

GMV 投资组合，1 000 只股票。

ROE 优化的投资组合、5 个基点的交易成本，1 000 只股票。

在大多数其他情况下，从没有总暴露约束的投资组合转变为 150/50 的投资组合，几乎不会产生什么损失。因此，考虑到问题的实用性，如果我们有一个好的条件协方差矩阵（如 DCC–NL）的 NL 压缩估计量，150/50 似乎是卖空不会开始造成（很大）伤害的"最优点"。

3.5　研究结论

量化投资者经常需要对投资组合权重施加约束。除了非负约束外，实践中普遍采用的策略是将总空头头寸限制在投资组合价值的 30% 和 50%，即所谓的"130/30"策略和"150/50"策略。以往的研究认为，如果存在一定的权重约束，在构建 GMV 或 MVE 投资组合时，使用协方差矩阵的高级估计量是不必要的，甚至是有害的，因为两种不同的方法以类似的方式降低投资组合风险。本章发现 DCC – NL 估计量在考虑协方差矩阵的动态性和估计精度的同时，对于大范围的总暴露约束参数总是最优选择。

我们将施加总暴露约束和使用协方差矩阵的压缩估计量之间的数学联系扩展到动态框架。尽管数学上是等价的，但 NL 压缩法与总暴露约束相比至少有两个优点：第一，它有 N 个自由度，为优化留下足够的空间；第二，采用自动过程实现优化，不需要任何外生参数进行约束。因此，使用 NL 压缩估计优于施加总暴露约束。除了上述发现之外，我们还通过蒙特卡罗模拟证明，即使已经施加了总暴露约束，从样本协方差矩阵升级到 DCC – NL 估计量也是有益的。DCC – NL 估计量良好的样本外表现归因于 DCC 模型的使用，它捕捉了动态结构，并引入了适当的压缩以减少估计误差。

基于纽约证券交易所、美国证券交易所和纳斯达克交易的股票的日收益数据，我们构建了 GMV 投资组合和暴露于收益预测信号的 MVE 投资组合，各自考虑了规模为 500 和 1 000 的投资组合。实证结果表明，对于总暴露受限的投资组合，使用 DCC – NL 估计量在所有情况下产生最优的样本外表现，如果总暴露约束适度，有足够的空间来实现非线性压缩公式的好处，那么非线性压缩的好处是显著的。相比之下，当 γ 小于 2 时，对应的约束是允许最多 50% 的空头头寸，逐步收紧总暴露约束往往会损害纯 DCC – NL 投资组合。尽管施加适当的总暴露约束与使用 NL 压缩估计量在降低风险方面的效果相似，但后者总是表现得更好。考虑到动态特性，升级到 DCC – NL 估计量将进一步提高表现。此外，NL 压缩和总暴露约束都有助于降低权重的标准差和投资组合的换手率。

在我们的主要研究中，我们使用 ROE 作为预期收益的代理变量来构建 MVE 投资组合。在稳健性检验中，我们用 E/P 作为替代代理变量，并通过假设买卖价差为 3 或 5 个基点将交易成本的影响考虑进来。我们的研究结论对这些设定的改变都是稳健的。

3.6 理论证明

证明定理 3－1 （1）注意，矩阵 $\widetilde{\Sigma}_{\gamma,t}$ 显然是对称的，问题式（3.8）的解用 w_t^* 表示。对于任意向量 x，

$$x'\widetilde{\Sigma}_{\gamma,t}x = x'\hat{\Sigma}_t x + \frac{1}{2}\lambda(x'g_t^*\mathbf{1}'x + x'\mathbf{1}g_t^{*'}x)$$
$$= x'\hat{\Sigma}_t x + \lambda(x'g_t^*)(\mathbf{1}'x) \quad (3.21)$$

根据式（3.10）中的 KKT 条件，$2\hat{\Sigma}_t w_t^* - \mu\mathbf{1} + \lambda g_t^* = 0$。因此，

$$\lambda(x'g_t^*)(\mathbf{1}'x) = -2(x'\mathbf{1})(x'\hat{\Sigma}_t w_t^*) + \mu(x'\mathbf{1})^2 \quad (3.22)$$

请注意，

$|(x'\mathbf{1})(x'\hat{\Sigma}_t w_t^*)| = |(x'\mathbf{1})(x'\hat{\Sigma}_t^{\frac{1}{2}})(\hat{\Sigma}_t^{\frac{1}{2}}w_t^*)| \leqslant |(x'\mathbf{1})(x'\hat{\Sigma}_t x)^{\frac{1}{2}}$
$(w_t^{*'}\hat{\Sigma}_t w_t^*)^{\frac{1}{2}}|$，其中，由于 DCC 估计量 $\hat{\Sigma}_t$ 的正定性，等式成立，不等式可以通过 Cauchy－Schwarz 不等式得到。

此外，由于 DCC 估计量 $\hat{\Sigma}_t$ 在某些条件下是正定的，我们有

$$0 < w_t^{*'}\widehat{\sum_t}w_t^* = \frac{1}{2}\mu w_t^{*'}\mathbf{1} - \frac{1}{2}\lambda w_t^{*'}g_t$$
$$= \frac{1}{2}\mu - \frac{1}{2}\lambda\|w_t^*\|_1 \leqslant \frac{1}{2}\mu$$

因此，

$$|(x'\mathbf{1})(x'\hat{\Sigma}_t w_t^*)| \leqslant |x'\mathbf{1}|(x'\hat{\Sigma}_t x)^{\frac{1}{2}}\left(\frac{1}{2}\mu\right)^{\frac{1}{2}} \quad (3.23)$$

结合式（3.21）~式（3.23），我们有

$$x'\widetilde{\Sigma}_{\gamma,t}x = x'\hat{\Sigma}_t x - 2(x'\mathbf{1})(x'\hat{\Sigma}_t w_t^*) + \mu(x'\mathbf{1})^2$$
$$\geqslant x'\hat{\Sigma}_t x - 2|(x'\mathbf{1})(x'\hat{\Sigma}_t w_t^*)| + \mu(x'\mathbf{1})^2$$
$$\geqslant x'\hat{\Sigma}_t x - 2|x'\mathbf{1}|(x'\hat{\Sigma}_t x)^{\frac{1}{2}}\left(\frac{1}{2}\mu\right)^{\frac{1}{2}} + \mu(x'\mathbf{1})^2$$
$$= (a-b)^2 + b^2 \quad (3.24)$$

其中，$a = (x'\hat{\Sigma}_t x)^{\frac{1}{2}}$ 且 $b = \left(\dfrac{1}{2}\mu\right)^{\frac{1}{2}} |x'\mathbf{1}|$。

此外，$(a-b)^2 + b^2$ 始终为非负，当且仅当 $a = b$ 和 $b = 0$ 同时满足时，$(a-b)^2 + b^2$ 为零。然而，因为 $\hat{\Sigma}_t$ 是正定的，所以 $a = (x'\hat{\Sigma}_t x)^{\frac{1}{2}} > 0$。因此，对于任意向量 x，$x'\tilde{\Sigma}_{\gamma,t} x > 0$。这表明 $\tilde{\Sigma}_{\gamma,t}$ 的正定性。

（2）首先，具有等式约束的优化问题式（3.11）可以通过拉格朗日乘数法求解。构造拉格朗日函数

$$L(w_t, \mu_\gamma) = w_t' \tilde{\Sigma}_{\gamma,t} w_t - \mu_\gamma(w_t'\mathbf{1} - 1),$$

那么这个最小化问题的解 w_t^{opt} 应该满足

$$\begin{cases} 2\tilde{\Sigma}_{\gamma,t} w_t^{opt} - \mu_\gamma \mathbf{1} = \mathbf{0}, \\ w_t^{opt'} \mathbf{1} - 1 = \mathbf{0} \end{cases}$$

因为 $\tilde{\Sigma}_{\gamma,t}$ 是可逆的，所以这个问题的解由

$$w_t^{opt} = \frac{\tilde{\Sigma}_{\gamma,t}^{-1} \mathbf{1}}{\mathbf{1}' \tilde{\Sigma}_{\gamma,t}^{-1} \mathbf{1}} \qquad (3.25)$$

通过拉格朗日乘数法，问题式（3.8）等价于最小化

$$L(w_t, \mu, \lambda) = w_t' \hat{\Sigma}_t w_t - \mu(w_t'\mathbf{1} - 1) - \lambda(\gamma - \|w_t\|_1)$$

根据 $g_t^{*'} w_t^* = \|w_t^*\|_1$ 和式（3.10）中的 KKT 条件，我们有

$$\tilde{\Sigma}_{\gamma,t} w_t^* = \hat{\Sigma}_t w_t^* + \frac{1}{2}\lambda g_t^* \mathbf{1}' w_t^* + \frac{1}{2}\lambda \mathbf{1} g_t^{*'} w_t^*$$

$$= \hat{\Sigma}_t w_t^* + \frac{1}{2}\lambda g_t^* + \frac{1}{2}\lambda \|w_t^*\|_1 \mathbf{1}$$

$$= \frac{1}{2}(\lambda\gamma + \mu)\mathbf{1}$$

因此，问题式（3.8）的解 $w_t^* = \dfrac{1}{2}(\lambda\gamma + \mu)\tilde{\Sigma}_{\gamma,t}^{-1}\mathbf{1}$。此外，由于约束 $w_t'\mathbf{1} = \mathbf{1}$，求解 $\lambda\gamma + \mu$ 得到 $\lambda\gamma + \mu = \dfrac{2}{\mathbf{1}'\tilde{\Sigma}_{\gamma,t}^{-1}\mathbf{1}}$。这一事实表明

$$w_t^* = w_t^{opt}$$

这意味着局部约束优化问题与带有正则化协方差矩阵估计量的（无约

束）优化问题的等价性。

证明定理 3 - 2 首先,具有等式约束的优化问题式(3.17)可以通过拉格朗日乘数法求解。构建拉格朗日函数

$$L\left(w_t, \mu_{1\gamma}, \mu_{2\gamma}\right) = w_t' \hat{\Sigma}_{\gamma,t} w_t - \mu_{1\gamma}\left(w_t'\mathbf{1}-1\right) - \mu_{2\gamma}\left(w_t'm_t - b_t\right)$$

那么这个最小化问题的解 $w_{b,t}^{opt}$ 应该满足

$$\begin{cases} 2\tilde{\Sigma}_{\gamma,t} w_{b,t}^{opt} - \mu_\gamma \mathbf{1} - \mu_{2\gamma} m_t = \mathbf{0}, \\ w_t^{opt\prime}\mathbf{1}-1=0, \quad w_t^{opt\prime}m_t - b_t = 0 \end{cases}$$

因此, $w_{b,t}^{opt} = \mu_{1\gamma}\tilde{\Sigma}_{\gamma,t}^{-1}\mathbf{1} + \mu_{2\gamma}\tilde{\Sigma}_{\gamma,t}^{-1}m_t = \tilde{\Sigma}_{\gamma,t}^{-1}\left(\mathbf{1}, m_t\right)\begin{pmatrix}\mu_{1\gamma}\\\mu_{2\gamma}\end{pmatrix}$。

上面的方程也表明

$$1 = \frac{1}{2}\mu_{1\gamma}\mathbf{1}'\tilde{\Sigma}_{\gamma,t}^{-1}\mathbf{1} + \frac{1}{2}\mu_{2\gamma}\mathbf{1}'\tilde{\Sigma}_{\gamma,t}^{-1}m_t,$$

$$b_t = \frac{1}{2}\mu_{1\gamma}m_t'\tilde{\Sigma}_{\gamma,t}^{-1}\mathbf{1} + \frac{1}{2}\mu_{2\gamma}m_t'\tilde{\Sigma}_{\gamma,t}^{-1}m_t,$$

或者

$$\begin{pmatrix}1\\b_t\end{pmatrix} = \frac{1}{2}\left(\mathbf{1}, m_t\right)'\tilde{\Sigma}_{\gamma,t}^{-1}\left(\mathbf{1}, m_t\right)\begin{pmatrix}\mu_{1\gamma}\\\mu_{2\gamma}\end{pmatrix}$$

求解 $(\mu_{1\gamma},\mu_{2\gamma})'$ 得到

$$\begin{pmatrix}\mu_{1\gamma}\\\mu_{2\gamma}\end{pmatrix} = 2\left[\left(\mathbf{1}, m_t\right)'\tilde{\Sigma}_{\gamma,t}^{-1}\left(\mathbf{1}, m_t\right)\right]\begin{pmatrix}1\\b_t\end{pmatrix}$$

因此,这个问题的解为

$$w_{b,t}^{opt} = \tilde{\Sigma}_{\gamma,t}^{-1}\left(\mathbf{1}, m_t\right)\left[\left(\mathbf{1}, m_t\right)'\tilde{\Sigma}_{\gamma,t}^{-1}\left(\mathbf{1}, m_t\right)\right]\begin{pmatrix}1\\b_t\end{pmatrix} \tag{3.26}$$

通过拉格朗日乘数法,问题式(3.12)等价于最小化

$$L\left(w_t, \mu_1, \mu_2, \lambda\right) = w_t'\hat{\Sigma}_t w_t - \mu_1\left(w_t'\mathbf{1}-1\right) - \mu_2\left(w_t'm_t - b_t\right) \\ - \lambda\left(\gamma - \|w_t\|_1\right)$$

KKT 条件是

$$\begin{cases} 2\hat{\Sigma}_t w_t - \mu_1 \mathbf{1} - \mu_2 m_t + \lambda g_t = 0, \\ \lambda \ (\gamma - \|w_t\|_1) \ = 0, \ \lambda \geqslant 0, \\ \|w_t\|_1 \leqslant \gamma, \ w_t'\mathbf{1} - \mathbf{1} = 0, \ w_t'm_t - b_t = 0 \end{cases} \quad (3.27)$$

根据 $g_{b,t}^{*\prime} w_{b,t}^* = \|w_{b,t}^*\|_1$ 和式(3.27) 中的 KKT 条件,我们有

$$\tilde{\Sigma}_{\gamma,t} w_{b,t}^* = \hat{\Sigma}_t w_{b,t}^* + \frac{1}{2}\lambda g_{b,t}^* \mathbf{1}' w_{b,t}^* + \frac{1}{2}\lambda \, \mathbf{1} g_{b,t}^{*\prime} w_{b,t}^*$$

$$= \hat{\Sigma}_t w_{b,t}^* + \frac{1}{2}\lambda g_{b,t}^* + \frac{1}{2}\lambda \|w_{b,t}^*\|_1 \mathbf{1}$$

$$= \frac{1}{2}(\lambda\gamma + \mu)\mathbf{1} + \frac{1}{2}\mu_2 m_t$$

由此得出 $w_{b,t}^* = \frac{1}{2} \tilde{\Sigma}_{\gamma,t}^{-1}(\lambda\gamma + \mu_1)\mathbf{1} + \mu_2 m_t$。这些约束还意味着

$$\mathbf{1} = \frac{1}{2}(\lambda\gamma + \mu_1)\mathbf{1}' \tilde{\Sigma}_{\gamma,t}^{-1}\mathbf{1} + \frac{1}{2}\mu_2 \mathbf{1}' \tilde{\Sigma}_{\gamma,t}^{-1} m_t,$$

$$b_t = \frac{1}{2}(\lambda\gamma + \mu_1) m_t' \tilde{\Sigma}_{\gamma,t}^{-1}\mathbf{1} + \frac{1}{2}\mu_2 m_t' \tilde{\Sigma}_{\gamma,t}^{-1} m_t,$$

或者

$$\begin{pmatrix} 1 \\ b_t \end{pmatrix} = \frac{1}{2}(\mathbf{1}, \ m_t)' \tilde{\Sigma}_{\gamma,t}^{-1}(\mathbf{1}, \ m_t)\begin{pmatrix} \lambda\gamma + \mu_1 \\ \mu_2 \end{pmatrix}$$

求解 $(\mu_{1\gamma}, \ \mu_{2\gamma})'$ 得到

$$\begin{pmatrix} \lambda\gamma + \mu_1 \\ \mu_2 \end{pmatrix} = 2[(\mathbf{1}, \ m_t)' \tilde{\Sigma}_{\gamma,t}^{-1}(\mathbf{1}, \ m_t)]\begin{pmatrix} 1 \\ b_t \end{pmatrix}$$

因此,

$$w_{b,t}^* = \tilde{\Sigma}_{\gamma,t}^{-1}(\mathbf{1}, \ m_t)[(\mathbf{1}, \ m_t)' \tilde{\Sigma}_{\gamma,t}^{-1}(\mathbf{1}, \ m_t)]\begin{pmatrix} 1 \\ b_t \end{pmatrix} \quad (3.28)$$

我们可以得出结论, $w_{b,t}^{opt} = w_{b,t}^*$。证明完毕。

第4章

高维因子模型估计

4.1 问题的提出

因子模型在金融领域有着悠久的历史，在理论（如 Sharpe，1963；Ross，1976；Fama and French，1992）与实践中（如 Meucci，2005；Chincarini and Kim，2006）都有着广泛的应用。一方面，正如 Cochrane（2011）和近日 Harvey 和 Liu（2015），McLean 和 Pontiff（2016），以及 Hou 等（2020）所指出的，相关研究已经为解释和预测股票横截面收益提出了数百种可能的观测因子。另一方面，常见的潜在因子通常是从收益率的协方差矩阵中提取的，不需要任何外部数据（如 Kelly et al.，2019；Gu et al.，2021）。与蓬勃发展的有关预期股票收益率的因子研究相比，针对股票收益率协方差矩阵估计的研究相对较少，而协方差矩阵在投资组合选择和风险管理中发挥着重要作用。因此，本章分析了众多可观测因子的有效性，并将其与仅基于基本收益数据的潜在因子模型进行比较，以估计高维协方差矩阵。

在动态因子模型的框架内，本章提出了协方差矩阵的双重压缩估计量。它首先对基于惩罚性线性因子模型（脊回归、LASSO 和弹性网）的系数进行压缩，然后使用非线性压缩方法来估计因子和残差的协方差矩阵。这两次压缩旨在分别解决高维因子与高维股票带来的维数诅咒。

我们基于过去40年的美国股票收益和99个共同因子的大数据集对历史数据进行回测。实证结果表明，两次压缩对组合的样本外表现都有统计和经济上显著的正向影响。此外，无论因子的数量如何，近似因子模型的表现总是优于精确因子模型。研究发现，近似因子模型并没有从囊括大量因子中获利，因子模型中只考虑 Fama - French 因子就足够了，而我们基于双重压缩估计的近似因子模型（结合 Engle 等（2019）的 DCC - NL 的脊正则化）甚至可以只使用市场因子。此外，双重压缩估计在潜因子模型中表现更好。总之，驯服因子动物园显然是有益的，但更好的做法是避免它。① 也就是说，我们建议只关注基本收益时间序列中的信息，并简单计算（最佳数量的）潜在因子。这一发现使得双重压缩估计在行业和投资组合管理中更有吸引力，因为此模型仅需要使用收益率数据。

本章的另一个贡献是，在使用动态协方差矩阵估计和投资组合持有期超过观测的收益频率的情况下提出了一种新的预测方案。例如，当观测的收益频率为每天，而为了减少换手率持有投资组合一个月。在这种情况下，De Nard 等（2021b）建议对协方差矩阵进行"平均预测"，即对预测的协方差矩阵进行平均化。本章提出了一种改进的估计方案，即对预测的投资组合权重而不是预测的协方差矩阵进行平均化。不同于 Lioui 和 Tarelli（2020）提出的基于特征的投资组合的动态加权方案，我们的方案侧重于动态的因子与残差，而非市场风险，因为我们有一个更加纯粹的目标，即在较短的投资期限中估计协方差矩阵，在这种情况下，市场风险的变化显得不那么重要。

在过去十年左右，关于高维马科维茨投资组合选择的研究取得了显著进展，且仍在蓬勃发展。② 通常做法是直接约束投资组合的权重或间接地

---

① 通过"避免"，我们不建议使用没有任何因子的无结构估计，例如 Engle 等（2019）的 DCC - NL，而是建议只关注市场因素，或者更好的是使用潜在因子。我们认为没有必要费力地计算所有已公布的会计和财务因子。

② 此处仅展示一部分，Ledoit 和 Wolf（2003），Jagannathan 和 Ma（2003），Fan 等（2008），DeMiguel 等（2009a），Fan 等（2013），DeMiguel 等（2013），Ledoit 和 Wolf（2017），Bollerslev 等（2018），Han（2020），De Nard 等（2021a）和 Han 等（2021）。

压缩协方差矩阵以减少估计误差和潜在的极值。而本章提出的新方案在压缩方法的基础上更进一步,对众多风险因子进行正则化与压缩。

学者们发现,相较于无结构模型(即我们定义中的纯截距模型),在估计协方差矩阵时使用可观测因子模型和潜在因子模型有一定优势;如 Fan 等(2008;2013;2016)和其文中的参考文献。近年来,相应的统计理论与其应用已经拓展到高频因子模型中;如 Fan 和 Kim(2018;2019),Kim 和 Fan(2019),Sun 和 Xu(2021)。另一进展是考虑了时间变化的条件异方差,通常使用 MGARCH 模型(例如,So et al.,2020);De Nard 等(2021b)。然而,现有的文献只考虑了一个或几个可观测因子,并没有回答如果同时考虑大量的风险因子,因子模型的效果会如何这一问题。由于学者们对除了市场因子和 Fama – French 因子之外可观测风险因子的性质和数量并未达成共识,本章通过考虑 Feng 等(2020)提出的"因子动物园",对 Fama 和 French(2015)的五因子模型以外的因子进行研究。因此,与以往的研究不同,本章中的高维不仅指资产的维数多,还指可观测因子多[①]。

本章其余部分结构如下。4.2 节对正则化因子模型进行介绍。4.3 节详细介绍了适用于估计高维协方差矩阵的新的动态估计方案。4.4 节介绍实证方法,并展示基于现实生活中的股票收益数据的样本外预测结果。4.5 节是结论。4.6 节 ~4.9 节是本章的补充材料,提供了更多的细节和实证结果。

4.2 因子模型

4.2.1 符号

在后文中,下标 i 表示资产,取值为从 1 到 N 的整数,其中 N 表示投

---

① 请注意,在不同的背景下,因子也被用来解释初始时刻,即解释预期股票截面收益,例如 Feng 等(2020)。然而,在这种情况下成功的因子不一定对解释下一时刻有用。

资域的维度；下标 k 表示因子，取值为从 1 到 K 的整数，其中 K 表示因子数量；下标 t 表示日期，取值为从 1 到 T 的整数，其中 T 表示样本大小。$\mathrm{Cor}(\cdot)$ 表示一个随机向量的相关系数矩阵；$\mathrm{Cov}(\cdot)$ 表示随机向量的协方差矩阵；$\mathrm{Diag}(\cdot)$ 表示将矩阵所有非对角线元素设为零的函数。此外，我们还使用以下符号：

$r_{i,t}$：t 时刻资产 i 的收益，汇集到 $r_t := (r_{i,t}, \cdots, r_{N,t})'$。

$f_{i,t}$：t 时刻的因子 k，汇集到 $f_t := (f_{i,t}, \cdots, f_{K,t})'$。

$\mu_{i,t}$：t 时刻的扰动项，汇集到 $\mu_t := (\mu_{i,t}, \cdots, \mu_{N,t})'$。

$x_{j,t}$：估计协方差矩阵所用的时间序列数据，$x_{j,t} \in \{r_{i,t}, f_{j,t}, u_{i,t}\}$，汇集到 $x_t := (x_{i,t}, \cdots, x_{J,t})'$；其中，对于 r_t 和 μ_t，$J = N$；对于 f_t，$J = K$。

$d_{j,t}^2 := \mathrm{Var}(x_{j,t} \mid F_{t-1})$：$t$ 时刻第 j 个变量的条件方差。

$s_{j,t} := x_{j,t}/d_{j,t}$：去波动的序列，汇集到 $s_t := (s_{i,t}, \cdots, s_{J,t})'$。

$w_{i,t}$：t 时刻资产 i 在投资组合中权重，汇集到 $w_t := (w_{i,t}, \cdots, w_{N,t})'$。

D_t：j 维对角矩阵，其第 j 个对角元素为 $d_{j,t}$。

$R_t := \mathrm{Cor}(x_t \mid F_{t-1}) = \mathrm{Cov}(s_t \mid F_{t-1})$：$t$ 时刻的条件相关系数矩阵。

$\Sigma_{x,t} := \mathrm{Cov}(x_t \mid F_{t-1})$：$t$ 时刻的条件协方差矩阵，有 $\mathrm{Diag}(\Sigma_t) = D_t^2$。

$C := \mathbb{E}(R_t) = \mathrm{Cor}(x_t) = \mathrm{Cov}(s_t)$：无条件相关系数矩阵。

4.2.2　因子动物园

在后文的描述中，因子可以是可观测因子，如 Fama – French 因子，也可以是潜因子，潜因子是之前从历史收益数据中估计得到的。潜因子和可观测因子的重要区别在于潜因子是未知的，只能从数据中估计得到，同时估计得到的还有因子载荷。在这一领域最流行的两种方法是最大似然估计法（MLE）和主成分分析法（PCA），（Bai and Shi，2011）。本章实证分析部分使用 PCA，这一方法可以在适当的正则条件下对因子进行一致的估计（Fan et al.，2013）。本章假设这种正则条件成立。

可观测因子已知且由外部信息得到，其中最突出的例子是 Fama - French 因子。文献中还提出了许多其他的因子（Bai and Shi，2011；Feng et al.，2020）。与 De Nard 等（2021b）不同，我们对 Fama - French 因子之外的高维因子模型感兴趣。更具体地说，本章研究的是（正则化）因子模型是否可以从因子动物园的大数据信息中获益，或者信噪比在估计协方差矩阵中的作用是否太弱。为此，我们将 Gu 等（2020）的 94 个因子加入到 Fama - French 五因子模型中，形成了一个 $K = 99$ 的大因子模型。

值得注意的是，对于这种因子模型，我们需要用到的是共同因子而不是 Gu 等（2020）所使用和公布的股票水平特征（因子得分）。因此，我们首先要从股票层面的特征中计算出共同因子。追溯到 Fama 和 French（1993），计算共同因子的首选方法是根据排序来构建投资组合。而有关异象复制的文献主要关注美元中性的多空投资组合，即根据股票层面的特征做多位于前五分之一的股票，做空位于后五分之一的股票①。此外，文献建议使用纽约证券交易所的断点及价值加权收益来形成多空投资组合以控制微型股偏差（Cremers et al.，2012；Fama and French，2008；Feng et al.，2020；Freyberger et al.，2020；Hou et al.，2020）。

另一方面，Ledoit 等（2019）提出了一种复制共同因子的不同方法。他们认为，传统的金融学文献在复制异象时完全忽略了股票收益的协方差矩阵，因此是次优的。从文献上看，要估计高维股票的协方差矩阵是很困难的，而 Ledoit 等（2019）证明，如果在高维投资域使用 Engle 等（2019）提出的协方差矩阵的 DCC - NL 估计量，截面数据异象检测的 t 统计量会比现在平均增加 2 倍以上。因此，升级基于排序的、在理论和实证上解释力不足的投资组合构建程序对我们所有人都是有益的。然而，过往文献中提到的有效排序方法基于等权重收益，并且没有考虑纽约证券交易所的断点。因此，我们将基于分位数的多空投资组合与 Ledoit 等（2019）的有效排序方法相结合，其中，前者同时考虑了纽约证券交易所的断点和

---

① 有些作者可能更喜欢三分位或十分位数，而不是五位数。

价值加权收益来控制微型股偏差，后者则考虑了股票收益的协方差矩阵。4.6 节提供了关于如何计算 Gu 等（2020）基于有效排序的 94 个因子的详细说明。

4.2.3　正则化因子模型

假设对于所有资产 $i = 1$, $\cdots$, N,

$$r_{i,t} = \alpha_i + \beta_i' f_t + \mu_{i,t} \tag{4.1}$$

其中，$\beta_i := (\beta_{i,1}, \cdots, \beta_{i,K})'$ and $E(u_{i,t} \mid f_t) = 0$。此外，令 $\mu_t := (\mu_{i,t}, \cdots, \mu_{N,t})'$。$f_t$ 和 μ_t 的协方差矩阵可能都是随时间变化的。r_t 随时间变化的（条件）协方差矩阵由以下公式给出：

$$\Sigma_{\gamma,t} = B' \Sigma_{f,t} B + \Sigma_{\mu,t} \tag{4.2}$$

其中，B 是 $K \times N$ 矩阵，其第 i 列是向量 β_i。r_t 随时间变化的条件协方差矩阵估计量由以下公式给出：

$$\hat{\Sigma}_{\gamma,t} = \hat{B}' \hat{\Sigma}_{f,t} \hat{B} + \hat{\Sigma}_{\mu,t} \tag{4.3}$$

我们关注如何利用高维（共同）因子的信息对高维协方差矩阵进行估计，其中待估计的协方差矩阵不仅包含（动态）残差协方差矩阵 $\Sigma_{\mu,t}$，还包含（动态）因子协方差矩阵 $\Sigma_{f,t}$。简单的线性模型（OLS）在高维因子存在的情况下会失效。当因子的数量 K 接近观测值数量 T 时，线性模型会过度拟合噪声而不是提取信号，其估计会失效，甚至不一致。避免过度拟合的关键是减少待估参数的数量。最常见的机器学习方法是在目标函数上增加一个惩罚项以选择更简洁的模型。这种对估计的"正则化"以降低模型的样本内表现为代价，希望能够提高其在样本外的稳定性。当惩罚能够降低模型对噪声的拟合，同时又能保留其对信号的拟合时，就能达到这一目的。

惩罚性线性模型使用压缩和变量选择，通过使大多数回归因子的系数接近或完全为零来管理高维数据。可以说，脊回归和 LASSO 回归是标准的机器学习方法，用于减少估计参数的数量，避免维度诅咒，从而避免了过度拟合。这两种惩罚性方法的凸组合被称为弹性网络。

1. 脊因子模型

脊回归通过对回归系数的大小施加 L^2 惩罚，将回归系数向零压缩。脊系数最小化如下，带惩罚的残差平方和：

$$\left[\hat{\alpha}_i^{ridge}, \hat{\beta}_i^{ridge}\right] := \underset{\alpha_i,\beta_i}{\mathrm{argmin}}\left\{\sum_{t=1}^{T}\left(r_{i,t} - \alpha_i - \sum_{k=1}^{K} f_{t,k}\beta_{i,k}\right)^2 + \lambda\sum_{k=1}^{K}\beta_{i,k}^2\right\}$$

(4.4)

这里，$\lambda \geqslant 0$ 是一个控制压缩程度的惩罚参数：λ 的值越大，压缩程度就越大。在 $\lambda = 0$ 的特殊情况下，我们得到了基本的 OLS 系数；而在 $\lambda = \infty$ 时则得到（完全压缩的）纯截距模型。

最后，我们将各资产的非时变的脊回归估计 β 汇集到一个 $K \times N$ 的矩阵 $\hat{B}^{ridge}$ 中，其中 $\hat{\beta}_i^{ridge}$ 是 $\hat{B}^{ridge}$ 的第 i 列。在模型的假设下，对 r_t 的时变条件协方差矩阵的估计如下：

$$\hat{\Sigma}_{\gamma,t} := \hat{B}^{ridge\,\prime}\hat{\Sigma}_{f,t}\hat{B}^{ridge} + \hat{\Sigma}_{u,t}^{ridge}$$

(4.5)

如上所述，对因子的时变协方差矩阵和脊回归误差（向量）的估计将在 4.3 节中进行详细说明。

备注 4-1（位移的脊） 我们通过移动脊的压缩目标考虑另一种脊公式。这里，我们不将系数压缩到零，而是压缩到它们的截面平均值。

$$\left[\hat{\alpha}_i^{Sridge}, \hat{\beta}_i^{Sridge}\right] := \underset{\alpha_i,\beta_i}{\mathrm{argmin}}\left\{\sum_{t=1}^{T}\left(r_{i,t} - \alpha_i - \sum_{k=1}^{K} f_{t,k}\beta_{i,k}\right)^2 + \lambda\sum_{k=1}^{K}(\beta_{i,k} - \bar{\beta}_k)^2\right\}$$

(4.6)

然而，在未报告的结果中，我们发现将系数向其截面平均数压缩没有明显地好于向零压缩，至少对于协方差矩阵的估计来说是如此。

2. LASSO 因子模型

LASSO（最小绝对压缩和算子选择）是一种类似于脊的压缩方法，但与其有细微但重要的区别。LASSO 通过一个 L^1 惩罚,在没有解析解的情况下使解决方案成为非线性的。LASSO 是一种变量选择方法,它通过稀疏性设定,将一部分协变量的系数精确设置为零。其中 λ 同样控制压缩的程度:

$$[\hat{\alpha}_i^{LASSO}, \hat{\beta}_i^{LASSO}] := \underset{\alpha_i,\beta_i}{\text{argmin}}\left\{\sum_{t=1}^{T}\left(r_{i,t} - \alpha_i - \sum_{k=1}^{K}f_{t,k}\beta_{i,k}\right)^2 + \lambda\sum_{k=1}^{K}|\beta_{i,k}|\right\}$$

(4.7)

最后,我们将各资产的非时变的 LASSO 估计 β 汇集到一个 $K \times N$ 的矩阵 $\hat{B}^{LASSO}$ 中,其中 $\hat{\beta}_i^{LASSO}$ 是其第 i 列。在模型的假设下,对 r_t 的时变条件协方差矩阵的估计如下:

$$\tilde{\Sigma}_{r,t} := \hat{B}^{LASSO'}\hat{\Sigma}_{f,t}\hat{B}^{LASSO} + \hat{\Sigma}_{u,t}^{LASSO}$$

(4.8)

对因子的时变协方差矩阵和 LASSO 回归误差(向量)的估计将在 4.3 节进行详细说明。

3. 弹性网络因子模型

我们还考虑了两种惩罚的凸组合:

$$[\hat{\alpha}_i^{ENet}, \hat{\beta}_i^{ENet}] := \underset{\alpha_i,\beta_i}{\text{argmin}}\left\{\sum_{t=1}^{T}\left(r_{i,t} - \alpha_i - \sum_{k=1}^{K}f_{t,k}\beta_{i,k}\right)^2\right.$$
$$\left. + \lambda\sum_{k=1}^{K}\gamma\beta_{i,k}^2 + (1-\gamma)|\beta_{i,k}|\right\}$$

(4.9)

其中,弹性网络涉及两个非负参数 λ 和 γ。$\gamma=0$ 的情况对应于 LASSO,使用绝对值参数惩罚,其将部分因子的系数设置为零。通过这种方式,$\gamma=0$ 对设定施加了稀疏性,可以被认为是一种变量选择方法;$\gamma=1$ 的情况对应于脊回归,它使所有的系数估计值更接近零,但并不强制任何系数为零,是一种有助于防止系数过大的压缩方法。对于 γ 的中间值,弹性网络通过压缩和选择来支持简单的模型。我们使用验证样本,自适应地优化调谐参数 λ 和 γ。关于正则化参数估计的详细描述见 4.7 节。4.8 节介绍了我们如何设计不相交的子样本来估计上述正则化因子模型以及我们如何进行"参数调整"。

最后，我们将各资产的非时变的弹性网络估计 β 汇集到一个 $K \times N$ 矩阵 $\hat{B}^{ENet}$ 中，其中 $\hat{\beta}_i^{ENet}$ 是其第 i 列。在模型的假设下，对 r_t 的时变条件协方差矩阵的估计如下：

$$\hat{\Sigma}_{r,t} := \hat{B}^{ENet\prime} \hat{\Sigma}_{f,t} \hat{B}^{ENet} + \hat{\Sigma}_{u,t}^{ENet} \tag{4.10}$$

4.3　新的动态估计方案

我们使用每日数据来预测协方差矩阵，但在再次更新投资组合之前，会将组合持有一整个月才进行更新。这为动态模型带来了某种程度上的"不匹配"：为什么要用一个只预测到第二天的协方差矩阵来构建一个将被持有一整个月的投资组合呢？

为了解决这种不匹配，De Nard 等（2021b）提出了一种动态模型的"平均预测"方法。即在投资组合构建日期 h，预测下个月每天的协方差矩阵，也就是 $t = h$，$h + 1$，$\cdots$，$h + 20$；得出 21 个预测值的平均值，并使用这个"平均预测"来构建 h 时的投资组合。

与此不同，我们建议对投资组合的权重进行平均，而不是对协方差矩阵进行平均。更具体地说，在投资组合构建日期 h，预测下个月每天的协方差矩阵，即 $t = h$，$h + 1$，$\cdots$，$h + 20$；然后为每个预测的协方差矩阵共计算 21 个投资组合；最后"平均"这 21 个投资组合以构建 h 时的投资组合。

对于时间序列数据 x_t 的单变量波动率的动态变化 $x_t \in \{r_t, f_t, u_t\}$，我们使用 GARCH（1，1）过程进行预测：

$$d_{j,t}^2 = \omega_j + \delta_{1,j} x_{j,t-1}^2 + \delta_{2,j} d_{j,t-1}^2 \tag{4.11}$$

其中（ω_j，$\delta_{1,j}$，$\delta_{2,j}$）是特定变量的 GARCH（1，1）参数。我们假设条件相关系数矩阵的时变性由 Engle 等（2019）的 DCC – NL 模型刻画[①]：

---

① 注意，DCC – NL 是由非线性压缩估计的具有无条件相关系数矩阵的 DCC。

$$Q_t = (1 - \delta_1 - \delta_2) C + \delta_1 s'_{t-1} s_{t-1} + \delta_2 Q_{t-1} \tag{4.12}$$

其中 (δ_1, δ_2) 为 DCC – NL 参数，类似 $(\delta_{1,j}, \delta_{2,j})$。矩阵 Q_t 可以被解释为条件伪相关系数矩阵，或去波动残差的条件协方差矩阵。由于它的对角线元素虽接近于 1 但并不完全等于 1，所以不能直接使用。由此，我们得到条件相关系数矩阵和条件协方差矩阵如下：

$$R_t := \text{Diag}(Q_t)^{-1/2} Q_t \text{Diag}(Q_t)^{-1/2} \tag{4.13}$$

$$\Sigma_{x,t} := D_t R_t D_t \tag{4.14}$$

为了确定感兴趣的投资组合，我们根据 $l = 0, 1, \cdots, L-1$ 的 L 个预测的条件协方差矩阵 $\Sigma_{x,h+l} = D_{h+l} R_{h+l} D_{h+l}$，对 L 个预测的投资组合权重进行平均。正如我们在下一节将讨论的，在评估所估计的协方差矩阵时，我们对"干净"的投资组合感兴趣，因此主要关注的是全球最小方差组合。

$$\hat{\omega}_{h+l} := \frac{\hat{\Sigma}_{h+l}^{-1} \mathbb{1}}{\mathbb{1}' \hat{\Sigma}_{h+l}^{-1} \mathbb{1}} \tag{4.15}$$

见式（4.15）。为了得到频率调整后的投资组合构建日 h，我们对 L 个预测的投资组合进行平均。

$$\hat{\omega}_h^* := \frac{1}{L} \sum_{l=0}^{L-1} \hat{\omega}_{h+l} \tag{4.16}$$

请注意，在实践中需要先估计 GARCH 参数和 DCC（ – NL）参数。在此过程中，我们主要遵循 Engle 等（2019）的建议。

首先，通过（伪）最大似然法估计方程式（4.11）的 GARCH 参数。这就产生了用于计算去波动收益的参数估计量 $(\hat{\omega}_j, \hat{\delta}_{1,j}, \hat{\delta}_{2,j})$，这些参数也用于预测条件方差。

其次，方程（4.12）的相关系数目标矩阵 C 是通过 $\{s_t\}$ 的非线性协方差矩阵压缩来估计的；为了加快计算速度，我们使用 Ledoit 和 Wolf（2020）的分析性非线性压缩方法①。有了估计量 $\hat{C}$，我们再使用 Pakel 等

---

① Engle 等（2019）使用了 Ledoit 和 Wolf（2015）的数值方法。

（2021）提出的假设为正态的（伪）复合似然法估计方程式（4.12）的 DCC 参数 (δ_1, δ_2)[①]。这样，$(\hat{\omega}_j, \hat{\delta}_{1,j}, \hat{\delta}_{2,j}, \hat{\delta}_1, \hat{\delta}_2)$ 被用于预测条件相关系数矩阵。将条件方差的预测与条件相关系数矩阵的预测相结合，可以得到条件协方差矩阵的预测。

4.4 实证分析

4.4.1 数据和投资组合构建规则

本章主要关注纽约证券交易所 NYSE、美国证券交易所 AMEX 和纳斯达克证券交易所 NASDAQ 的股票。我们在证券价格研究中心（CRSP）下载了 1977 年 1 月 1 日至 2016 年 12 月 31 日止的股票日度收益数据。我们还在 Ken French 的网站上下载了 Fama 和 French（2015）的五个因子的日度收益。此外，我们从 DachengXiu 的网页上获得 Gu 等（2020）使用的 94 个（月度）因子得分[②]。第 2 章表 2 - 1 已经列出了所有的因子（异象），包括其对应的主要文献。我们在本章的 4.6 节详细介绍了计算共同因子的方法。

为简单起见，我们采用了常见的惯例，即连续 21 个交易日构成一个"月"。样本外时期从 1982 年 1 月 1 日到 2016 年 12 月 31 日，总共有 420 个"月"（或 8 820 天），所有的投资组合都是每月更新一次[③]。我们用 $h = 1, \cdots, 420$ 表示投资日期，在任何投资日期 h，协方差矩阵都是根据最近 1 260 天的日度收益估计得到，这大致相当于过去五年的数据。

---

① 正如 Engle 等（2019）所做的那样，我们使用相邻资产对来构建（伪）复合似然。
② 见 http：//dachxiu. chicagobooth. edu。
③ 常见的做法是每月更新以避免过高的换手率和交易成本。在一个月里，从一天到第二天，我们持有固定的股票数量而不是投资组合权重；也就是说，一个月内没有任何交易。

我们考虑以下的投资组合规模：$N \in \{100, 500, 1\,000\}$。对于一个给定的组合（$h$，$N$），其投资域的获得方法如下：我们找到在最近的 $T = 1\,260$ 天内有几乎完整的回报历史，以及在未来 21 天内有完整的收益"未来"的股票集合[①]；然后，我们寻找可能的高度相关的股票对，即在过去 1\,260 天内，收益率的样本相关系数超过 0.95 的股票对，如果存在这样的股票对，就删除其中市值较低的股票，因为我们不希望包括高度相似的股票。在剩下的股票中，我们挑选出最大的 N 只股票（以其在投资日 h 的市值衡量）作为我们的投资域。这样一来，投资域从一个投资日到下一个投资日的变化相对较慢。

定义清晰的规则有很多好处，这样的方案不需要通过多次复制和平均来得到稳定的结果，因此不涉及随机抽取股票。就规则而言，我们的方式避开了行为经常不稳定的所谓"低价股"，因此是合理的；此外，高市值股票往往具有最低的买卖价差和最高的认购深度，这使得大型投资基金可以在不违反标准安全准则的情况下投资于这些股票。

我们考虑在不存在卖空约束的情况下，估计全球最小方差投资组合（GMV）的问题。这个问题可以表述为：

$$\min_{\omega} \omega' \Sigma_{r,t} \omega \tag{4.17}$$

其中

$$\omega' \mathbb{1} = 1 \tag{4.18}$$

其中，$\mathbb{1}$ 表示维数为 $N \times 1$ 的向量，其解析解为：

$$\omega = \frac{\Sigma_{r,t}^{-1} \mathbb{1}}{\mathbb{1}' \Sigma_{r,t}^{-1} \mathbb{1}} \tag{4.19}$$

在实践中，常用策略是在式（4.19）中将未知的 $\Sigma_{r,t}$ 替换为一个估计量 $\hat{\Sigma}_{r,t}$，产生一个可行的投资组合。由于所有的投资组合都是按月更新的，但条件协方差矩阵每天都会发生变化，我们遵循新的估计方案，对特定月

---

① 第一个限制允许在最近 1\,260 天内最多有 2.5% 的收益值缺失，并将缺失值替换为零。后一种"前瞻性"限制在现实生活中并不可行，但是在相关金融文献中普遍应用于投资组合的样本外评估。

份的所有每日预测投资组合进行平均：

$$\hat{\omega} := \frac{1}{L} \sum_{l=0}^{L-1} \frac{\hat{\Sigma}_{r,t+l}^{-1} \mathbb{1}}{\mathbb{1}'\hat{\Sigma}_{r,t+l}^{-1} \mathbb{1}} \tag{4.20}$$

就评估协方差矩阵估计的质量而言，估计 GMV 投资组合是一个"干净"的策略，因为它不必同时估计期望收益向量。此外，学者们已经确定，估计的 GMV 投资组合不仅在风险方面，而且在风险收益比（即信息比）方面都具有理想的样本外表现（Haugen and Baker，1991；Jagannathan and Ma，2003；Nielsen and Aylursubramanian，2008）。因此，这样的投资组合已经成为共同基金行业销售的大量产品的补充。

除了基于式（4.20）的马科维茨投资组合外，我们还将 DeMiguel 等（2009b）提出的等权重投资组合作为简单基准，因为它被认为难以超越。我们用 1/N 表示等权重投资组合。

4.4.2 比较协方差矩阵估计

我们现在详细介绍在本章实证分析中包括的各种协方差矩阵估计量。我们关注正则化方法（OLS，脊，LASSO，弹性网络），因子模型的大小（$K \in \{1, 3, 5, 48, 99\}$），因子模型的结构（精确或近似因子模型），以及因子类型（可观测与潜因子）。

对于小因子模型（$K=1$）和大因子模型（$K=99$）的比较，我们使用 Engle 等（2019）的 DCC-NL 协方差矩阵估计，因为它在所有维度上都表现良好[1]。具体来说，$K=1$ 是基于第一个 Fama-French 因子的单因子模型；$K=3$ 为 Fama-French 三因子模型；$K=5$ 为 Fama-French 五因子模型；$K=99$ 是包含所有五个 Fama-French 因子和 94 个分析因子的大因子模型。我们还报告了基于 5 个 Fama-French 因子和第 4.6 节中详细描述

---

① 然而，对于 $K=1$，由于不可能出现压缩，我们仅通过样本方差估计（市场）因子方差。

的 43 个高度显著因子的大因子模型（$K=48$）①。

精确因子模型与近似因子模型的区别在于对残差协方差矩阵的估计。对于精确因子模型，我们采用对角样本协方差矩阵，对于近似因子模型，我们采用 Engle 等（2019）的 DCC – NL 估计。

除非另有说明，估计量是基于第 3 节的新估计方案（对投资组合进行平均）。下面列表中的前四个估计量来自于精确因子模型，而其余的估计量则基于近似因子模型。

EFM：基于精确因子模型（OLS）的估计量，如式（4.3）所示。

ERFM：基于精确因子模型（脊回归）的估计量，如式（4.5）所示。

ELFM：基于精确因子模型（LASSO）的估计量，如式（4.8）所示。

ENFM：基于精确因子模型（弹性网络）的估计量，如式（4.10）所示。

AFM：基于近似因子模型（OLS）的估计量，如式（4.3）所示。

ARFM：基于近似因子模型（脊回归）的估计量，如式（4.5）所示。

ALFM：基于近似因子模型（LASSO）的估计量，如式（4.8）所示。

ANFM：基于近似因子模型（弹性网络）的估计量，如式（4.10）所示。

备注 4 – 2（潜因子模型） 请注意，我们也考虑了潜因子模型。我们采用了主成分分析方法，采用了与可观测因子模型相同的结构，考虑了第一主成分（$K=1$）、前三个主成分（$K=3$）和前五个主成分（$K=5$）。此外，根据 Bai 和 Ng（2002）的研究，我们还考虑了一个基于最优因子数量（$K=\text{Opt}$）的潜因子模型。我们用下标 L 表示潜在因子模型：EFM_L，$ERFM_L$，$ELFM_L$，$ENFM_L$，AFM_L，$ARFM_L$，$ALFM_L$ 和 $ANFM_L$。

备注 4 – 3（无结构估计量） 基于完备性考虑，我们还考虑了 $\lambda=\infty$ 的特殊情况，在这种情况下，最大惩罚（正则化）会形成一个完全压缩的

---

① 基于修改后的有效排序方法和 HAC 标准误差，我们发现了 43 个 t 统计量大于 3 的因子，它们对收益中的异方差和序列相关性具有稳健性。

纯截距模型。纯截距模型是协方差矩阵的无结构估计量，它不考虑任何因素，或者更准确地说，它将所有系数设为零。在这种情况下，我们最终得到的残差协方差矩阵对应于收益的协方差矩阵。因此，对于 AFM，我们最终得到 Engle 等（2019）的 DCC－NL 估计量，对于 EFM，我们最终得到样本协方差矩阵的对角线元素。众所周知，我们不应使用样本协方差矩阵来估计高维的协方差矩阵，并且基于 DCC－NL 的 AFMs 优于 DCC－NL（De Nard et al.，2021b），因此，我们在本书中不提供相应的结果。

4.4.3 高维数据的主要结果

我们为每种情况报告以下三种样本外表现测度。为便于理解，我们报告的这三种测度都是年化的且以百分比为单位。

AV：我们计算 8 820 个样本外回收益的平均值，然后乘以 252 进行年化。

SD：我们计算 8 820 个样本外收益的标准差，然后乘以 $\sqrt{252}$ 进行年化。

IR：我们计算（年化）信息比率 AV/SD。

在 GMV 投资组合中，最重要的表现衡量指标是样本外标准差（SD）。真实（但不可行）的 GMV 投资组合由式（4.19）给出，其设计目的是最小化方差（以及标准差），而不是最大化预期收益或信息比。因此，任何实现全球最小方差的投资组合都应该主要通过它如何成功地实现这一目标来进行评估。高的样本外平均回报（AV）和高的样本外信息比（IR）自然也是可取的衡量指标，但从评价协方差矩阵估计质量的角度来看，应该被认为是次要的。

我们考虑的另一个问题是一个估计模型是否比另一个估计模型提供更低的样本外标准差。我们比较了 9 个估计模型，所以有 36 个成对比较，为了避免多重检验问题，并且由于本章的主要目标是证明好的近似因子模型是基于 DCC－NL 和脊正则化且在经典的无结构 DCC－NL 基础上进行改进的, 我们主要关注对所有因子数量为 K 的 AFM 和 ARFM 两种组合的比较[1]。通过 Ledoit 和 Wolf (2011) 描述的预白化 HAC_{PW} 方法, 可以获得原假设为相等标准差的双侧检验的 p 值[2]。

高维投资组合和 $N=1\ 000$ 的协方差矩阵的结果如表 4-1 所示 (除非另有说明, 研究结果是以样本外标准差作为表现度量指标), 可以总结如下:

所有的模型都始终显著优于 $1/N$。

近似因子模型始终优于精确因子模型。具体地, 最好的 EFM (EFM, $K=99$) 的 SD 为 7.50, 最差的 AFM (AFM, $K=99$) 的 SD 为 6.90。

然而对于 AFMs, K 的数量对估计表现没有一致的影响, 而对于 EFMs, 因子越多表现越好。然而, 包含 99 个因子的最好的 EFM 还不足以超越最差的 AFM。

对于 EFMs, 正则化 (特别是脊正则化) 对 Fama - French 因子模型 ($K \leqslant 5$) 是有利的。对于 AFMs, 正则化总是有利的。

ARFM 在所有因子数量上的表现始终优于其他模型。ARFM 优于 AFM 的表现总是在统计上 (高度) 显著, 在经济上有重要意义。总的来说, 我们得到以下从好到坏的综合排名: ARFM, ANFM, ALFM, AFM, EFMs, $1/N$。

表 4-1 $N=1\ 000$ 基于不同协方差估计量构建 GMV 投资组合的表现

	\multicolumn{9}{c}{$N=1\ 000$}							
	$1/N$	EFM	ERFM	ELFM	ENFM	AFM	ARFM	ALFM	ANFM
\multicolumn{10}{c}{$K=1$}									
AV	13.975	13.493	13.167	13.526	13.160	13.681	12.363	13.641	13.635
SD	17.427	11.303	9.806	10.974	10.709	6.847	**6.482*****	6.779	6.808
IR	0.802	1.194	1.343	1.233	1.229	1.998	1.907	2.012	2.003

---

① 在表 4-1 中, 我们看到 ARFM 的 SD 始终低于任何其他正则化的近似 (和精确) 因子模型。因此, 我们想检验脊正则化与没有正则化相比是否显著降低了 SD。

② 由于 8 820 的样本外大小已经足够大, 不需要使用 Ledoit 和 Wolf (2011) 中描述的计算更复杂的 bootstrap 方法, 该方法是小样本容量的首选方法。

续表

	1/N	EFM	ERFM	ELFM	ENFM	AFM	ARFM	ALFM	ANFM
					$N = 1\,000$				
					$K = 3$				
AV	13.975	13.375	13.369	13.808	13.162	13.257	12.543	13.350	13.370
SD	17.427	10.579	9.351	10.165	10.164	6.814	**6.524** ***	6.836	6.802
IR	0.802	1.264	1.430	1.358	1.295	1.946	1.923	1.953	1.965
					$K = 5$				
AV	13.975	13.735	13.317	14.154	13.217	13.091	12.707	13.230	13.474
SD	17.427	10.044	9.186	9.686	9.894	6.834	**6.524** ***	6.836	6.784
IR	0.802	1.368	1.450	1.461	1.336	1.916	1.948	1.935	1.986
					$K = 48$				
AV	13.975	13.516	13.773	14.342	13.501	12.900	12.994	13.163	13.657
SD	17.427	7.777	8.811	8.295	9.278	6.876	**6.533** ***	6.840	6.766
IR	0.802	1.738	1.563	1.729	1.455	1.876	1.989	1.925	2.019
					$K = 99$				
AV	13.975	13.332	13.494	14.343	13.738	12.898	13.133	13.142	13.652
SD	17.427	7.503	8.700	8.186	9.312	6.900	**6.593** ***	6.868	6.758
IR	0.802	1.777	1.551	1.752	1.475	1.869	1.992	1.913	2.020

注：AV 代表年化平均收益（百分比）；SD 为年化标准差（百分比）；IR 表示年化信息比率。所有指标均基于 1982 年 1 月 1 日至 2016 年 12 月 31 日的 8 820 个日度样本外收益。在标为 SD 的行中，最小值以粗体显示。在标记为 ARFM 的列中，对于 SD，显著优于 AFM 的表现用星号表示：*** 表示在 0.01 的水平上显著；** 表示在 0.05 的水平上显著；* 表示在 0.1 的水平上显著。

DeMiguel 等（2009b）称，就样本外夏普比率而言，"复杂"的投资组合很难优于 1/N。可以看出，就样本外信息比而言，所有模型的表现始终优于 1/N，也就是在样本外夏普比率方面表现更优。请注意，对于任意因子个数的因子模型，从 IR 来看，ANFM 表现最好，其平均 IR 约为 2。

ARFM 和 ANFM 优于 ALFM 并不令人惊讶。由于许多因子具有较强的相关性，这就要求估计程序在一些高度相关的因子之间进行选择，以达到简洁性的目的，这种方法不如提取因子共有的预测信息（Kozak et al.，2020）。

综上所述，近似因子模型始终优于精确因子模型，脊正则化始终优于所有其他正则化。图 4-1 通过绘制各估计量日度样本外收益的箱线图来使结果可视化。

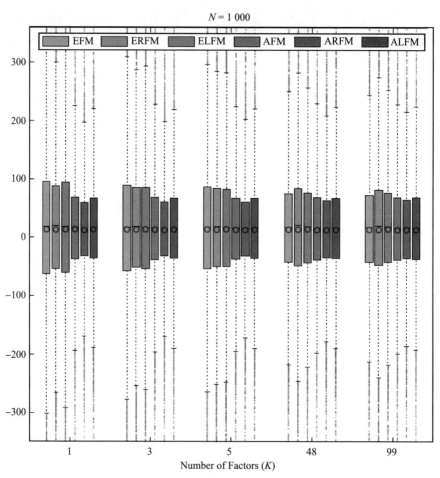

图 4-1　GMV 投资组合的 8 820 个日度样本外收益箱线图

注：时间区间为 1982 年 1 月 1 日至 2016 年 12 月 31 日。出于易读性的考虑，我们没有绘制包含弹性网惩罚的精确和近似因子模型的结果。总的来看，该方法优于 LASSO 方法，而劣于脊正则化方法。

此外，图 4-2 绘制了精确因子模型和近似（脊）因子模型在因子 K 和股票 N 不同维度上的样本外 SD 面。这显示出 ARFM 在所有维度上都优于精确因子模型，只有扩大投资域才能显著降低 SD，而对于精确因子模型，扩大因子范围也能改善协方差矩阵估计。

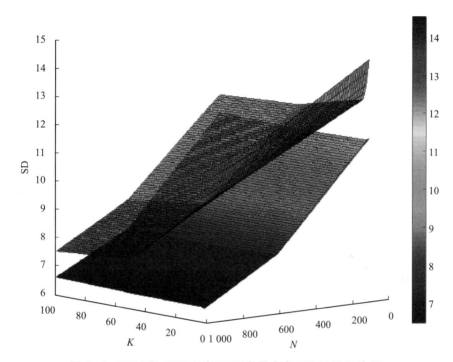

图 4 − 2　EFM 和 ARFM 对于不同数量资产 *N* 和因子 *K* 的 SD

注：EFM 为透明上面，ARFM 为非透明下面。

4.4.4　潜因子模型

目前为止，我们只关注了基于可观测因子动物园（正则化）的因子模型。然而，模型并不局限于可观测因子，我们还想知道基于 PCA（正则化）的潜因子模型在高维数据上的表现。因此，我们构建了不同投资域及潜在因子维度的 GMV 投资组合，并考虑相同的正则化方法来比较协方差矩阵估计的表现。

表 4 − 2 报告了 *N* = 1 000 的高维投资域的主要结果。就潜在因子而

言，所有模型的表现都优于 $1/N$ 投资组合，这并不令人惊讶。值得一提的是，一般来说，精确潜因子模型和近似潜因子模型的表现都受益于正则化，特别是脊正则化。对于 AFM，K 对估计表现的影响微乎其微，而对于 EFM，K 越大越好。然而，即使我们考虑 EFM 潜在因子取最优数量时，EFM 的表现也不会优于 AFM[①]。

表 4 – 2 $N = 1\,000$ 基于不同（潜）协方差估计量构建 GMV 投资组合的表现

	\multicolumn{8}{c}{$N = 1\,000$}
	EFM_L	$ERFM_L$	$ELFM_L$	$ENFM_L$	AFM_L	$ARFM_L$	$ALFM_L$	$ANFM_L$
\multicolumn{9}{c}{$K = 1$}
AV	13.054	12.890	13.082	13.040	13.704	12.287	13.651	13.727
SD	11.352	9.564	11.084	10.316	6.886	**6.501** ***	6.822	6.856
IR	1.150	1.348	1.180	1.264	1.990	1.890	2.001	2.002
\multicolumn{9}{c}{$K = 3$}
AV	14.160	13.870	14.178	13.153	13.297	12.243	13.445	13.775
SD	10.075	9.053	9.558	9.666	6.876	**6.435** ***	6.810	6.726
IR	1.405	1.532	1.483	1.361	1.934	1.903	1.974	2.048
\multicolumn{9}{c}{$K = 5$}
AV	13.082	13.205	13.334	13.147	12.684	11.946	12.820	13.777
SD	8.401	8.625	8.104	9.567	6.875	**6.405** ***	6.835	6.714
IR	1.557	1.531	1.645	1.374	1.845	1.865	1.876	2.052
\multicolumn{9}{c}{$K = Opt$}
AV	13.320	13.543	13.557	13.379	12.825	12.155	12.921	12.879
SD	7.606	8.482	7.440	7.995	6.843	**6.420** ***	6.848	6.947
IR	1.751	1.597	1.822	1.673	1.874	1.893	1.887	1.854

注：AV 代表年化平均收益（百分比）；SD 为年化标准差（百分比）；IR 表示年化信息比率。所有指标均基于 1982 年 1 月 1 日至 2016 年 12 月 31 日的 8 820 个日度样本外收益。在标为 SD 的行中，最小值以粗体显示。在标记为 $ARFM_L$ 的列中，在 SD 方面显著优于 AFM_L 的表现用星号表示：*** 表示在 0.01 的水平上显著；** 表示在 0.05 的水平上显著；* 表示在 0.1 的水平上显著。

---

① 潜因子的最优个数由 Bai 和 Ng（2002）计算。对于所分析的投资范围和周期，最优因子个数在 4 ~ 12 之间，平均值为 7。一般来说，$K = Opt$ 呈上升趋势。

因此，近似因子模型的表现一致且显著优于精确因子模型。同样，在所有情况下，ARFM 总体上是最好的，其显著降低了 SD。此外，如果我们将此结果与可观测因子（见表 4 - 1）进行比较，我们可以看到两者样本外标准差相似，且潜因子模型表现略优于可观测因子模型。

潜因子模型的突出表现意味着不需要费力地计算（可观测）因子动物园，因为只需关注潜在收益时间序列中的信息并简单地计算潜因子就足够了。在脊正则化的近似因子模型中，应该使用前 $K = \text{Opt}$ 个潜因子。这一观点也得到了在下一节和 4.9 节中介绍的各种稳健性检验的支持。请注意，我们使用的 Bai 和 Ng（2002）的标准倾向于高估因子个数。但由于我们在潜在因子模型中仍然使用脊，其可以将伪估计压缩为零，因此高估因子个数将不会有太大影响。总之，在所有投资组合规模（N）和因子数量（K）中，表现最好的模型是具有最优因子个数的 ARFM 潜因子模型。

4.4.5　稳健性检验

在 4.9 节中，我们详细介绍了各种稳健性检验。

我们发现，对于 EFM，正则化（特别是脊正则化）在 N 或 K 维度较小时是有利的。此外，ARFM 在所有投资组合规模和因子数量上的表现始终优于所有其他模型。ARFM 优于 AFM 的表现在统计上总是显著的，而且也具有经济意义。因此，在投资域维度上，因子模型结构、规模和正则化方法的结果是稳健的。

人们可能很自然地会问，各种模型的相对表现在这段时间内是否稳定，或者它是否在某些子区间发生变化，如"繁荣"时期与"萧条"时期。为了回答这个问题，我们基于较短的样本外周期进行滚动窗口分析：一个月（21 天）、一年（252 天）和五年（1 260 天）。我们发现，随着时间的推移，相对表现非常稳定，特别是 ARFM 在所有子区间和较短的时间中表现最好。

到目前为止，我们给出的实证结果针对的是 4.3 节中介绍的新估计方案。对结果进行比较时，我们发现在所有因子模型中，以及在所有投资域和因子维度中，新的估计方案始终优于传统估计方案。虽然其优越性较小，且并不（总是）显著，但平均投资组合权重的方法明显优于之前的平均预测协方差矩阵的方法，因此我们仍然建议更新估计方案。此外，对传统估计方案的研究结果进一步支持我们的观点，即近似因子模型在所有情况下都优于精确因子模型，同时运用脊正则化和 DCC－NL 的双重压缩估计是协方差矩阵估计中最有用的方法。

我们还分析了投资组合的稳定性和分散性，观察其平均换手率和杠杆率。在所有维度和正则化方法中，精确因子模型比近似因子模型具有更低的换手率和杠杆率。使用新平均方法的组合看起来与传统方法相似，但新的平均方法（平均组合权重）总能降低换手率和杠杆率。

我们的主要目标是改进对高维协方差矩阵的估计，即对二阶矩，而不是对一阶矩的估计。因此，为了进一步证明本章结果的稳健性，看看在更现实的场景中投资组合经理应用我们的估计时表现如何，我们分析了一个带有信号的"完整"马科维茨投资组合。对于动量信号的马科维茨投资组合，近似因子模型也始终优于精确因子模型。更具体地说，最好的 EFM（$K=99$ 的 EFM）的 IR 为 1.73，最差的 AFM（$K=99$ 的 AFM）的 IR 为 1.81。

而对于 AFM，K 的数量对 IR 没有一致的影响，而对于 EFM，因子越多越好。然而，包含 99 个因子的最佳 EFM 也无法拥有优于 AFM 的表现，ANFM 在所有因子上的表现始终优于所有其他模型。Engle 和 Colacito (2006) 主张使用样本外标准差（SD）作为"完整"马科维茨投资组合背景下的表现度量。对于这种度量标准，ARFM 也具有最低的样本外标准差，且其优异表现在统计上总是显著的。最后，当考虑交易成本时，IR 结果仍然是稳健的。尽管 EFM 的换手率低于 AFM，但交易成本为 10 个基点时，AFM 仍然（显著）优于 EFM。

4.4.6 结果小结

我们进行了大量回测分析，评估基于新的 DCC – NL 估计方案的动态双重压缩（近似）因子模型的样本外表现。具体地说，我们将 ARFM 与许多其他策略——各种因子模型和无结构的协方差矩阵估计进行比较——以估计全球最小方差投资组合和带有动量信号的马科维茨投资组合。

首先，我们发现新的 DCC – NL 估计方案在所有因子模型以及所有投资域和因子维度上的表现始终优于之前的估计方案。虽然其优越性较小，且并不（总是）显著，但平均投资组合权重的方法明显优于之前的平均预测协方差矩阵的方法，因此我们仍然建议更新估计方案。

其次，在构建的投资组合中，ARFM 是明显的赢家。在大多数情况下，ARFM 的表现都是最好的，然后是 ANFM、ALFM、AFM、EFM、$1/N$。研究结果表明，对于 AFM，正则化总是有益的，因此我们建议用双重压缩估计更新 De Nard 等（2021b）提出的 AFM – DCC – NL。此外，ARFM 在统计和经济意义上都显著优于 AFM，这为压缩因子提供了统计证据。而对于 AFM，因子个数 K 对估计表现没有一致的影响，而对于 EFM，因子越多越好。然而，即使是包含 99 个因子的最优的 EFM 仍无法优于最差的 AFM。因此，AFM 始终优于 EFM，表明第二次压缩的重要性。我们还进行了几种稳健性检验以确认在不同投资组合规模、因子个数、子区间和更短时间下的结果。

我们证实了 De Nard 等（2021b）的结果，即包含多因子（使用（正则化的）近似多因子模型）不一定会带来更好的表现；相反，由于额外的估计不确定性，这样做实际上不利于估计量的表现。复杂的估计方法似乎不需要额外的因子来改进样本外表现，但市场因子是个例外，即使是使用高维渐近和条件异方差的最前沿的估计量，市场因子也因其重要性而不能被省略。

就投资组合换手率和杠杆率而言，我们发现 EFM 的表现明显优于

AFM。然而，对于具有动量信号的马科维茨投资组合，AFM 仍具有较高的考虑交易成本后的信息比率。

最后，我们发现动态双重压缩因子模型在基于 PCA 的潜因子下表现更好。因此，我们建议避开因子动物园，专注于潜在收益时间序列中的信息，并使用 Bai 和 Ng（2002）提出的因子个数估计方法简单估计潜因子的个数。总之，在所有的协方差矩阵估计方法中，$ARFM_L$ 的表现最好。

4.5 研究结论

本章利用基于高维渐近理论的方法扩展了金融领域协方差矩阵估计的传统方法——因子模型。我们用历史数据证明，将这两种方法结合在一起将会产生更多好处。本章的第一个重要贡献是提出了新的协方差矩阵估计方法，这种方法除了考虑条件异方差，还对因子模型的系数（正则化）进行非线性压缩估计，同时对高维残差与因子协方差矩阵进行非线性压缩估计，典型例子是 $ARFM_{(L)}$ 模型。本章的第二个贡献是提出了一种外推投资策略持有期内的协方差矩阵预测的改进方案，该方案适用于投资策略持有期（月）超过观测数据（日）频率的情况。更具体地说，我们建议对预测的投资组合权重进行平均，而不是对预测的协方差矩阵进行平均。

最后，我们发现带压缩的结构化估计，如脊回归和 DCC - NL，显著提高了协方差矩阵的估计精度。此外，由于精确因子模型的表现始终明显优于近似因子模型，而近似因子模型又不能从大量因子中获利，因此没有必要费力地考虑整个因子动物园。相反，我们认为，在一个基于脊正则化和 DCC - NL 的近似因子模型中，使用 Fama - French 因子，甚至只使用市场因子就足够了。这一发现使得我们的 ARFM 估计对投资组合经理更有吸引力，因为只需要用到市场因子的数据。此外，我们发现所提出的双重压缩估计对潜因子模型更有效。因此，我们建议只关注基础收益时间序列中的信息，并简单计算 $ARFM_L$ 模型的潜在因子。简而言之，对于协方差矩阵的估计，驯服因子动物园显然是有益的，然而，避免它会更好。

综合起来，这些技术有助于投资组合经理制定出更好的投资策略，也能够帮助实证金融学者探索出检验势更高的方法以检验股票横截面收益异象。

4.6 因子计算

我们从证券价格研究中心（CRSP）下载 1972 年 1 月 1 日到 2016 年 12 月 31 日的日度股票收益数据，并关注纽约证券交易所、美国证券交易所和纳斯达克股票交易所的股票。对于（共同）因子的计算，我们遵循 Gu 等（2020）或 Hou 等（2020）的方法，选择的样本包含价格低于 5 美元的股票，股票代码超过 10 和 11 的股票以及金融公司的股票，主要是因为我们想考虑"整个市场"来复制一个异象，并使用价值加权来控制微型股的影响。此外，我们从 DachengXiu 的网页中获得了 Gu 等（2020）使用的 94 个特征（股票层面月度数据）[①]，见第 2 章表 2 - 1。

为了简单起见，我们采用一个惯例，即 21 个连续交易日构成一个"月"，所有投资组合每月更新一次。由于有些股票收益和（或）因子数据的缺失，有完整数据的股票数量随着时间的推移而变化，因此我们的投资域是动态的，投资组合规模 $N_{k,h}$ 随着 $h = 1$，$\cdots$，480 和因子设定 $k = 1$，$\cdots$，94 变化。对于给定的组合 (k, h)，投资域通过如下方式获得。首先，对于每个因子，我们找到在投资日 h 有因子得分 (s) 的股票集合。其次，我们找到在最近的 $T = 1\,260$ 天内有完整历史收益的股票集合，以及在未来 21 天有完整"未来"收益的股票集合。最后，我们合并这两个集合得到投资域 $N_{k,h}$。

在任意投资日 h，对于任意因子 k，新的有效排序组合表示为：

---

① 见 http：//dachxiu. chicagobooth. edu。

$$\min_{w_{k,h}} w'_{k,h} \hat{\Sigma}_{r,k,h} w_{k,h} \qquad (4.21)$$

其中,

$$m'_{k,h} w_{k,h} = m'_{k,h} w^{\text{Qu}}_{k,h} \qquad (4.22)$$

并且

$$\sum_{w^{\text{Gr}}_{k,h,i} < 0} | w^{\text{Gr}}_{k,h,i} | = \sum_{w^{\text{Gr}}_{k,h,i} > 0} | w^{\text{Gr}}_{k,h,i} | = 1 \ \forall \ Gr \in \{ \text{"Micro, Small, Large"} \}$$

$$(4.23)$$

其中 $\hat{\Sigma}_{r,k,h}$ 为 Ledoit 和 Wolf (2020) 基于最近 1 260 个日度收益的分析非线性压缩估计量,大致对应于过去 5 年的数据;$m_{k,h}$ 是 Gu 等 (2020) 中股票层面的特征向量;$w^{\text{Qu}}_{k,h}$ 是 (价值加权和纽约证券交易所断点调整后) 基于分位数的投资组合权重向量。请注意,式 (4.23) 确保投资组合是美元多空中性的,并且对所有三个纽交所断点具有相同的风险暴露。令 $w^{\text{Ef}}_{k,h}$ 表示这一投资问题的解,则在投资组合构建日的投资组合收益为 $f_{k,h} := r'_h w^{\text{Ef}}_{k,h}$。如果投资组合不是每天都更新,那么实际中一般保持股票数量而不是投资组合权重直到下一次投资组合构建时不变;在这种情况下,投资组合在某一天的收益 $f_{k,t}$ 依赖于由投资组合中各股票价格的变动而带来的投资组合权重向量的变化。

4.7 正则化估计算法

对于正则化参数的估计,我们遵循 Gu 等 (2020) 的方法:使用加速近端梯度 (APG) 算法来实现惩罚回归,从而有效实现弹性网、LASSO 和脊回归 (Parikh and Boyd, 2013;Polson et al. , 2013)。我们对数据进行去均值处理,并将正则化的目标函数重写为:

$$\mathcal{L}(\beta_i; \cdot) := \underbrace{\sum_{t=1}^{T} \Big(\tilde{r}_{i,t} - \sum_{k=1}^{K} \tilde{f}_{t,k} \beta_{i,k} \Big)^2}_{\text{Loss Function } \mathcal{L}(\beta_i)} + \overbrace{\phi(\beta_i; \cdot)}^{\text{Penalty}} \qquad (4.24)$$

这里我们省略了对调优参数的依赖。具体地，我们有：

$$
\phi(\beta_i; \cdot) := \begin{cases} \lambda \sum_{k=1}^{K} \beta_{i,k}^2, & \text{ridge} \\[2mm] \lambda \sum_{k=1}^{K} |\beta_{i,k}|, & \text{LASSO} \\[2mm] \lambda \sum_{k=1}^{K} (\gamma \beta_{i,k}^2 + (1-\gamma)|\beta_{i,k}|), & \text{ElasticNet.} \end{cases} \tag{4.25}
$$

近端算法是一类求解凸优化问题的算法，其基础运算是求一个函数的近端算子的值，即求解的是一个小的凸优化问题。在许多情况下，该问题有解析解。近端算子定义为：

$$
\mathbf{prox}_{\rho,g}(\beta_i) := \underset{z}{\mathrm{argmin}} \left\{ g(z) + \frac{1}{2\rho} \|z - \beta_i\|^2 \right\} \tag{4.26}
$$

近端算子的一个重要性质是凸函数 $g(\cdot)$ 的最小算子是 $\mathbf{prox}_g(\cdot)$ 的定点，即当且仅当下式成立时，β_i^* 使 $g(\cdot)$ 最小化：

$$
\beta_i^* = \mathbf{prox}_g(\beta_i^*) \tag{4.27}
$$

近端梯度算法旨在最小化形式为式（4.24）的目标函数，其中损失函数 $\mathcal{L}(\beta_i)$ 是 β_i 的可微函数，但 $\phi(\beta_i; \cdot)$ 不是。利用近端算子的性质，可以证明当且仅当下式成立时，β_i^* 实现最小化式（4.24）：

$$
\beta_i^* = \mathbf{prox}_{\rho,\phi}(\beta_i^* - \rho \nabla \mathcal{L}(\beta_i^*)) \tag{4.28}
$$

由此有了算法 1 的前两个迭代步骤。while 循环中的第三步是加速收敛的 Nesterov 动量调整（Nesterov，1983）。优化问题要求式（4.24）中的近端算子 $\phi(\beta_i; \cdot)$ 有解析解：

$$
\mathrm{prox}_{\rho,\phi}(\beta_i) := \begin{cases} \lambda \dfrac{\beta_i}{1+\lambda\rho}, & \text{Ridge} \\[3mm] \lambda G(\beta_i, \lambda\rho), & \text{LASSO} \\[3mm] \lambda \dfrac{1}{1+\lambda\rho\gamma} G(\beta_i, (1-\gamma)\lambda\rho), & \text{Elastic Net.} \end{cases} \tag{4.29}
$$

其中，$G(x, \mu)$ 为向量值函数，其第 k 个分量定义为：

$$(G(x,\ \mu))_k := \begin{cases} x_k - \mu, & \text{if } x_k > 0 \text{ and } \mu < |x_k| \\ x_k + \mu, & \text{if } x_k < 0 \text{ and } \mu < |x_k| \\ 0, & \mu \geqslant |x_k| \end{cases} \quad\quad (4.30)$$

注意 $(G(x,\ \mu))_k$ 为软阈值算子，因此在 L^2 损失的情况下，近端算法等价于坐标下降算法，见 Daubechies 等（2004）和 Friedman 等（2007）。

算法 1 加速近端梯度法见表 4 – 3。

表 4 – 3   **算法 1 加速近端梯度法**

要求：$\beta_i^0 = 0$，$m = 0$，ρ
1：当 β_i^m 不收敛时，做
2：$\bar{\beta}_i \leftarrow \beta_i^m - \rho \nabla \mathcal{L}(\beta_i^m)$
3：$\tilde{\beta}_i \leftarrow \mathbf{prox}_{\rho,\phi,}(\bar{\beta}_i)$
4：$\beta_i^{m+1} \leftarrow \tilde{\beta}_i + \dfrac{m}{m+3}(\tilde{\beta}_i - \beta_i^m)$
5：$m \leftarrow m+1$
返回：最终的参数估计为 β_i^m

4.8   通过验证进行样本分割和调整

此外，理解我们如何设计不相交子样本来估计引入的正则化因子模型和"参数调整"的概念是很重要的。正则化过程依赖"调整参数"的选择，这是防止过度拟合的主要手段。由于控制着模型的复杂性，这些参数对正则化方法的表现至关重要。更具体地说，调整参数 λ 控制（系数）压缩量，调整参数 γ 优化（变量）选择和（系数）压缩之间的权衡。

我们遵循文献中最常见的方法，从验证样本中的数据中自适应地选择调整参数（Gu et al., 2020）。特别地，我们将（估计）样本（$T = 1\ 260$）划分为两个不相交且不改变顺序的时间段。第一个（"训练"）子样本

（$T_1 = T \times 2/3 = 840$）用于估计调整参数值已设定的模型。第二个（"验证"）子样本（$T_2 = T \times 1/3 = 420$）用于调整参数。我们根据来自训练样本的估计模型来预测验证样本中的数据点。接下来，我们根据验证样本的预测误差计算目标函数，并迭代搜索优化验证目标的参数（在每一步中，根据服从于优化参数值的训练数据重新对模型进行估计）。

调整参数是从考虑估计参数的验证样本中选择的，但参数是单纯训练数据中估计的。验证的思想是对模型进行模拟样本外测试。参数调整相当于搜索模型的复杂程度，从而产生可靠的样本外表现。验证样本拟合值不是真正的样本外数据，因为它们是用于参数调整的，而调整参数又是估计模型的输入量。

我们的惩罚回归使用加速近端梯度（APG）算法实现，这种算法能有效实现弹性网络，LASSO 和脊回归（Parikh and Boyd，2013；Polson et al.，2013）。

4.9 稳健性检验

4.9.1 投资域维度

作为第一个稳健性检验，我们在表 4 - 4 ~ 表 4 - 5 中报告了 $N = 100$ 500 的投资组合维度的结果。结果与 $N = 1\ 000$ 的结果一致。对于所有的投资组合规模，每个模型的表现都始终优于 $1/N$，近似因子模型优于精确因子模型。更具体地说，对于 $N = 500$，最好的 EFM（EFM $K = 99$）的 SD 为 9.020，最差的 AFM（AFM $K = 99$）的 SD 为 8.400；$N = 100$ 时，最优 EFM（ERFM $K = 99$）的 SD 为 12.194，最差的 AFM（AFM $K = 1$）的 SD 为 11.901。此外，对于 AFM，因子个数 K 对其估计表现没有一致的影响，而是取决于具体情况（N 和 K 的大小，以及 AFM 版本），而对于 EFM，因子越多越好。然而，最好的 EFM（$K=99$）仍不足以超越最差的 AFM（$K=1$）。

表 4−4　$N=100$ 基于不同协方差估计量构建 GMV 投资组合的表现

	1/N	EFM	ERFM	ELFM	ENFM	AFM	ARFM	ALFM	ANFM
				$N=1\,000$					
				$K=1$					
AV	12.759	12.547	12.568	12.679	12.010	11.391	10.512	11.268	10.935
SD	17.871	14.558	12.745	14.105	13.505	11.901	11.756	**11.734** ***	11.883
IR	0.714	0.862	0.986	0.899	0.889	0.957	0.894	0.960	0.920
				$K=3$					
AV	12.759	11.984	11.710	11.989	12.019	10.484	10.057	10.572	10.786
SD	17.871	13.618	12.389	13.307	13.306	11.878	**11.589** ***	11.679	11.704
IR	0.714	0.880	0.945	0.901	0.903	0.883	0.868	0.905	0.922
				$K=5$					
AV	12.759	12.420	11.558	12.279	12.158	10.109	10.152	10.498	10.741
SD	17.871	13.095	12.293	12.903	13.170	11.873	11.554	11.675	11.777
IR	0.714	0.948	0.940	0.952	0.923	0.851	0.879	0.899	0.912
				$K=48$					
AV	12.759	11.718	12.049	12.391	12.444	10.162	10.395	10.651	10.778
SD	17.871	12.482	12.222	12.574	12.935	11.835	**11.515** ***	11.604	11.731
IR	0.714	0.939	0.986	0.985	0.962	0.859	0.903	0.918	0.919
				$K=99$					
AV	12.759	11.702	11.796	12.199	12.497	9.808	10.406	10.526	11.265
SD	17.871	12.311	12.194	12.500	12.904	11.855	**11.493** ***	11.649	11.679
IR	0.714	0.950	0.967	0.976	0.968	0.827	0.905	0.904	0.965

注：AV 代表年化平均收益（百分比）；SD 为年化标准差（百分比）；IR 表示年化信息比率。所有指标均基于 1982 年 1 月 1 日至 2016 年 12 月 31 日的 8 820 个每日样本外收益。在标为 SD 的行中，最小值以粗体显示。在标记为 ARFM 的列中，在 SD 方面显著优于 AFM 的表现用星号表示：*** 表示在 0.01 的水平上显著；** 表示在 0.05 的水平上显著；* 表示在 0.1 的水平上显著。

表4-5　$N=500$ 基于不同协方差估计量构建 GMV 投资组合的表现

	1/N	EFM	ERFM	ELFM	EEFM	AFM	ARFM	ALFM	AEFM
				$N=500$					
				$K=1$					
AV	13.541	12.777	12.485	12.770	12.386	13.121	11.675	12.982	13.052
SD	17.424	12.495	10.700	12.060	11.682	8.371	**8.086** ***	8.231	8.303
IR	0.777	1.023	1.167	1.059	1.060	1.567	1.444	1.577	1.572
				$K=3$					
AV	13.541	12.782	12.350	12.823	12.116	12.798	11.957	12.713	12.803
SD	17.424	11.814	10.222	11.308	11.378	8.356	**8.049** ***	8.292	8.261
IR	0.777	1.082	1.208	1.134	1.065	1.532	1.486	1.533	1.550
				$K=5$					
AV	13.541	13.392	12.383	13.221	12.328	12.663	12.134	12.537	12.767
SD	17.424	11.358	10.041	10.898	11.200	8.373	**8.035** ***	8.305	8.254
IR	0.777	1.179	1.233	1.213	1.101	1.509	1.510	1.509	1.547
				$K=48$					
AV	13.541	13.327	13.073	13.684	12.810	12.424	12.383	12.596	12.866
SD	17.424	9.353	9.773	9.689	10.564	8.397	**7.966** ***	8.269	8.229
IR	0.777	1.425	1.338	1.412	1.213	1.480	1.555	1.523	1.564
				$K=99$					
AV	13.541	13.218	12.967	13.769	13.198	12.227	12.362	12.330	12.907
SD	17.424	9.020	9.675	9.544	10.492	8.400	**7.992** ***	8.309	8.191
IR	0.777	1.465	1.340	1.443	1.258	1.456	1.547	1.484	1.576

注：AV 代表年化平均收益（百分比）；SD 为年化标准差（百分比）；IR 表示年化信息比率。所有指标均基于 1982 年 1 月 1 日至 2016 年 12 月 31 日的 8 820 个每日样本外收益。在标为 SD 的行中，最小值以粗体显示。在标记为 ARFM 的列中，在 SD 方面显著优于 AFM 的表现用星号表示：*** 表示在 0.01 的水平上显著；** 表示在 0.05 的水平上显著；* 表示在 0.1 的水平上显著。

对于 EFM，正则化（特别是脊正则化）对于较小的 N 和（或）K 维度是有益的。此外，ARFM 在所有投资组合规模和因子数量上的表现始终优于所有其他模型。ARFM 的表现总是在统计上和经济意义上都显著优于 AFM①。因此，就投资域维度而言，至少对于 $N \geqslant 100$ 的高维度而言，因子模型结构、大小和正则化方法的结果是稳健的。

表 4 - 6 和表 4 - 7 中展示了基于 $N = 100$，500 时潜因子模型的结果，为我们的发现提供了进一步的支持。

表 4 - 6　　　$N = 100$ 基于不同（潜）协方差估计量构建 GMV 投资组合的表现

	EFM_L	ERFM_L	ELFM_L	ENFM_L	AFM_L	ARFM_L	ALFM_L	ANFM_L
				$N = 100$				
				$K = 1$				
AV	12.004	12.041	12.066	12.023	11.580	10.773	11.289	11.509
SD	14.438	12.610	14.044	13.231	11.976	11.845 **	**11.808**	11.809
IR	0.831	0.955	0.859	0.909	0.967	0.910	0.956	0.975
				$K = 3$				
AV	12.601	12.473	12.220	12.084	10.759	9.921	10.597	11.192
SD	13.303	12.355	12.793	13.146	11.998	**11.599** ***	11.668	11.567
IR	0.947	1.010	0.955	0.919	0.897	0.855	0.908	0.968
				$K = 5$				
AV	10.683	11.543	10.673	12.286	10.973	10.537	10.870	11.596
SD	12.531	12.143	12.175	13.060	11.891	**11.527** ***	11.648	11.547
IR	0.853	0.951	0.877	0.941	0.923	0.914	0.933	1.004
				$K = \text{Opt}$				
AV	11.875	13.104	11.810	12.294	11.238	10.921	11.220	11.472
SD	12.475	12.142	12.209	12.731	11.889	**11.475** ***	11.748	11.923
IR	0.952	1.079	0.967	0.966	0.945	0.952	0.955	0.962

注：AV 代表年化平均收益（百分比）；SD 为年化标准差（百分比）；IR 表示年化信息比率。所有指标均基于 1982 年 1 月 1 日至 2016 年 12 月 31 日的 8 820 个每日样本外收益。在标为 SD 的行中，最小值以粗体显示。在标记为 ARFM_L 的列中，在 SD 方面显著优于 AFM_L 的表现用星号表示：*** 表示在 0.01 的水平上显著；** 表示在 0.05 的水平上显著；* 表示在 0.1 的水平上显著。

---

① 只有当 $N = 100$ 且 $K = 1$ 时 ALFM 最优。

表 4 – 7　　N = 500 基于不同（潜）协方差估计量构建 GMV 投资组合的表现

	EFM$_L$	ERFM$_L$	ELFM$_L$	ENFM$_L$	AFM$_L$	ARFM$_L$	ALFM$_L$	ANFM$_L$
				N = 500				
				K = 1				
AV	12.307	12.030	12.269	12.393	13.095	11.833	13.002	13.221
SD	12.619	10.485	12.218	11.200	8.418	**8.102** ***	8.291	8.371
IR	0.975	1.147	1.004	1.107	1.555	1.461	1.568	1.579
				K = 3				
AV	12.389	12.400	12.661	12.398	12.513	11.700	12.632	13.325
SD	11.474	9.941	10.729	10.686	8.403	**7.940** ***	8.237	8.172
IR	1.080	1.247	1.180	1.160	1.489	1.474	1.533	1.631
				K = 5				
AV	12.244	12.332	12.268	12.538	12.270	11.800	12.230	13.367
SD	9.604	9.571	9.307	10.623	8.533	**7.984** ***	8.367	8.197
IR	1.275	1.288	1.318	1.180	1.438	1.478	1.462	1.631
				K = Opt				
AV	13.136	13.292	13.044	12.746	12.451	11.750	12.271	12.032
SD	8.993	9.544	8.776	9.202	8.434	**7.915** ***	8.305	8.460
IR	1.461	1.393	1.486	1.385	1.476	1.484	1.478	1.422

注：AV 代表年化平均收益（百分比）；SD 为年化标准差（百分比）；IR 表示年化信息比率。所有指标均基于 1982 年 1 月 1 日至 2016 年 12 月 31 日的 8 820 个每日样本外收益。在标为 SD 的行中，最小值以粗体显示。在标记为 ARFM$_L$ 的列中，在 SD 方面显著优于 AFM$_L$ 的表现用星号表示：*** 表示在 0.01 的水平上显著；** 表示在 0.05 的水平上显著；* 表示在 0.1 的水平上显著。

4.9.2　子期间分析

我们给出了整个样本外时期（1982 年 1 月 1 日至 2016 年 12 月 31日）的"单一"结果。人们可能很自然地会问，各种模型的相对表现在这段时间内是否稳定，或者它是否在某些子时期发生变化，如繁荣时期与萧条时期。为了通过稳健性检验来解决这个问题，我们基于较短的样本外周期进行滚动窗口分析：1 个月（21 天）、1 年（252 天）和 5 年（1 260 天）。结果显示在图 4 - 3 中，其中任何给定的数字表示当天结束的对应子周期的样本外标准差（SD）。可以看出，随着时间的推移，相对表现非常稳定，特别是 ARFM 在所有子周期和较短的时间中表现最好。

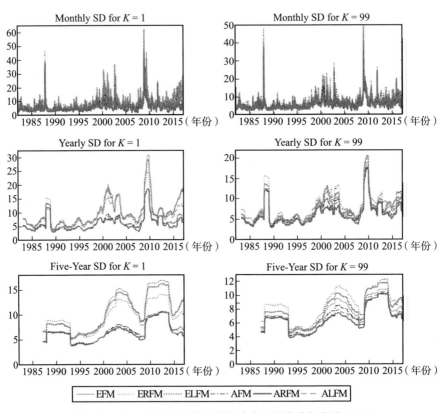

图 4 - 3　$N = 1\ 000$ 时各模型的滚动窗口样本外标准差（SD）

注：样本外周期分别为 1 个月、1 年和 5 年。任何给定的数字表示在当天结束的相应子周期内的样本外标准差（SD）。出于易读性考虑，我们没有绘制包含弹性网惩罚的精确和近似因子模型的结果。总体上看，该方法的表现优于 LASSO 方法，但劣于脊正则化方法。

为便于阅读，图 4 - 3 中显示的结果是基于最大投资域（$N = 1\ 000$）的最小（$K = 1$）和最大（$K = 99$）的因子模型。在其他投资域和因子维度上也可以得到类似的结果。

4.9.3　投资组合权重平均方案

本节给出的结果针对的是第 3 节中介绍的新估计方案。现在，我们将建议的投资组合平均方案（表 4 - 1、表 4 - 4 和表 4 - 5）的结果与表 4 - 8 中 De Nard 等（2021）提出的传统（预测的）协方差矩阵平均方案进行比较。首先，我们看到，在所有因子模型以及在所有投资域和因子维度中，新的估计方案始终优于传统估计方案。虽然新方案的优越性并不（总是）显著，但由于平均投资组合权重的方法总是优于之前的平均预测协方差矩阵的方法，我们仍然建议更新估计方案。

此外，对传统估计方案的研究结果进一步支持近似因子模型在所有情况下都优于精确因子模型这一观点，综合使用脊正则化和 DCC - NL 的双重压缩估计似乎对协方差矩阵估计来说是最有用的方法。

4.9.4　投资组合换手率和杠杆率

为了分析投资组合的稳定性和分散性，我们报告了平均换手率和杠杆率的结果，定义如下：

TO：我们计算平均（月）换手率为 $\frac{1}{419}\sum_{h=1}^{419}\|\hat{w}_{h+1}-\hat{w}_h^{hold}\|_1$ ，$\|\cdot\|_1$ 表示 L^1 范数，而 $\hat{w}_h^{hold}$ 表示月底"持有"投资组合权重的向量①。

GL：我们计算平均（月）总杠杆为 $\frac{1}{420}\sum_{h=1}^{420}\|\hat{w}_h\|_1$ 。

---

　　① 向量 $\hat{w}_h^{hold}$ 是由组合的初始权重向量 $\hat{w}_h$ 以及组合中 N 只股票在第 h 个月的价格变化所决定的。

表4-8　传统预测方案基于不同近似因子模型构建 GMV 投资组合

	N=100				N=500				N=1 000			
	$\widetilde{ANFM}$	$\widetilde{AFM}$	$\widetilde{ARFM}$	$\widetilde{ALFM}$	$\widetilde{ANFM}$	$\widetilde{AFM}$	$\widetilde{ARFM}$	$\widetilde{ALFM}$	$\widetilde{ANFM}$	$\widetilde{AFM}$	$\widetilde{ARFM}$	$\widetilde{ALFM}$
							$K=1$					
AV	11.341	10.497	11.215	10.887	13.124	11.709	12.989	13.081	13.683	12.403	13.649	13.658
SD	11.915	11.774 ***	11.749 ***	11.892	8.390	8.123 ***	8.254	8.323	6.864	6.511	6.799 ***	6.818
IR	0.952	0.892	0.955	0.915	1.564	1.441	1.574	1.572	1.993	1.905	2.007	2.003
							$K=3$					
AV	10.449	10.043	10.534	10.740	12.812	12.006	12.729	12.834	13.278	12.592	13.374	13.391
SD	11.883 ***	11.599 ***	11.685	11.704	8.370	8.081 ***	8.310	8.275	6.828	6.552	6.853 ***	6.807
IR	0.879	0.866	0.901	0.918	1.531	1.486	1.532	1.551	1.945	1.922	1.951	1.967
							$K=5$					
AV	10.094	10.145	10.472	10.694	12.657	12.188	12.558	12.799	13.119	12.761	13.254	13.499
SD	11.878 ***	11.564 ***	11.680	11.774	8.385	8.065 ***	8.321	8.265	6.846	6.552	6.853 ***	6.787
IR	0.850	0.877	0.897	0.908	1.509	1.511	1.509	1.549	1.916	1.948	1.934	1.989

续表

	N = 100				N = 500				N = 1 000			
	$\widehat{ANFM}$	$\widehat{AFM}$	$\widehat{ARFM}$	$\widehat{ALFM}$	$\widehat{ANFM}$	$\widehat{AFM}$	$\widehat{ARFM}$	$\widehat{ALFM}$	$\widehat{ANFM}$	$\widehat{AFM}$	$\widehat{ARFM}$	$\widehat{ALFM}$
							$K = 48$					
AV	10.141	10.381	10.608	10.737	12.428	12.429	12.605	12.903	12.917	13.032	13.174	13.674
SD	11.840	11.522***	11.608	11.729	8.404	7.991***	8.286	8.238	6.881	6.553	6.856***	6.769
IR	0.857	0.901	0.914	0.915	1.479	1.555	1.521	1.566	1.877	1.989	1.921	2.020
							$K = 99$					
AV	9.794	10.388	10.477	11.234	12.234	12.385	12.325	12.936	12.914	13.161	13.149	13.666
SD	11.863	11.502***	11.655	11.677	8.410	8.012***	8.326	8.201	6.905	6.609	6.884***	6.761
IR	0.826	0.903	0.899	0.962	1.455	1.546	1.480	1.577	1.870	1.991	1.910	2.021

注：AV 代表年化平均收益（百分比）；SD 为年化标准差（百分比）；IR 表示年化信息比率。所有指标均基于 1982 年 1 月 1 日至 2016 年 12 月 31 日的 8 820 个每日样本外回报。在标为 SD 的行中，如果该数字低于表 4 - 1，表 4 - 4 和表 4 - 5 中新方法的值，则以粗体显示。在标有 $\widehat{ARFM}$ 的列中，就 SD 而言，显著优于 $\widehat{AFM}$ 的表现用星号表示：*** 表示在 0.01 水平上显著；** 表示在 0.05 水平上显著；* 表示在 0.1 水平上显著。

PL：我们计算平均（月）杠杆比例为 $\dfrac{1}{420 \times N} \sum\limits_{h=1}^{420} \sum\limits_{i=1}^{N} \mathbb{1}_{\{\hat{w}_{i,h}<0\}}$，其中 $\mathbb{1}_{\{\cdot\}}$ 表示指标函数。

表4-9和表4-10报告了结果，且可以总结如下：除非另有说明，研究结果是以每月平均换手率作为表现测度。注意，在优化过程中，我们没有对杠杆和换手率进行限制。

表4-9　基于不同（潜）协方差矩阵估计量构建 GMV 投资组合的月平均换手率和杠杆率

	EFM_L	ERFM_L	ELFM_L	ENFM_L	AFM_L	ARFM_L	ALFM_L	ANFM_L
				$N=1\ 000$				
				$K=1$				
TO	**0.240**	1.041	0.253	0.245	1.292	1.705	1.280	1.547
GL	2.217	**1.767**	2.141	1.878	3.395	2.959	3.264	3.159
PL	0.475	**0.387**	0.467	0.429	0.458	0.469	0.453	0.485
				$K=3$				
TO	0.395	1.566	0.437	**0.279**	1.162	1.721	1.164	1.526
GL	2.932	2.052	2.775	**1.904**	3.516	2.955	3.314	3.136
PL	0.431	**0.370**	0.428	0.419	0.457	0.471	0.456	0.485
				$K=5$				
TO	0.470	1.721	0.533	**0.289**	1.135	1.736	1.157	1.524
GL	3.127	2.134	2.939	**1.905**	3.573	2.964	3.346	2.131
PL	0.445	**0.386**	0.441	0.422	0.457	0.470	0.455	0.485
				$K=\text{Opt}$				
TO	**0.512**	1.831	0.588	0.622	1.068	1.638	1.088	1.137
GL	3.249	**2.202**	3.044	2.857	3.460	2.867	3.223	3.129
PL	**0.458**	0.398	0.452	0.437	0.456	0.468	0.453	0.455

注：TO 代表营业额，GL 代表总杠杆率，PL 表示杠杆比例。所有指标都是基于 1982 年 1 月至 2016 年 12 月样本外 420 个月投资组合权重向量的平均值。在所有行中，最低值以粗体显示。

表 4 – 10　　　　基于不同协方差矩阵估计量构建 GMV 投资组合的

月平均换手率和杠杆率

	EFM	AFM	$\widetilde{\text{AFM}}$	ERFM	ARFM	$\widetilde{\text{ARFM}}$	ELFM	ALFM	$\widetilde{\text{ALFM}}$	ENFM	ANFM	$\widetilde{\text{ANFM}}$
					$N = 1\,000$							
					$K = 1$							
TO	**0. 223**	1. 339	1. 351	0. 956	1. 731	1. 755	0. 233	1. 329	1. 340	0. 266	1. 388	1. 401
GL	2. 109	3. 373	3. 393	**1. 713**	2. 979	3. 012	2. 037	3. 258	3. 278	1. 979	3. 220	3. 243
PL	0. 446	0. 465	0. 465	**0. 365**	0. 474	0. 475	0. 437	0. 462	0. 462	0. 420	0. 465	0. 466
					$K = 3$							
TO	**0. 299**	1. 242	1. 252	1. 220	1. 688	1. 712	0. 344	1. 248	1. 258	0. 371	1. 339	1. 352
GL	2. 508	3. 381	3. 394	**1. 805**	2. 910	2. 940	2. 320	3. 190	3. 205	2. 207	3. 175	3. 194
PL	0. 455	0. 460	0. 460	**0. 374**	0. 472	0. 472	0. 447	0. 456	0. 457	0. 430	0. 461	0. 462
					$K = 5$							
TO	**0. 358**	1. 199	1. 208	1. 343	1. 665	1. 688	0. 417	1. 214	1. 223	0. 422	1. 332	1. 345
GL	2. 725	3. 398	3. 408	**1. 848**	2. 900	2. 928	2. 448	3. 165	3. 178	2. 278	3. 164	3. 183
PL	0. 460	0. 460	0. 460	**0. 377**	0. 472	0. 472	0. 450	0. 456	0. 456	0. 432	0. 461	0. 462
					$K = 48$							
TO	0. 517	1. 142	1. 152	1. 489	1. 725	1. 744	0. 501	1. 170	1. 180	**0. 477**	1. 319	1. 333
GL	3. 097	3. 492	3. 502	**2. 048**	2. 990	3. 016	2. 538	3. 131	3. 143	2. 168	3. 057	3. 078
PL	0. 457	0. 459	0. 459	**0. 388**	0. 473	0. 474	0. 442	0. 458	0. 459	0. 404	0. 467	0. 468
					$K = 99$							
TO	0. 570	1. 173	1. 186	1. 586	1. 777	1. 798	0. 495	1. 199	1. 210	**0. 468**	1. 369	1. 384
GL	3. 213	3. 532	3. 544	**2. 049**	3. 034	3. 062	2. 532	3. 131	3. 145	2. 100	3. 052	3. 076
PL	0. 460	0. 459	0. 460	**0. 390**	0. 475	0. 476	0. 440	0. 460	0. 460	0. 394	0. 471	0. 472

注：TO 代表营业额，GL 代表总杠杆率，PL 表示杠杆比例。所有指标都是基于 1982 年 1 月至 2016 年 12 月样本外 420 个月投资组合权重向量的平均值。在所有行中，最低值以粗体显示。

在所有维度和正则化方法中，精确因子模型比近似因子模型具有更低的换手率和杠杆率。

对于 Fama – French 因子模型（$K \leqslant 5$），EFM 总体上是最好的，而对

于大因子模型（$K \geqslant 48$），具有弹性网络正则化的 EFM 具有最低的 TO。

就杠杆率（总量和比例）而言，ERFM 始终且显著优于所有其他模型。

虽然新平均方案的投资组合看起来与传统方法相似，但新的方案总能减少换手率和杠杆率。

注意，对于较小的投资组合规模（$N = 100$，500），投资组合换手率和杠杆率结果是一致的。从表 4 – 10 中我们可以看到，一般来说，（平均）换手率和杠杆率不仅随着股票维度增加，还随着因子维度增加。

由于以下两个原因，我们没有提供扣除交易成本后的表现测度。首先，我们没有在任何（GMV）投资组合优化过程中对周转、杠杆或交易成本施加限制，当然，现实生活中的投资组合经理会在不同程度上受到限制；但本章的重点是研究协方差矩阵各估计量的准确性，这是一个不依赖于交易成本的问题。其次，一直以来，使用哪种交易成本一直存在分歧，许多论文中使用的交易成本是 50 个基点。但在当今时代，对于交易流动性最强的 1 000 只美国股票的经理人来说，平均交易成本通常在 5 个基点以下。

无论交易成本大小，通过表 4 – 10 所示的结果，读者们可以粗略地了解到，对于任何交易成本的选择，根据经验法则，由于（每月）周转造成的收益损失是周转次数乘以所选交易成本的两倍。例如，假设交易成本为 5 个基点，根据这一法则，一次周转将导致（每月）10 个基点的收益损失。

4.9.5　基于动量信号的马科维茨投资组合

请记住，我们的主要目标是改进（高维）协方差矩阵的估计，即对二阶矩，而不是对一阶矩的估计。为了进一步验证研究结果的稳健性，并看看在更现实的场景中投资组合经理应用我们的估计时表现如何，我们现在将注意力转向带有信号的"完整"马科维茨投资组合。

我们已经记录了大量可以用于在实践中构造信号的变量。出于简单和再现性的考虑，我们使用 Jegadeesh 和 Titman（1993）的著名动量因子（简称动量），对于给定的投资周期 h 和给定的股票，动量是该股票之前

252 个日度收益的几何平均值，但不包括最近 21 个日收益；或者说，使用最近一年的几何平均值，但不包括最近一月。收集投资组合中包含的所有 N 只股票的动量，就会产生收益预测信号，用 m_t 表示。

在没有卖空约束的情况下，投资问题被表述为：

$$\min_{w} w' \boldsymbol{\Sigma}_{r,t} \omega \tag{4.31}$$

其中，

$$w' m_t = b \tag{4.32}$$

且

$$w' \mathbb{1} = 1 \tag{4.33}$$

其中，b 是选定的目标预期收益。这一问题的解析解为：

$$w = c_1 \boldsymbol{\Sigma}_{r,t}^{-1} \mathbb{1} + c_2 \boldsymbol{\Sigma}_{r,t}^{-1} m_t \tag{4.34}$$

$$c_1 := \frac{C - bB}{AC - B^2} \text{且} \ c_2 := \frac{bA - B}{AC - B^2} \tag{4.35}$$

其中，

$$A := \mathbb{1}' \boldsymbol{\Sigma}_{r,t}^{-1} \mathbb{1}, \ B := \mathbb{1}' \boldsymbol{\Sigma}_{r,t}^{-1} b, \ C := m_t' \boldsymbol{\Sigma}_{r,t}^{-1} m_t \tag{4.36}$$

实证分析中的常用策略是用式（4.34）~式（4.36）中的估计量 $\hat{\boldsymbol{\Sigma}}_{r,t}$ 替换未知的 $\boldsymbol{\Sigma}_{r,t}$ 来得到一个可行的投资组合。基于与 GMV 投资组合相同的论证，我们遵循新的估计方案，对所有每日预测投资组合进行平均：

$$\hat{w} := \frac{1}{L} \sum_{l=0}^{L-1} c_{1,t+l} \hat{\boldsymbol{\Sigma}}_{r,t+l}^{-1} \mathbb{1} + c_{2,t+l} \hat{\boldsymbol{\Sigma}}_{r,t+l}^{-1} m_t \tag{4.37}$$

其中，

$$c_{1,t+l} := \frac{C_{t+l} - bB_{t+l}}{A_{t+l} C_{t+l} - B_{t+l}^2} \text{且} \ c_{2,t+l} := \frac{bA_{t+l} - B_{t+l}}{A_{t+l} C_{t+l} - B_{t+l}^2} \tag{4.38}$$

$$A_{t+l} := \mathbb{1}' \hat{\boldsymbol{\Sigma}}_{r,t+l}^{-1} \mathbb{1}, \ B_{t+l} := \mathbb{1}' \hat{\boldsymbol{\Sigma}}_{r,t+l}^{-1} b, C_{t+l} := m_t' \hat{\boldsymbol{\Sigma}}_{r,t+l}^{-1} m_t \tag{4.39}$$

除了基于式（4.37）~式（4.39）的马科维茨投资组合，我们还将后 1/5 股票（根据动量排序）的等权重投资组合作为简单的基准。这个投资组合是根据股票的动量从低到高对股票进行排序，然后对动量最高的 20% 的股票，也就是后 1/5 的股票赋予同等的权重。我们用 EW - TQ 表示这个投资组合。

我们的观点是，在"完整的"马科维茨投资组合的背景下，最重要的表现衡量指标是样本外信息比（IR）。在"理想"投资问题式（4.34）～式（4.36）中，对于固定目标预期收益 b，方差最小化相当于信息比最大化。在实证分析中，由于信号中存在估计误差，各种策略的预期收益并不相同，仅关注样本外标准差是不合适的。

我们还报告了（年化的）风险调整表现衡量净交易成本的比率 $\widetilde{IR} = \widetilde{AV}/\widetilde{SD}$，其中 $\widetilde{AV}$ 是平均值，$\widetilde{SD}$ 是在折现 10 个基点的交易成本后的样本外收益的标准差。

可观测因子模型的结果如表 4－11 所示，可以总结如下：除非另有说明，研究结果是将样本外信息比作为表现衡量指标。

表 4－11 　　　$N = 1\,000$ 基于不同协方差估计量构建马科维茨投资组合的表现

	EW－TQ	EFM	ERFM	ELFM	ENFM	AFM	ARFM	ALFM	ANFM
					$N = 1\,000$				
					$K = 1$				
AV	16.457	16.047	15.888	16.133	15.699	15.606	13.947	15.525	15.524
SD	20.645	12.972	12.130	12.781	12.580	8.019	7.588 ***	7.977	7.984
IR	0.797	1.237	1.310	1.262	1.248	1.946	1.838	1.946	**1.946** ***
$\widetilde{IR}$	0.764	1.165	1.176	1.189	1.173	1.675	1.500	**1.675**	1.667 ***
					$K = 3$				
AV	16.457	16.174	16.218	16.611	15.633	15.223	14.272	15.336	15.282
SD	20.645	12.068	11.338	11.700	12.009	8.034	7.652 ***	8.051	7.997
IR	0.797	1.340	1.430	1.420	1.302	1.895	1.865	1.905	**1.911** ***
$\widetilde{IR}$	0.764	1.255	1.258	1.328	1.215	2.638	1.537	**1.648**	1.641 ***
					$K = 5$				
AV	16.457	16.303	16.120	16.903	15.765	15.022	14.443	15.213	15.362
SD	20.645	11.624	11.048	11.264	11.816	8.062	7.673 ***	8.055	8.002
IR	0.797	1.403	1.459	1.501	1.334	1.863	1.882	1.889	**1.920** ***
$\widetilde{IR}$	0.764	1.309	1.270	1.400	1.243	1.612	1.558	1.636	**1.651** ***

续表

	EW – TQ	EFM	ERFM	ELFM	ENFM	AFM	ARFM	ALFM	ANFM
					$N=1\,000$				
					$K=48$				
AV	16.457	15.580	16.054	16.675	15.953	14.801	14.649	15.060	15.617
SD	20.645	9.266	10.443	9.899	11.432	8.107	7.690 ***	8.088	7.962
IR	0.797	1.681	1.537	1.684	1.395	1.826	1.905	1.862	**1.962 ***
$\widetilde{IR}$	0.764	1.547	1.323	1.565	1.300	1.584	1.575	1.620	**1.695 ***
					$K=99$				
AV	16.457	15.343	15.706	16.619	16.118	14.712	14.827	15.033	15.582
SD	20.645	8.882	10.221	9.716	11.457	8.116	7.761 ***	8.115	7.955
IR	0.797	1.728	1.537	1.710	1.407	1.813	1.911	1.852	**1.959 ***
$\widetilde{IR}$	0.764	1.580	1.310	1.590	1.313	1.567	1.574	1.608	**1.686 ***

注：AV 代表年化平均收益（百分比）；SD 为年化标准差（百分比）；IR 表示年化信息比率；$\widetilde{IR}$ 为年化净交易成本信息比率。所有指标均基于 1982 年 1 月 1 日至 2016 年 12 月 31 日的 8 820 个日样本外回报。在标记为 IR 和 $\widetilde{IR}$ 的行中，最大值以粗体显示。在标记为 ANFM 的列中，IR 方面显著优于 ENFM 的表现用星号表示。在标记为 ARFM 的列中，就 SD 而言，显著优于 AFM 的表现用星号表示：*** 表示在 0.01 的水平上显著；** 表示在 0.05 的水平上显著；* 表示 0.1 的水平上显著。

（1）所有模型的表现都显著优于 EW – TQ。

（2）近似因子模型始终优于精确因子模型。更具体地说，最好的 AFM（$K=99$ 的 EFM）的 IR 为 1.73，最差的 AFM（$K=99$ 的 AFM）的 IR 为 1.81。

（3）对于 AFMs，因子个数 K 对 SR 没有一致的影响，而是取决于具体情况，而对于 EFMs，因子越多越好。然而，最好的 EFM（EFM$K=99$）仍不足以超越最坏的 AFM（AFM $K=1$）。

（4）ANFM 在所有因子上的表现始终优于其他所有模型。

（5）Engle 和 Colacito（2006）主张使用样本外标准差（SD）作为"完整"马科维茨投资组合背景下的表现衡量指标。对于这种替代标准，ARFM 具有最低的样本外标准差，且这种优异表现在统计上总是显著的。

（6）最后，计算结果与净交易成本 IR 一致。尽管 EFM 的换手率低于 AFM，但在交易成本为 10 个基点的情况下，AFM 仍（显著）优于 EFM 和

EW – TQ 组合。

我们还考虑了 AFM 优于 EFM 的表现是否具有统计学意义这一问题。更具体地说，在一定统计显著性水平上，ANFM 比 ENFM 提供了更高的（扣除交易成本后）样本外信息比率。对于给定的因子和投资范围大小，通过 Ledoit 和 Wolf（2008）中描述的预白化 HAC_{PW} 方法[①]，可以获得原假设为信息比相等的双侧 p 值。

DeMiguel 等（2009）指出，就样本外夏普比率而言，"复杂"投资组合（即估计输入参数的马科维茨投资组合）很难优于 $1/N$。对比表 4 – 1 可以看出，所有基于（简单）动量信号的模型在样本外信息比上的表现一致优于 $1/N$，在样本外夏普比上的表现优于 $1/N$。尽管动量不是一个非常强大的收益预测信号，但与 $1/N$ 相比，其优势也是明显的。例如，$1/N$ 的信息比只有 0.80，而 ANFM 的信息比大于 1.91，是其两倍多。

为了完整起见，我们还在表 4 – 12 中报告了潜在因子模型的结果。结果与（讨论的）可观测因子模型一致，但潜在因子仍然可以轻微提高投资组合的表现。更具体地说，$ANFM_L$ 提供了最高的样本外 IR，因此我们发现更多的证据使用正则化潜在因子模型而非可观测因子模型。

表 4 – 12　$N = 1\,000$ 基于不同（潜）协方差估计量构建马科维茨投资组合的表现

	EW – TQ	EFM_L	$ERFM_L$	$ELFM_L$	$ENFM_L$	AFM_L	$ARFM_L$	$ALFM_L$	$ANFM_L$
					$N = 1\,000$				
					$K = 1$				
AV	16.457	15.690	15.525	15.758	15.409	15.667	13.947	15.596	15.466
SD	20.645	13.036	12.145	12.883	12.443	8.081	7.605 ***	8.040	7.936
IR	0.797	1.204	1.278	1.223	1.238	1.939	1.834	1.940	**1.949** ***
$\widetilde{IR}$	0.764	1.131	1.138	1.149	1.164	1.676	1.499	**1.678**	1.652 ***

---

① 由于样本外容量在 8 820 处非常大，因此不需要使用 Ledoit 和 Wolf（2008）中描述的计算成本更高的 bootstrap 方法，该方法是小样本容量的首选方法。

续表

$N = 1\,000$									
	EW – TQ	EFM_L	ERFM_L	ELFM_L	ENFM_L	AFM_L	ARFM_L	ALFM_L	ANFM_L
$K = 3$									
AV	16.457	17.007	16.888	17.124	15.510	15.365	13.832	15.498	15.559
SD	20.645	11.816	11.068	11.354	11.869	8.088	7.583 ***	8.045	7.870
IR	0.797	1.439	1.526	1.508	1.307	1.900	1.824	1.927	**1.977** ***
$\widetilde{\text{IR}}$	0.764	1.348	1.318	1.410	1.235	1.655	1.489	1.681	**1.705** ***
$K = 5$									
AV	16.457	15.733	15.976	16.013	15.601	14.756	13.629	14.894	15.547
SD	20.645	9.735	10.275	9.526	11.793	8.062	7.552 ***	8.052	7.855
IR	0.797	1.616	1.555	1.681	1.323	1.830	1.805	1.850	**1.979** ***
$\widetilde{\text{IR}}$	0.764	1.496	1.313	1.553	1.250	1.588	1.466	1.605	**1.707** ***
$K = \text{Opt}$									
AV	16.457	15.598	15.995	15.901	15.771	14.822	13.812	14.953	14.954
SD	20.645	9.025	10.053	8.879	9.610	8.091	7.623 ***	8.121	8.271
IR	0.797	1.728	1.591	1.791	1.641	1.832	1.812	**1.841**	1.808
$\widetilde{\text{IR}}$	0.764	1.592	1.330	**1.646**	1.520	1.599	1.490	1.607	1.593

注：AV 代表年化平均收益（百分比）；SD 为年化标准差（百分比）；IR 表示年化信息比率；$\widetilde{\text{IR}}$为年化净交易成本信息比率。所有指标均基于 1982 年 1 月 1 日至 2016 年 12 月 31 日的 8 820 个日样本外回报。在标记为 IR 和$\widetilde{\text{IR}}$的行中，最大值以粗体显示。在标记为 ANFM_L 的列中，在 IR 方面显著优于 ENFML 的表现用星号表示。在标记为 ARFM_L 的列中，在 SD 方面显著优于 AFML 的表现用星号表示：*** 表示在 0.01 的水平上显著；** 为 0.05 的水平上显著；* 表示 0.1 的水平上显著。

第5章

构建高维虚拟资产组合

5.1 问题的提出

构建均值—方差有效投资组合（mean-variance efficient portfolio，MVE），即在一定预期收益下最小化风险或在一定风险下最大化预期收益，对学术研究和金融投资都具有重要意义。在计算最优权重时有两个关键要素：预期收益和收益的协方差矩阵。值得注意的是，在预测和解释预期收益方面，股票市场有大量的文献（参见 Green et al.，2017；Harvey et al.，2016；Hou et al.，2015，以及其中的参考文献），加密货币市场也有越来越多的文献（Liu et al.，2020）。然而，在高维情况下，协方差矩阵很难估计。因此，尽管有很多批评，但一种流行的做法仍然是基于分位数（QB）的排序策略，即简单地对与预期收益正相关的特征进行排序，然后做多特征取值大的股票，做空特征取值小的股票。

近几十年来，许多研究提出了各种方差矩阵估计方法（Ledoit and Wolf，2017）和其他策略，如对权重施加约束（Li，2015）、对冲未定价风险（Daniel et al.，2020）、控制 Black‑Litterman 模型的估计误差（Platanakis and Urquhart，2019）、构建基于 Omega 测度的新优化模型（Castro

138

et al.，2020）等，使得实际形成的组合可以接近 MVE 投资组合。研究表明，有效地估计协方差矩阵可以大大提高组合的样本外表现。事实上，这种实证证据不仅存在于股票市场，也存在于加密货币市场（Burggraf，2020；Schellinger，2020）。

近年来，随着去中心化数字货币的大量增加，加密货币市场得到了快速发展。截至 2020 年 7 月底，加密货币的数量已超过 3 000 种，其中 19 种货币的市值超过 10 亿美元。[①] 尽管比特币仍然主导加密货币市场，但巨大的投资空间和高波动性使得在这个新市场中识别收益信号和分散加密货币风险非常重要（Fang et al.，2020）。

然而，现有的文献在估计的协方差矩阵和加密货币的覆盖范围方面受到限制（Mensi et al.，2019），并没有发现支持 MVE 投资组合的有效证据。例如，Brauneis 和 Mestel（2019）与 Liu（2019）发现不同加密货币的投资组合多样化可以降低风险，但根据他们的实证研究，1/N 投资组合比 MVE 投资组合表现更好。主要问题是，他们使用样本协方差矩阵构建 MVE 投资组合，而样本协方差矩阵在高维下的样本外表现非常差。Mba 和 Mwambi（2020）使用马尔科夫转换的 COGARCH 方法，发现在构建加密货币投资组合时捕捉波动的动态非常重要，但他们将投资范围限制在前 10 种加密货币。相比之下，Liu 等（2019）使用了一个拥有 1 000 多种加密货币的高维投资域，但他们没有考虑协方差矩阵，构建了传统的基于分位数排序的加密货币投资组合。

本章通过构建具有 100 种市值最大加密货币的高维度有效排序投资组合（由 Ledoit 等 2019 年提出），扩展了有关加密货币投资组合的新兴文献。更重要的是，我们将十个特征作为收益预测信号（Liu et al.，2019），并根据 Engle 和 Wolf（2019）提出的动态条件相关非线性压缩（DCC－NL）模型估计协方差矩阵。鉴于空头头寸不容易实现，且对于大多数加密货币来说，卖空都是有限的，因此我们研究的是权重总和为 1 的完全投

---

① 数据来自网站 www.coinmarketcap.com。

资组合，而不是 Liu 等（2019）以及 Ledoit 等（2019）构建的多空中性组合。为了探讨权重约束是否能进一步提高有效排序投资组合的表现，我们考虑了四种不同的框架，即无约束的投资组合（无空头头寸约束）、"150/50"投资组合（空头头寸不超过总投资 50% 的约束投资组合）、"130/30"投资组合（空头头寸不超过总投资 30% 的约束投资组合）和只做多的投资组合。总之，我们有两个目标：探索横断面异象，并检验 DCC－NL 协方差矩阵是否适用于具有杠杆约束的高维加密货币投资组合。

有效排序投资组合本质上是一种接近 MVE 投资组合的经验可行策略。特别是，有效排序投资组合的权重来自在满足预先指定的由 QB 投资组合所确定的预期收益的条件下，最小化投资组合方差的最优解。因此，如果特征在预测收益方面有效，QB 应该比简单的 $1/N$ 组合表现更好，进一步，如果能有效估计收益的协方差矩阵，有效排序应该比 QB 具有更大的样本外夏普比率。

有关协方差矩阵估计的文献在时间序列和横截面方向都取得了实质性进展。DCC－NL 协方差矩阵估计量是第一个将两个方向上的重要方法结合在一起的估计量。具体而言，它使用 Ledoit 和 Wolf（2015）的非线性压缩公式来估计 Engle（2002）DCC 模型中的无条件协方差矩阵。这种组合减少了样本协方差矩阵的估计误差，同时捕获了方差和协方差的动态。该方法已被应用于构建高维投资组合，并被证明具有良好表现。例如，Ledoit 等（2019）发现，使用 DCC－NL 协方差矩阵估计量，有效排序投资组合的"Student" t 统计量是相应 QB 投资组合的两倍以上。

另一方面，许多研究发现，对权重施加约束可以提高协方差相关投资组合的表现（DeMiguel et al. , 2009a；Jagannathan and Ma, 2003；Li, 2015）。约束权重的理论机制类似于压缩样本协方差矩阵，因为极端权重与样本协方差矩阵中的极值相关，这在很大程度上是由估计误差引起的。也就是说，这两种方法都通过约束极值的影响来减少估计误差。因此，在已经使用了 DCC－NL 协方差矩阵估计量的情况下，施加杠杆约束是否还有必要是一个值得研究的问题。

我们的工作首先在有效排序投资组合的框架下，检验股票市场中流行的收益预测信号（因子）是否也适用于加密货币市场，同时考虑不同的协方差矩阵估计量和不同的杠杆约束。我们的实证研究发现，两个价格因子，即最后一天的收盘价和上周的最高价格，可以很好地预测加密货币的未来回报。其次，我们发现加密货币市场中有效排序组合优于传统 QB 和简单的 1/N 组合。有效排序组合不仅提高了 QB 组合的夏普比率，而且提高了样本外收益。我们还展示了使用 DCC－NL 协方差矩阵估计和对总空头头寸施加严格约束的好处。总之，在构建高维度加密货币投资组合时，投资者如果倾向于"廉价"加密货币，并基于 DCC－NL 估计量构建有杠杆约束的有效排序投资组合，则可以获得最大收益。

5.2 文献回顾

除了关于识别信号和构建 MVE 投资组合的文献外，我们的研究还涉及关于加密货币市场效率和加密货币收益和波动特征的文献。虽然一些研究将比特币比作"数字黄金"（Kaponda，2018），并分析了其相对于传统货币的优势和劣势（Caldararo，2018），但人们普遍认为，以比特币为代表的加密货币应被视为一种新的具有风险和投机性的金融资产类别（Baur et al.，2018；Bouoiyour et al.，2015；Corbet et al.，2019b）。

虽然实证检验对市场是否有效没有达成共识，但大多数文献认为加密货币市场是信息有效的，且伴随着泡沫反复发生（Corbet et al.，2018；Nadarajah and Chu，2017；Urquhart，2016）。他们发现加密货币市场的效率会随着时间的推移而变化（Bariviera，2017；Chu et al.，2019；Tiwari et al.，2018；Vidal－Tomás and Ibañez，2018），且市场的效率与加密货币的流动性密切相关（Brauneis and Mestel，2018；Dong et al.，2020）。

加密货币市场的信息有效性意味着潜在的可预测性。大量文献发现，"羊群效应"的程度（Philippas et al.，2020）和"Twitter"情绪（Kraaijeveld and Smedt，2020）等外生信号对主要加密货币的收益具有预测能力。另一组文献关注加密货币市场的特征（Borgards and Czudaj，2020），并从加密货币的交易数据中发现预测信号（Baur et al.，2019）。例如，Corbet 等（2019a）和 Detzel 等（2020）找到了支持加密货币市场技术分析的证据。Liu 和 Tsyvinski（2018）得出结论，加密货币市场的常见风险因子不同于股票市场，动量信号以及代表投资者关注度的变量可以预测期望收益。Liu 等（2019）和 Liu 等（2020）确定了三个有效的预测因子，即加密货币市场收益、规模和动量。我们发现，所有这些研究都在 QB 投资组合框架下探索预测因子。

由于加密货币具有高波动特性，一系列文献专注于研究加密货币的波动特征，这些文献大多基于 GARCH 模型（Canh et al.，2019；Dyhrberg，2016；Katsiampa，2017；Walther et al.，2019）。这些研究发现加密货币收益波动具有尖峰和厚尾特征（Chan et al.，2017）、长记忆（Phillip et al.，2019）、异方差（Gkillas and Katsiampa，2018）和不对称性（Klein et al.，2018）。文献还研究了不同加密货币与市场传染和联动效应之间的相关性（Burggraf，2020；Chowdhury et al.，2020；Christoforou et al.，2020）。

基于加密货币的波动特性，大量文献研究了加密货币在分散其他资产风险方面的作用（Okorie and Lin，2020）。大部分实证结果支持比特币可以分散货币风险（Urquhart and Zhang，2019），但不能有效分散股票投资组合的风险（Klein et al.，2018）。然而，Guesmi 等（2019）发现，比特币的空头头寸可以对冲不同金融资产的风险，包括黄金、石油和股票。此外，Kajtazi 和 Moro（2019）认为尽管比特币具有投机性特征，但它主要通过增加收益来改善美国、欧洲和中国资产组合的表现。最近，学者们将研究范围从比特币扩展到主要加密货币，并得出了不同的结论。例如，Bouri 等（2020）发现主流的加密货币可以有效对冲股票风险。Charfeddine 等（2020）认为加密货币和其他金融资产之间的相关性较弱，但他们也发现相关性对外部经济和金融冲击敏感，这使得加密货币成为一种糟糕的对冲工具。与这些研究不同，我们研究如何在各种加密货币之间进行风险分散。

5.3 数据和组合构建方法

我们的研究基于 2014 年 1 月 1 日至 2019 年 7 月 31 日所有可投资的加密货币的日度市场数据。我们用到的所有数据，包括收盘价、交易量和市值都来自网站 www. coinmarketcap. com。我们的投资组合每周更新一次（$m = 7$ 天）。在任何投资日 h，我们根据最近的 $k = 182$ 个日度收益率估计得到协方差矩阵。由于我们需要过去 182 天的收益率来估计协方差矩阵，并需要未来 7 天的收益来检验样本外表现，因此我们重点考察拥有从 $h - 182$ 到 $h + 6$ 完整收益数据的加密货币。我们将投资范围限制在每个投资日 h 的前一天里市值最大 100 种加密货币。注意，随着加密货币市场资本的变化，投资域会随着时间略微变化。我们在表 5 – 1 中报告了一个典型投资周期的投资域（包含的 100 种市值最大的加密货币）。为了确保投资域至少包含 $N = 100$ 种加密货币（且不包括高度波动的加密货币），以便我们能构建高维加密货币投资组合，我们于 2017 年 10 月 12 日开始投资，样本外区间为 2017 年 10 月 12 日至 2019 年 7 月 31 日，共 94 周（658 天）。

为了构建高维加密货币投资组合，我们首先计算加密货币 i 在第 t 天的每日收益，以及 Liu 等（2019）提出的仅依赖于价格、数量和市值信息的十个因子（见表 5 – 1）。市值、收盘价和每日美元交易量的平均值分别为 12 814 万美元、97.03 美元和 301.789 万美元。其中，100 种加密货币的每日美元交易量从 58.589 万美元到 957 270 万美元不等，中位数为 507.423 万美元，这表明有足够的流动性进行投资组合配置。重要的是，基于上一个投资域（包括过去 182 天和未来 7 天）的日度收益率，我们发现 100 种加密货币之间的相关性很弱：平均相关系数在 0.04 到 0.53 之间，均值为 0.35，这意味着在加密货币之间进行风险分散化是可行的（见表 5 – 2）。

表 5 - 1   因子列表

No.	描述	因子
1	前一天市值的对数	MC
2	前一天的收盘价	PRC
3	上周的最高价	MAXPRC
4	一周的动量	M1W
5	两周的动量	M2W
6	三周的动量	M3W
7	一个月的动量	M1M
8	上周平均日成交量对数	VOL
9	上周平均日成交额对数	VOLPRC
10	上周平均日成交额市值比的对数	VOLS

表 5 - 2   加密货币投资域及平均相关系数

加密货币	相关系数	加密货币	相关系数	加密货币	相关系数	加密货币	相关系数
bitcoin	0.48	ravencoin	0.27	metaverse	0.29	bhp-coin	0.35
ethereum	0.53	lisk	0.46	wax	0.29	ttc	0.10
ripple	0.49	nano	0.42	stratis	0.46	skycoin	0.35
litecoin	0.48	bitcoin-diamond	0.41	electroneum	0.30	nxt	0.42
bitcoin-cash	0.45	waves	0.36	ark	0.36	ether-zero	0.12
binance-coin	0.34	hypercash	0.37	zencash	0.34	metadium	0.23
eos	0.51	icon	0.41	nebulas-token	0.39	casinocoin	0.15
bitcoin-sv	0.30	komodo	0.33	elastos	0.39	vertcoin	0.25
stellar	0.51	monacoin	0.15	project-pai	0.35	groestlcoin	0.15
tron	0.47	digibyte	0.43	nuls	0.37	vitae	0.16
cardano	0.51	bytecoin-bcn	0.41	reddcoin	0.36	syscoin	0.37
monero	0.51	bitshares	0.50	factom	0.31	obyte	0.40

加密货币	相关系数	加密货币	相关系数	加密货币	相关系数	加密货币	相关系数
dash	0.50	bytom	0.45	greenpower	0.15	high-performance-blockchain	0.36
iota	0.49	siacoin	0.49	cybermiles	0.29	cryptonex	0.26
neo	0.50	theta	0.28	moac	0.26	hycon	0.24
ethereum-classic	0.48	iostoken	0.42	truechain	0.26	nexus	0.39
tezos	0.33	verge	0.47	aion	0.43	particl	0.34
nem	0.46	zilliqa	0.47	tomochain	0.30	unobtanium	0.23
ontology	0.45	gxchain	0.31	waykichain	0.36	einsteinium	0.32
zcash	0.48	energi	0.28	apollo-currency	0.18	vite	0.38
bitcoin-gold	0.45	aeternity	0.05	wanchain	0.40	gridcoin	0.33
dogecoin	0.36	steem	0.44	platincoin	0.04	ilcoin	0.07
vechain	0.42	abbc-coin	0.09	beam	0.13	blocknet	0.20
qtum	0.48	zcoin	0.41	pivx	0.44	wagerr	0.21
decred	0.47	ardor	0.40	ipchain	0.18	achain	0.31

注："相关系数"列显示了与其他99种加密货币的平均相关系数，该相关系数基于上一个投资期过去182天和未来7天的收益得到。

这十个因子的描述性统计如表5-3所示。我们还计算了各因子的平均相关系数，并将其在表5-4中报告。根据Liu等（2019）的研究，这些因子被分为三类：规模（No.1～No.3）、动量（No.4～No.7）和成交量（No.8～No.10），并且在QB多空中性投资组合中有出色的表现。从表5-4可以看出，同一类别中的因子具有高相关性，只有MC例外，这与我们的经验发现一致，即MC因子的表现明显不同于PRC或MAXPRC。与Liu等（2019）不同，我们研究的是权重总和为1的完全投资的投资组合，这也是投资组合经理的默认选择。基于这些因子，我们构造了只做多的QB投资组合和对总空头头寸有不同约束的有效排序投资组合。

表 5 - 3 因子的描述性统计

描述性统计	MC	PRC	MAXPRC	M1W	M2W	M3W	M1M	VOL	VOLPRC	VOLS
最小值	15.60	0.00	0.00	−0.22	−0.16	−0.13	−0.11	4.21	−0.74	−16.86
最大值	26.35	16 624.60	19 497.40	0.89	0.36	0.32	0.26	24.19	33.53	7.49
均值	18.67	97.03	103.78	0.00	0.00	0.00	0.00	14.92	14.75	−3.94
中位数	18.23	0.86	0.96	0.00	0.00	0.00	0.00	14.73	14.26	−4.03
标准差	1.91	805.76	860.30	0.04	0.03	0.02	0.02	2.84	4.77	3.49

表 5 - 4 各因子的平均相关系数

因子	MC	PRC	MAXPRC	M1W	M2W	M3W	M1M	VOL	VOLPRC	VOLS
MC	1.00									
PRC	0.19	1.00								
MAXPRC	0.19	0.99	1.00							
M1W	−0.04	−0.03	−0.01	1.00						
M2W	−0.08	−0.04	−0.03	0.74	1.00					
M3W	−0.12	−0.04	−0.03	0.64	0.85	1.00				
M1M	−0.15	−0.05	−0.05	0.54	0.74	0.86	1.00			
VOL	0.33	−0.09	−0.08	−0.03	−0.09	−0.12	−0.16	1.00		
VOLPRC	0.36	0.40	0.41	−0.01	−0.04	−0.07	−0.11	0.55	1.00	
VOLS	0.20	0.39	0.40	−0.03	−0.06	−0.07	−0.11	0.51	0.98	1.00

为了构建仅有多头的 QB 投资组合，我们根据四个动量特征的得分降序和其他六个特征的得分升序对加密货币进行排序，并在第一个五分位数中等权重做多加密货币。

为构建有效的排序投资组合，我们首先计算相应 QB 投资组合的加权因子得分。然后，将分数视为对该因子的目标暴露，计算在满足权重［式（5.2）和式（5.4）］和因子暴露［式（5.3）］约束的同时最小化投资组合方差［式（5.1）］的最优权重。我们考虑样本协方差矩阵（S）和 DCC -

NL 估计量。相应的有效组合分别用 ES 和 EDCCNL 表示。具体来说，让 w_t^{QB} 表示 QB 投资组合的权重向量，f_t 表示因子得分向量，$\hat{\Sigma}_t$ 表示估计的协方差矩阵。有效排序组合构造如下：

$$\min_{w_t} w_t' \hat{\Sigma}_t w_t \tag{5.1}$$

$$满足\ w_t' \mathbf{1} = 1 \tag{5.2}$$

$$w_t' f_t = w_t^{QB'} f_t \ \text{and} \tag{5.3}$$

$$\|w_t\|_1 \leq \gamma \tag{5.4}$$

其中，γ 是总暴露参数。较小的 γ 意味着对总空头头寸的约束更为严格。在实证分析中，我们考虑 $\gamma = +\infty$，2，1.6，1，分别对应于对空头头寸没有约束，空头头寸不超过总投资的 50%、30% 和 0%。请注意，$\gamma = 1$ 意味着不允许空头头寸，该策略生成只做多的投资组合。

为了揭示不同协方差矩阵估计量的纯效应，我们还利用样本协方差矩阵和 DCC – NL 估计量构造了全局最小方差（GMV）投资组合。构造规则类似于有效排序，但对空头头寸或因子敞口没有任何约束。

$$\min_{w_t} w_t' \hat{\Sigma}_t w_t \tag{5.5}$$

$$满足\ w'_t \mathbf{1} = 1 \tag{5.6}$$

5.4 实证结果

5.4.1 主要结果

表 5 – 5 报告了 QB、ES 和 EDCCNL 投资组合的样本外平均周收益率（AR）和夏普比率（SR）。对于这三种策略中的每一种，我们考虑 10 个不同的因子作为收益预测信号，对于两种有效策略，我们分别考虑对总空头头寸的四种不同约束。

表 5 – 5　　　规模 $N = 100$、持有期限 $m = 7$ 的投资组合的样本外表现

Factors γ		基于 S 的有效组合					基于 DCC – NL 的有效组合			
		QB	$+\infty$	2	1.6	1	$+\infty$	2	1.6	1
MC	AR	0.35	– 0.98	– 0.65	– 0.49	0.18	0.25	0.29	0.26	0.74
	SR	0.03	– 0.08	– 0.06	– 0.04	0.01	0.02	0.02	0.02	0.06
PRC	AR	1.46	0.17	0.14	0.15	2.88	1.12	1.01	0.88	2.87
	SR	0.10	0.01	0.01	0.01	**0.18**	0.10	0.09	0.08	**0.17**
MAXPRC	AR	1.50	0.19	0.16	0.17	2.76	1.14	1.02	0.89	2.74
	SR	0.10	0.01	0.01	0.01	**0.17**	0.10	0.09	0.08	**0.17**
M1W	AR	0.14	– 1.11	– 0.12	– 0.02	– 0.23	1.77	1.79	1.94	1.73
	SR	0.01	– 0.08	– 0.01	0.00	– 0.02	**0.14**	**0.14**	**0.15**	**0.12**
M2W	AR	– 0.19	– 0.74	0.48	0.53	0.40	1.98	2.20	2.26	2.20
	SR	– 0.01	– 0.05	0.04	0.04	0.03	**0.15**	**0.15**	**0.15**	**0.14**
M3W	AR	0.78	– 0.80	0.57	0.79	0.96	1.58	1.94	1.93	2.24
	SR	0.05	– 0.05	0.04	0.05	0.06	**0.11**	**0.11**	**0.11**	**0.12**
M1M	AR	– 0.43	– 0.76	0.26	0.38	0.32	0.83	1.60	1.94	2.00
	SR	– 0.03	– 0.05	0.02	0.03	0.02	0.06	0.10	**0.12**	**0.11**
VOL	AR	– 0.41	– 0.75	– 0.42	– 0.04	– 0.28	0.38	0.54	0.66	– 0.01
	SR	– 0.03	– 0.06	– 0.04	0.00	– 0.03	0.03	0.05	0.06	0.00
VOLPRC	AR	0.28	– 0.20	0.23	0.34	0.79	0.93	1.07	1.08	0.90
	SR	0.02	– 0.01	0.02	0.03	0.07	0.08	0.09	0.09	0.07
VOLS	AR	0.74	0.51	0.78	0.91	1.11	1.50	1.64	1.68	1.65
	SR	0.05	0.04	0.07	0.08	0.10	**0.12**	**0.13**	**0.14**	**0.13**

注：表 5 – 5 报告了基于分位数（QB）排序投资组合和基于样本协方差矩阵（S）和 DCC – NL 估计量的有效排序投资组合的样本外周平均收益率（AR）和夏普比率（SR）。我们假设无风险利率为零，并计算平均收益率与标准差的比值作为夏普比率。使用最近的 182 个日度收益率估计得到协方差矩阵。对于这三种策略中的每一种，我们考虑了 10 个不同的因子（详细定义见表 5 – 1）作为收益预测信号，对于两种有效策略，我们都考虑对总暴露的四种不同约束。$\gamma = +\infty$，2，1.6，1 表示递增的约束，分别对应于卖空比例不超过 $+\infty$、50%、30% 和 0。对于大于 0.11 的夏普比率，我们将其加粗显示。投资组合规模 $N = 100$，持有期 $m = 7$。

　　首先，从纯做多策略的 AR 和 SR 来看，前一天收盘价和上周最高价这两个价格因子的表现最为突出。相应的 QB 和有效投资组合的平均周收益率分别在 1.5% 和 2.8% 左右，夏普比率分别在 0.1 和 0.17 左右。相比之下，$1/N$ 基准投资组合（见表 5-9）的平均收益率和夏普比率仅分别为 0.54% 和 0.04。这意味着从等权重地投资整个虚拟货币投资域转换到有效地投资 20 种"最便宜"的加密货币，收益增加了 5 倍，而风险几乎没有增加。

我们还考虑了市值加权加密货币指数 CRIX 作为另一种比较基准。该指数的周平均回报率为 1.32%，标准差为 11.96%，样本外期间的夏普比率为 0.11。与 CRIX 相比，这两个因子的 QB 组合的夏普比率略低，但只做多的有效组合的夏普比率显著更高。为了更好地进行比较，我们在图 5-1 中

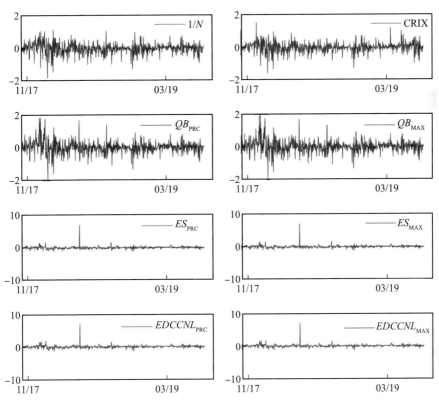

图 5-1　$1/N$ 基准、CRIX、QB_{PRC}、QB_{MAX}、ES_{PRC}、ES_{MAX}、$EDCCNL_{PRC}$ 和 $EDCCNL_{MAX}$ 这 8 种不同投资组合的周度样本外收益

注：投资组合规模 $N=100$，持有期 $m=7$。

展示了 8 种不同投资组合的周样本外收益: $1/N$ 基准、CRIX、使用 PRC 因子的 QB (QB_{PRC})、使用 MAXPRC 因子的 QB (QB_{MAX})、使用 PRC 因子的 ES (ES_{PRC})、使用 MAXPRC 因子的 ES (ES_{MAX})、使用 PRC 因子的 EDCCNL ($EDCCNL_{PRC}$) 和使用 MAXPRC 因子的 EDCCNL ($EDCCNL_{MAX}$)。

其次,通过对三种多头策略的分析,我们发现使用有效排序方法具有明显的优势。以 $1/N$ 策略为基准,比较夏普比率,QB 方法发现了 4 个有效因子 (PRC、MAXPRC、M3W、VOLS)。除了这 4 个因子外,ES 还发现了 VOLPRC 因子,基于 DCC – NL 的 ES 策略还发现了 MC、M1W、M2W、M1M 因子,而只有 VOL 是无效因子。即使以 CRIX 作为基准,ES 和 EDCCNL 仍然分别识别出 2 个和 6 个因子,而 QB 方法则不能识别出有显著表现的因子。该结果还证明了 DCC – NL 在构建有效排序投资组合中的重要作用。除了这两个价格因子外,基于 4 个动量因子构建的 EDCCNL 投资组合和 VOLS 的 SR 也比 CRIX 大。此外,ED-CCNL 投资组合对空头头寸风险敞口更加稳健:即使对空头头寸没有施加约束,它们也具有较大的正夏普比率。样本外平均收益率 (见图 5 – 2) 和夏普比率 (见图 5 – 3) 的箱线图清楚地显示了 ES 相对于 QB 的优势,以及 EDCCNL 相对于 ES 在构建高维加密货币投资组合方面的优势。

最后,杠杆约束对于加密货币投资组合的样本外表现非常重要,尤其是在使用样本协方差矩阵时。例如,权重的非负约束将 ES 投资组合的平均周收益率从 0.17% 提高到 2.88%,EDCCNL 投资组合的周收益率则从 1.12% 提高到 2.87%。一般来说,EDCCNL 投资组合的总空头头寸不超过总资本的 30% 或 0 (不允许做空),可获得最大的 AR 和 SR。这一发现与投资组合管理中"130/30"策略和多头策略的流行是一致的。

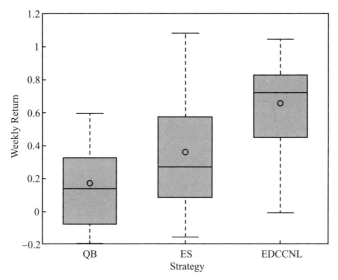

图 5 - 2 基于分位数排序（**QB**）、基于 **S** 的有效排序（**ES**）和基于 **DCC NL** 的
有效排序（**EDCCNL**）的周度样本外平均收益箱线图

注：投资组合规模 $N = 100$，持有期 $m = 7$。

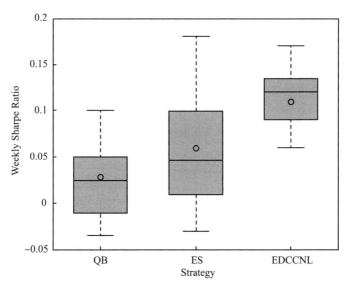

图 5 - 3 基于分位数排序（**QB**）、基于 **S** 的有效排序（**ES**）和基于 **DCC NL** 的
有效排序（**EDCCNL**）的周度夏普比率箱线图

注：投资组合规模 $N = 100$，持有期 $m = 7$。

5.4.2 稳健性检验

我们进行了一系列稳健性检验。首先，为了排除单个加密货币极端风险的潜在偏差，我们排除了在过去 182 天内日波动率大于 0.15% 的加密货币，并将结果报告在表 5 − 6 中。可以看到，在没有高度波动的加密货币的情况下，基于分位数排序组合的表现一致得到改进。该策略现在有 3 个 SR 大于 0.11 的因子，包括 PRC、MAXPRC 和 VOLS。然而，基于 DCC − NL 不允许做空的有效策略仍然表现最好：除了上述 3 个因子，这一策略还识别出了另外 3 个 SR 大于 0.11 的因子，分别为 M1W、M2W 和 VOLPRC。

表 5 − 6 　　　　规模为 100、持有期 7 天、个体日波动率 $\sigma < 0.15$ 的
投资组合样本外表现

Factors γ		基于 S 的有效组合					基于 DCC − NL 的有效组合			
		QB	+ ∞	2	1.6	1	+ ∞	2	1.6	1
MC	AR	1.50	− 0.97	− 1.53	− 1.38	− 0.46	− 0.51	− 0.49	− 0.36	0.32
	SR	**0.11**	− 0.08	− 0.16	− 0.15	− 0.04	− 0.05	− 0.05	− 0.03	0.03
PRC	AR	2.00	0.20	− 0.75	− 0.78	2.90	0.34	0.17	0.19	2.89
	SR	**0.13**	0.02	− 0.08	− 0.08	**0.20**	0.03	0.02	0.02	**0.20**
MAXPRC	AR	1.87	0.23	− 0.73	− 0.75	2.82	0.37	0.19	0.21	2.77
	SR	**0.12**	0.02	− 0.07	− 0.08	**0.19**	0.04	0.02	0.02	**0.19**
M1W	AR	0.69	− 0.75	− 0.58	− 0.17	0.17	0.54	0.44	0.85	1.78
	SR	0.05	− 0.06	− 0.06	− 0.02	0.01	0.05	0.04	0.07	**0.12**
M2W	AR	1.22	− 0.03	0.29	0.49	0.83	1.15	1.70	1.90	1.94
	SR	0.09	0.00	0.03	0.04	0.06	0.10	**0.13**	**0.14**	**0.13**
M3W	AR	1.11	− 0.30	0.00	0.38	1.02	− 0.10	0.61	1.04	1.73
	SR	0.08	− 0.02	0.00	0.03	0.07	− 0.01	0.04	0.07	0.09

Factors γ		基于 S 的有效组合					基于 DCC－NL 的有效组合			
		QB	+ ∞	2	1.6	1	+ ∞	2	1.6	1
M1M	AR	0.29	− 0.56	− 0.45	− 0.14	0.22	− 0.60	0.26	0.72	1.39
	SR	0.02	− 0.04	− 0.04	− 0.01	0.02	− 0.05	0.02	0.05	0.08
VOL	AR	0.82	− 0.78	− 1.18	− 1.11	− 0.19	− 0.31	− 0.22	− 0.08	1.16
	SR	0.06	− 0.06	− 0.12	− 0.12	− 0.02	− 0.03	− 0.02	− 0.01	0.09
VOLPRC	AR	1.16	− 0.21	− 0.73	− 0.63	0.84	0.26	0.34	0.45	1.54
	SR	0.09	− 0.02	− 0.07	− 0.07	0.07	0.02	0.03	0.04	0.12
VOLS	AR	1.70	0.50	0.18	0.38	1.17	1.02	1.09	1.19	2.07
	SR	**0.12**	0.04	0.02	0.04	0.17	0.09	0.10	**0.11**	**0.17**

注：表 5 - 6 报告了基于分位数（QB）排序投资组合和基于样本协方差矩阵（S）和 DCC - NL 估计量的有效排序投资组合的样本外周平均收益率（AR）和夏普比率（SR）。我们假设无风险利率为零，并计算平均收益率与标准差的比值作为夏普比率。使用最近的 182 个日度收益率估计得到协方差矩阵。对于这三种策略中的每一种，我们考虑了 10 个不同的因子（详细定义见表 5 - 1）作为收益预测信号，对于两种有效策略，我们都考虑对总暴露的四种不同约束。γ = + ∞，2，1.6，1 表示递增的约束，分别对应于卖空比例不超过 + ∞、50%、30% 和 0。对于大于 0.11 的夏普比率，我们将其加粗显示。投资组合规模 N = 100，持有期 m = 7。请注意，表 5 - 6 与表 5 - 5 的不同之处在于过去 182 天内每日波动率大于 0.15% 的加密货币被排除在样本之外。

　　其次，考虑到小市值虚拟货币存在流动性不足的问题，我们基于一个较小的投资域，构建了 N = 50 个最大市值加密货币的投资组合。从表 5 - 7 的结果可以看出，随着投资组合规模的减小，投资组合的样本外表现普遍提高。并且，PRC 和 MAXPRC 预测的预期收益仍然最好，使用基于 DCC－NL 的有效排序方法和施加卖空约束的收益都很大，这与我们的主要发现一致。有趣的是，我们发现，在某种程度上，减少投资组合规模的效果类似于排除高度波动的加密货币：这两种方法都使基于 PRC、MAXPRC 和 VOLS 构建的 QB 投资组合的夏普比率大于 0.11。

　　最后，在我们的基准模型中，我们每 7 天更新一次投资组合，这里我们考虑一个较长的更新期，每 14 天更新一次组合，即 m = 14，以减少与频繁交易相关的交易成本等问题。表 5 - 8 给出了结果。随着更新期的延长，投资组合的表现稍差，表明加密货币市场的动态关系相对短暂。但总

表 5 – 7　　　　　规模 $N=50$，持有期 $m=7$ 的投资组合样本外表现

Factors γ		基于 S 的有效组合					基于 DCC – NL 的有效组合			
		QB	$+\infty$	2	1.6	1	$+\infty$	2	1.6	1
MC	AR	- 0.11	0.23	0.74	0.75	- 0.59	0.52	0.64	0.54	- 0.02
	SR	- 0.01	0.01	0.05	0.05	- 0.05	0.04	0.04	0.04	0.00
PRC	AR	2.48	2.26	2.57	2.51	4.26	2.32	2.27	2.17	5.42
	SR	**0.14**	**0.12**	**0.15**	**0.15**	**0.21**	**0.15**	**0.14**	**0.13**	**0.26**
MAXPRC	AR	2.40	2.27	2.59	2.52	4.23	2.33	2.27	2.16	5.37
	SR	**0.14**	**0.13**	**0.15**	**0.15**	**0.21**	**0.15**	**0.14**	**0.13**	**0.26**
M1W	AR	1.23	0.72	1.68	1.91	2.19	2.66	3.57	3.65	3.67
	SR	0.08	0.05	**0.12**	**0.13**	**0.15**	**0.18**	**0.23**	**0.23**	**0.22**
M2W	AR	1.01	1.57	2.06	2.20	2.12	3.33	3.93	3.91	3.81
	SR	0.07	0.10	**0.14**	**0.15**	**0.14**	**0.23**	**0.24**	**0.24**	**0.22**
M3W	AR	1.28	1.60	2.22	2.51	2.95	2.80	3.55	3.55	4.00
	SR	0.08	0.09	**0.13**	**0.15**	**0.17**	**0.18**	**0.19**	**0.19**	**0.20**
M1M	AR	0.94	0.95	1.53	1.91	2.47	1.68	2.70	3.04	3.52
	SR	0.06	0.05	0.09	**0.11**	**0.15**	**0.11**	**0.16**	**0.17**	**0.19**
VOL	AR	0.48	1.01	1.03	0.99	0.97	0.74	0.63	0.56	1.13
	SR	0.03	0.06	0.06	0.06	0.06	0.05	0.04	0.04	0.07
VOLPRC	AR	1.49	2.65	2.63	2.52	2.67	2.24	2.31	2.11	2.72
	SR	0.09	**0.13**	**0.13**	**0.13**	**0.14**	**0.14**	**0.14**	**0.12**	**0.14**
VOLS	AR	2.23	3.74	3.67	3.60	3.37	3.24	3.37	3.25	3.83
	SR	**0.13**	**0.17**	**0.18**	**0.18**	**0.17**	**0.19**	**0.19**	**0.18**	**0.20**

　　注：表 5 – 7 报告了基于分位数（QB）排序投资组合和基于样本协方差矩阵（S）和 DCC – NL 估计量的有效排序投资组合的样本外周平均收益率（AR）和夏普比率（SR）。我们假设无风险利率为零，并计算平均收益率与标准差的比值作为夏普比率。使用最近的 182 个日度收益率估计得到协方差矩阵。对于这三种策略中的每一种，我们考虑了 10 个不同的因子（详细定义见表 5 – 1）作为收益预测信号，对于两种有效策略，我们都考虑对总暴露的四种不同约束。$\gamma = +\infty$，2，1.6，1 表示递增的约束，分别对应于卖空比例不超过 $+\infty$、50%、30% 和 0。对于大于 0.11 的夏普比率，我们将其加粗显示。投资组合规模 $N=50$，持有期 $m=7$。

表 5 – 8   规模 $N = 100$，持有期 $m = 14$ 的投资组合样本外表现

Factors γ		基于 S 的有效组合					基于 DCC – NL 的有效组合			
		QB	$+\infty$	2	1.6	1	$+\infty$	2	1.6	1
MC	AR	0.34	− 1.07	− 1.20	− 1.17	− 0.22	− 0.41	− 0.60	− 0.55	− 0.15
	SR	0.03	− 0.08	− 0.11	− 0.11	− 0.02	− 0.04	− 0.05	− 0.05	− 0.01
PRC	AR	1.68	0.17	− 0.41	− 0.44	3.16	0.59	0.30	0.16	2.20
	SR	**0.11**	0.01	− 0.04	− 0.04	0.20	0.05	0.03	0.01	**0.16**
MAXPRC	AR	1.70	0.17	− 0.40	− 0.42	3.16	0.61	0.31	0.16	2.21
	SR	**0.11**	0.01	− 0.04	− 0.04	0.20	0.05	0.03	0.01	**0.16**
M1W	AR	0.02	− 1.62	0.49	0.71	1.03	1.46	1.90	1.79	1.38
	SR	0.00	− 0.11	0.04	0.05	0.07	0.10	**0.14**	**0.13**	0.09
M2W	AR	− 0.03	− 1.35	0.51	0.68	0.95	1.46	2.11	2.27	2.44
	SR	0.00	− 0.08	0.04	0.04	0.06	0.10	**0.13**	**0.14**	**0.13**
M3W	AR	0.33	− 1.40	0.41	0.65	0.62	0.88	1.30	1.25	1.61
	SR	0.02	− 0.08	0.03	0.04	0.04	0.06	0.09	0.08	0.09
M1M	AR	− 0.09	− 1.03	− 0.75	− 0.60	− 0.22	0.02	0.38	0.65	0.79
	SR	− 0.01	− 0.06	− 0.06	− 0.05	− 0.02	0.00	0.03	0.05	0.06
VOL	AR	− 0.22	− 0.90	− 1.07	− 0.72	− 0.37	− 0.28	− 0.37	− 0.40	− 0.11
	SR	− 0.02	− 0.07	− 0.10	− 0.07	− 0.03	− 0.02	− 0.03	− 0.04	− 0.01
VOLPRC	AR	0.76	− 0.06	− 0.38	− 0.31	0.90	0.40	0.21	0.32	0.57
	SR	0.05	0.00	− 0.03	− 0.03	0.08	0.03	0.02	0.03	0.05
VOLS	AR	0.91	0.68	0.23	0.38	1.23	0.95	0.82	1.03	1.49
	SR	0.06	0.05	0.02	0.03	0.10	0.08	0.07	0.09	**0.13**

注：表 5 – 8 报告了基于分位数（QB）排序投资组合和基于样本协方差矩阵（S）和 DCC – NL 估计量的有效排序投资组合的样本外周平均收益率（AR）和夏普比率（SR）。我们假设无风险利率为零，并计算平均收益率与标准差的比值作为夏普比率。使用最近的 182 个日度收益率估计得到协方差矩阵。对于这三种策略中的每一种，我们考虑了 10 个不同的因子（详细定义见表 5 – 1）作为收益预测信号，对于两种有效策略，我们都考虑对总暴露的四种不同约束。$\gamma = +\infty$，2，1.6，1 表示递增的约束，分别对应于卖空比例不超过 $+\infty$、50%、30% 和 0。对于大于 0.11 的夏普比率，我们将其加粗显示。投资组合规模 $N = 100$，持有期 $m = 14$。

的来说，结果在数量上与表5-5中的结果相似。特别是PRC和MAXPRC具有最显著的可预测性，并且使用基于DCC-NL的有效排序方法和严格的杠杆约束可获得最优表现。

5.4.3　进一步分析

有效排序方法的优越表现在很大程度上归因于考虑了协方差矩阵，这也可以用Daniel等（2020）的未定价风险理论来解释。根据他们的研究，QB投资组合捕捉了与因子（特征）相关的定价风险和未定价风险。QB投资组合承担的未定价风险增加了QB投资组的波动性，并削弱了其样本外表现。有效排序方法通过考虑协方差矩阵有效地解决了这一问题。

为了排除因子的干扰，并对两个协方差矩阵估计量的效果进行纯粹的比较，我们在表5-9中给出了基于S和DCC-NL的两个全局最小方差（GMV）投资组合的样本外表现。如预期的那样，DCC-NL有效地降低了基于S的GMV投资组合的样本外标准差，这表明DCC-NL降低了高维协方差矩阵的估计误差。此外，使用DCC-NL估计量还可以大大降低GMV投资组合的换手率。这一结果证明了DCC-NL协方差矩阵估计在构建投资组合中的重要性。

表5-9　　　　　　　1/N投资组合和规模为100、持有期为7天的
GMV投资组合样本外表现

策略	$\hat{\Sigma}_t$	AR	SD	SR	MinW	MaxW	SDW	ShortW	AT
面板A：对个体波动没有限制的组合									
1/N		0.54	13.29	0.04	5.00	5.00	0.00	0.00	0.16
GMV	S	-0.47	12.16	-0.04	-21.24	69.69	10.13	237.16	5.52
	DCC-NL	0.71	11.06	0.06	-6.39	35.84	5.34	92.63	1.85

续表

策略	$\hat{\Sigma}_t$	AR	SD	SR	MinW	MaxW	SDW	ShortW	AT
面板 B：限制个体波动 $\sigma < 0.15$ 的组合									
$1/N$		0.96	13.05	0.07	5.00	5.00	0.00	0.00	0.16
GMV	S	0.95	18.18	0.05	-19.74	71.38	10.10	226.70	5.83
	DCC-NL	-0.08	16.34	-0.01	-6.00	40.61	5.68	87.05	1.85

注：表 5-9 报告了基于样本协方差矩阵（S）和 DCC-NL 估计的 naive $1/N$ 投资组合和全局最小方差（GMV）投资组合的样本外周平均收益率（AR）、标准差（SD）、夏普比率（SR）、最小值（MinW）、最大值（MaxW）、权重标准差（SDW）、总空头头寸（ShortW）和平均换手率（AT）。在构建 GMV 投资组合时，不对空头头寸施加约束。权重变量以百分比显示。面板 A 和面板 B 分别显示了不约束个体波动率的投资组合和约束个体每日波动率不超过 0.15% 的投资组合的结果。投资组合规模 $N=100$，持有期 $m=7$。除夏普比率外，所有数字均以百分比表示。

5.5 研究结论

随着加密货币市场的发展，为降低投资单个加密货币的风险，提高投资效率，越来越多的加密货币基金应运而生。一方面，我们发现昨天的收盘价和上周的最高价这两个价格因子能很好地捕捉横断面异常，并预测未来的加密货币收益。此外，动量因子也为构建基于 DCC-NL 的有效排序组合提供了信息。另一方面，我们的实证结果为有效排序方法在加密货币市场分散风险方面的积极作用提供了有力的证据。我们的样本外实证结果还表明使用协方差矩阵的 DCC-NL 估计量以及在构建高维加密货币投资组合时对空头头寸施加约束的重要性。

我们的研究结果为加密货币市场的资产定价开辟了一条新的研究路径。未来的工作可以探索这些能预测加密货币收益的有效因子背后的故事。例如，为什么与股票市场相反，投资廉价加密货币（使用因子 PRC 或 MAXPRC）比投资小型加密货币（使用因子 MC）更有效？我们能否为加密货币市场构建一个具有价格和动量因子的三因子资产定价模型以对比股票市场的规模和价值因子？我们的实证结果表明，即使量化投资者对空头头寸有不同的敞口，或计划投资维度高达 100 的各种加密货币以分散个人风险，通过预测因子和有效的排序方法，都可以帮助量化投资者更好地实现效用最大化。最后，研究有效的加密货币投资组合在对冲其他金融资产（如黄金、石油、债券和股票）风险方面的作用，以及在不同国家可能产生的不同影响，将会是未来非常有趣的研究方向。

第6章

我国资本市场泡沫与监管

 6.1 问题的提出

我国经济正处在以供给侧结构性改革为主线，由高速增长阶段转向高质量发展阶段的攻关期。党的十九大报告要求，"着力构建市场机制有效、微观主体有活力、宏观调控有度的经济体制""健全金融监管体系，守住不发生系统性金融风险的底线"。[①] 有序化解突出的风险点，筑牢金融风险"防火墙"，涉及资本市场如何精准研判可能的风险、识别并实时化解突出的风险点，这是一个重要的理论和现实问题。我国资本市场在2015年5月前后，经历了急剧上升和急剧下跌剧烈波动形成的系统性金融风险。以此为背景提出的问题是，如何界定并且识别资本市场突出的风险点，如何化解突出的风险点从而使市场延续或者返回有效运行的轨道，实时化解突出风险点的时间节点、手段和市场条件是什么？本章根

[①] 习近平：《决胜全面建成小康社会　夺取新时代我国特色社会主义伟大胜利——在我国共产党第十九次全国代表大会上的报告》（2017年10月18日），人民出版社2017年版，第30、34页。

据我国资本市场2015年的泡沫及其微观结构（哪些行业及个股的泡沫引导了市场泡沫），界定突出的风险点，根据护盘干预的时点和方式，针对性地设计并且实现系列反事实仿真，为回答上述问题提供了反事实仿真证据。

6.2 文献回顾

从文献看，金融资产泡沫是金融和金融计量长期研究的热点。一些学者从微观经济主体行为的角度，分析金融资产泡沫的产生、传导和破灭机制。例如，Pearson、Yang和Zhang（2016）通过研究81 811个投资者账户交易认沽权证的记录，揭示我国认沽权证泡沫的产生和传导机制。Bian等（2018）通过研究约180 000个场内配资账户和超过155 000个场外配资账户的交易数据，分析2015年我国股市泡沫的破灭机制。即杠杆资金的大量入市，尤其是场外配资规模的扩大，大大增加了相关股票的风险；而随后的去杠杆政策导致股票价格下跌，融资融券投资者不得不大量卖出股票以维持其账户杠杆率在平仓线所允许的范围内，进而促使相关股票的价格进一步下跌。但是，这些研究没有检验或者认证泡沫的存在性，也没有给出市场和行业泡沫形成的时点，以及市场泡沫和行业泡沫之间的关系。

基于基本面①界定和检验资产泡沫，构成了这一领域经典研究的方向。Gürkaynak（2008）总结这类文献后发现，根据基本面对泡沫的定义不尽相同，不同的泡沫定义和不同的检验方法往往对同一资产产生不同的结论。例如，Shiller（1981）的方差界和West（1987）的两步法泡沫检验、Froot和Obstfeld（1991）的内生泡沫检验，都产生了标准普尔指数在1871～1980年（或1900～1988年）存在泡沫的结论。Dezhbakhsh和Demirguc-

---

① 资产价值的基本面，一般定义为未来各期现金流按照一定利率折现的价值之和。

Kunt（1990）使用改进的 West 两步法，对 1871～1981 年和 1871～1988 年这两个样本的标准普尔指数进行检验，却产生了不存在泡沫的结论。Diba 和 Grossman（1988）应用协整检验也得出了标准普尔指数无泡沫的结论。Evans（1991）认为，上述泡沫检验方法都不能准确检测资产价格的周期性爆炸泡沫。

资产价格泡沫检验具有突破性意义的工作，是 Phillips、Wu 和 Yu（2011）（以下简称 PWY）提出的上确界 ADF 检验（SADF）。该方法基于递归 ADF 统计量的上确界，检验爆炸性过程。考虑到待检验数据可能包含多个泡沫区间，Phillips、Shi 和 Yu（2015）（以下简称 PSY）改进递归程序，将 SADF 扩展至广义 SADF（GSADF），并提出了识别泡沫时点的倒向 SADF 检验（BSADF）。他们认为，如果资产价格偏离随机游走，会持续地爆炸性上涨，但因以红利等计算的基本面价值没有随之爆炸性上涨，则资产价格存在泡沫。Fama（1970）的有效市场理论认为，如果市场是有效的，那么证券价格一定是其价值的体现。因此，Phillips 等的泡沫界定与 Fama 弱有效市场的定义（价格服从随机游走的市场为弱有效市场）基本一致，因而具有坚实的理论基础。简志宏和向修海（2012）以及郭文伟和陈凤玲（2016）等利用这一泡沫检验理论，对我国股市泡沫进行了动态检验。与此同时，反事实仿真研究是评估政策效应重要的理论和方法。其核心思想是在一定的假定条件下，通过反事实仿真，制造出与"事实"相悖的对照组，其结果为评估已经成为事实的政策，提供具有科学意义的反事实仿真证据。这一方法不断发展并且被频频应用于评估经济政策、市场监管和冲击效应，如油价冲击（Kilian，2008；Mohaddes and Pesaran，2016）、市场联动性（Upper and Worms，2004）等。相对而言，将反事实仿真应用于研究评估资本市场的干预效应，仍是一个有待起步的研究领域。

本章首先应用 PSY 提出的泡沫检验，检验股市及重要行业和个股的泡沫，识别泡沫起止时点，基于此界定突出的风险点，设计并且实现反事实仿真，为如何化解突出的风险点及其实时监管等提供证据。与现有文献相比，本章研究的进展可概括如下。一是直接与守住不发生系统性金融风险的底线、有序化解突出的风险点相契合，具有重要的理论和现实意义。二是通过市场泡沫及其与行业泡沫的相互引导关系，界定并且识别资本市场突出的风险点。三是针对突出的风险点和 2015 年对资本市场的护盘干预，设计反事实仿真。四是以反事实仿真的证据，首次回应国际金融界对我国干预资本市场的质疑。[①]

6.3 我国资本市场泡沫与突出的风险点

2015 年 1 月至 5 月，沪深 300 指数从 3 434 点爆炸性上升到 4 841 点。[②] 人们的直觉是，这种非理性上升形成了泡沫。如何检验泡沫、如何确定泡沫的形成与破灭时间及其大小、如何界定并且识别资本市场突出的风险点，不仅是投资者密切关注的现实问题，也是监管部门实时监管的主要对象，及其是否干预市场的重要依据。

6.3.1 资产价格泡沫新的理论界定与检验

诺贝尔经济学奖得主 Fama 的上述弱有效市场理论认为，资本市场价格波动服从随机游走的趋向，既充分反映了预期、供需对价格的冲击，也包含了噪声、市场规则变化对价格的影响。在 Summers（1986）看来，既然市场价格波动为随机游走，市场为（弱）有效，于是有效市场价格便反映了基本面价值。这一理论不仅为大量的后续文献所证实、引用和发展，更是资产定价模型、泡沫检验和本章后续反事实仿真的理

---

① 参见 Brunnermeier, Sockin and Xiong（2017）以及 Zeng, Huang and Hueng（2016）。
② 资料来自国泰安 CSMAR 数据库。

论基础。而 Phillips 等提出的泡沫检验，以理性泡沫理论为基础，将资产价格的泡沫成分定义为资产价格与基本面价值之差。如果资产价格出现偏离随机游走的爆炸性上涨，而由红利股息等计算的基本面价值没有随之爆炸性上涨，则认为资产价格出现泡沫。这就表明，如果资产价格出现爆炸性上涨而偏离有效市场，但基础面价值平稳，则资产价格便出现泡沫。但我国的资本市场是新兴市场，关于分红等投资回报仍然缺乏健全的制度性约束，大量的分红以配股等形式实现，导致现金红利都是数值较小、平稳且离散的数据。典型案例是 2014 年 9 月到 2015 年 5 月，沪深 300 指数从 2 451 点上涨到 4 840 点，但沪深 A 股平均股息率仅为 0.98%，这一数据相对于爆炸性上涨的指数而言，几乎可以忽略不计。因此，本章使用 GASDF 和 BSADF 检验，直接对我国市场及行业指数进行泡沫检验和泡沫时点识别。

我国资本市场分为沪、深两个市场，尽管两个市场相互贯通，但是上市公司的规模、性质、交易模式等有着较大的不同。沪深 300 指数样本选自沪深两个证券市场，覆盖了大部分流通市值，且样本股所属行业分布状况基本与市场一致。沪深 300 基本准确地反映了沪深两个市场的运行和波动特征，沪深 300 的泡沫能准确度量资本市场泡沫。基于沪深 300 指数度量风险，恰当地描述了我国资本市场的系统性风险。本章以沪深 300 指数为主要研究对象，揭示市场泡沫及其微观结构，对沪深 300 一级行业指数（共 10 个）进行泡沫检验和估计，揭示哪些行业的泡沫引导了市场泡沫，形成突出的风险点，并为后续的反事实仿真提供可行路径。

记 $\{y_t\}$，$t=1$，…，T 为待检验的资产价格或者市场价格指数，其泡沫界定和检验方程为：

$$y_t = dT^{-\eta} + \rho y_{t-1} + \varepsilon_t \tag{6.1}$$

其中，$\varepsilon_t \sim NID(0, \sigma^2)$，$d$ 为常数，$\eta > 0.5$。当 $\rho = 1$ 时，价格 $\{y_t\}$ 为随机游走，而 $\rho > 1$ 时，$\{y_t\}$ 显著地向上偏离随机游走，呈现幂指数型的爆炸性上涨，形成泡沫。如 $\rho = 1.08$，则 $\rho^9 = 2$。这意味着，经过 9

期的爆炸性上涨，资产价格或指数就会翻倍。这一结果基本准确地刻画了沪深 300 指数在 2015 年 1～5 月的爆炸性上涨。其特征表明，这一泡沫界定具有直观性。于是对于式（6.1），泡沫检验就转化为基于式（6.1）而检验 $H_0 : \rho = 1$ 和对应的 $H_1 : \rho > 1$。若拒绝 H_0 而接受 H_1，则价格出现泡沫。

本章以 2011 年 1 月（记为 2011M01，下同）到 2017M03 为样本期，使用月收盘数据检验泡沫。数据处理为，将包括沪深 300 指数及其 10 个行业指数在内的 11 个时间序列数据，除以对应的同比 CPI 月度数据，形成实际指数序列。本章的原始数据皆来源于 Wind 数据库。由此得出的沪深 300 样本期主要数据见图 6－1、图 6－2。

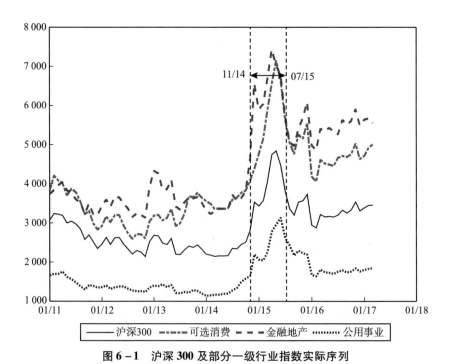

图 6－1　沪深 300 及部分一级行业指数实际序列

注：图 6－1 为 2011M01－2017M03 沪深 300 及部分一级行业指数的实际序列。

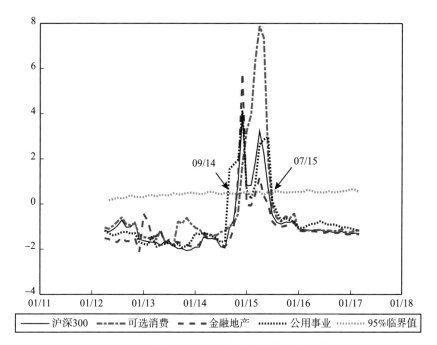

图 6 – 2　根据 BSADF 统计量估计泡沫时点

注：图 6 – 2 给出了沪深 300 指数及部分一级行业指数 BSADF 序列的数据图，BSADF 统计量的值超过临界值所对应的时间区间即为泡沫存续期。

图 6 – 1 显示，沪深 300 指数在 2015 年上半年出现明显的爆炸性上涨。这一数据特征与泡沫界定高度吻合。本章应用 GSADF 检验，对沪深 300 及其行业指数进行泡沫检验，泡沫界定为价格偏离随机游走的爆炸性上升，但爆炸性上升是一个过程，它发生在某一子样本中。因此，记子样本的起点和终点分别为 $\lfloor r_1 T \rfloor$ 和 $\lfloor r_2 T \rfloor$，式（6.1）对应的检验方程为：

$$\Delta y_t = \alpha_{r_1 r_2} + \delta_{r_1 r_2} y_{t-1} + \sum_{i=1}^{k} \psi_{r_1 r_2}^{i} \Delta y_{t-i} + \varepsilon_t \qquad (6.2)$$

其中，$\alpha_{r_1 r_2}$ 为常数项，$\delta_{r_1 r_2} = 1 - \rho_{r_1 r_2}$，$k$ 为滞后阶数，$\varepsilon_t \sim NID(0, \sigma_{r_1 r_2}^2)$。于是，检验子样本（$\lfloor r_1 T \rfloor$，$\lfloor r_2 T \rfloor$）是否存在泡沫，即是检验 $H_0: \delta_{r_1 r_2} = 0$ 和对应的 $H_1: \delta_{r_1 r_2} > 0$。其检验统计量为：

$$GSADF(r_0) = \sup_{\substack{r_2 \in [r_0,1] \\ r_1 \in [0, r_2 - r_0]}} \left\{ ADF_{r_1}^{r_2} \right\} = \sup_{\substack{r_2 \in [r_0,1] \\ r_1 \in [0, r_2 - r_0]}} \left\{ \frac{\hat{\delta}_{r_1 r_2}}{se(\hat{\delta}_{r_1 r_2})} \right\} \quad (6.3)$$

通过式（6.3）检验泡沫，是在 $SADF = \sup_{r_2 \in [r_0,1]} \left\{ ADF_0^{r_2} \right\}$ 每一次向前递推子样本终点的基础上，向前递推子样本的起点并且进行 ADF 检验，直至子样本窗宽 $\lfloor r_w T \rfloor$ 满足最小样本长度 $\lfloor r_0 T \rfloor$，由此形成一系列 ADF 值，取其最大值即为 GSADF 统计量值。PSY 证明，GSADF 检验的极限分布为如下的非经典分布：

$$GSADF(r_0) \xrightarrow{L} \sup_{\substack{r_2 \in [r_0,1] \\ r_1 \in [0, r_2 - r_0]}}$$

$$\left\{ \frac{\frac{1}{2} r_w \left[W(r_2)^2 - W(r_1)^2 - r_w \right] - \int_{r_1}^{r_2} W(r) \mathrm{d}r \left[W(r_2) - W(r_1) \right]}{r_w^{1/2} \left\{ r_w \int_{r_1}^{r_2} W(r)^2 \mathrm{d}r - \left[\int_{r_1}^{r_2} W(r) \mathrm{d}r \right]^2 \right\}^{1/2}} \right\}$$

$$(6.4)$$

其中，W 表示标准的维纳过程，$\xrightarrow{L}$ 表示依分布收敛，$r_w = r_2 - r_1$。因此，将 GSADF 统计量值与对应的临界值比较而产生检验结果。

6.3.2 我国资本市场的泡沫与突出的风险点

本章的泡沫检验在沪深 300 的样本期（2011M01 ~ 2017M03，$T = 75$）内进行，针对期间（如 2014M12 ~ 2015M02）爆炸性上升的直观特征，主要应用 GSADF 检验泡沫。

1. 我国资本市场的泡沫及泡沫形成和破灭的时点

本章按 $r_0 = 0.01 + 1.8 / \sqrt{75}$ 和固定步长为 1 递推，形成子样本的起点和终点，并基于此产生 GSADF 统计量的值。检验发现，最大的 GSADF 值为 $GSADF = ADF_{0.5}^{0.64} = 5.06$，对应的子样本为 2014M01（$r_1 = 0.5$，$\lfloor r_1 T \rfloor = 37$）- 2015M12（$r_2 = 0.64$，$\lfloor r_2 T \rfloor = 48$）。根据样本特征和设定的最小窗宽

进行仿真，得到 $T = 75$，$r_0 = 0.01 + 1.8 / \sqrt{75}$ 时，GSADF 统计量 95% 的有限样本临界值[①]为 1.951，远小于 5.066。据此拒绝单位根原假设，而接受存在泡沫的备选假设。

因此，本章得到以下结论：我国的资本市场在 2014M01 ~ 2015M12 的样本区间存在泡沫。这一结论意味着，若干重要的行业或者个股价格在这一区间的初期形成泡沫，由于没有及时刺破这些泡沫而不断演变，直至市场泡沫的形成和发展。但是，无论从实时监管还是从投资者的角度看，泡沫形成和破灭的时点无疑是更为重要的问题，也是界定和识别突出风险点的基本准则。本章应用 PSY 的 BSADF 统计量，确定泡沫形成的时点。这一检验的思想是将 SADF 从起点向样本终点递推，改为从样本的终点向起点递推，形成一系列子样本，并对每个子样本进行 ADF 检验，取这一系列子样本 ADF 检验统计量值的上确界：

$$BSADF_{r_2}(r_0) = \sup_{r_1 \in [0, r_2 - r_0]} \{ ADF_{r_1}^{r_2} \} \tag{6.5}$$

泡沫形成与破灭的时点分别为：

$$\hat{r}_e = \inf_{r_2 \in [r_0, 1]} \{ r_2 : BSADF_{r_2}(r_0) > cv_{r_2}^{SADF} \} \tag{6.6}$$

$$\hat{r}_f = \inf_{r_2 \in [\hat{r}_e + \gamma \log(T)/T, 1]} \{ r_2 : BSADF_{r_2}(r_0) < cv_{r_2}^{SADF} \} \tag{6.7}$$

其中，$cv_{r_2}^{SADF}$ 表示样本量为 $\lfloor r_2 T \rfloor$ 时，SADF 统计量的临界值，$\lfloor (\gamma \log(T)/T) T \rfloor$ 为泡沫持续的最短时间。[②]

根据式（6.5），计算沪深 300 指数的系列 BSADF 统计量的值，再根据式（6.6）和式（6.7），即通过比较 BSADF 统计量和 SADF 的 95% 的有限样本临界值，[③] 确定泡沫形成和破灭的时点——市场泡沫于 2014M11 形成，在 2015M07 破灭，持续时间为 8 个月。对应的，度量基础面价值的 A 股平均股息，在 2014 年和 2015 年分别为 0.47% 和 0.98%。为清晰直观，我们将这一结果在表 6 - 1 中给出。至此，本章的第一个结论可以概述为：

---

① 临界值由 2 000 次蒙特卡罗模拟实验得到。数据生成过程为：$y_t = T^{-1} + \rho y_{t-1} + \varepsilon_t$，其中 $\rho = 1$，$\varepsilon_t \sim NID(0, 1)$。

② 综合考虑月度数据和样本量，我们设定 $\gamma = 0.4$。

③ 临界值由 2 000 次蒙特卡罗模拟得到。

我国的资本市场在2014M01~2015M12内存在泡沫，市场泡沫于2014M11形成，2015M07破灭。

2. 我国资本市场泡沫的微观结构与突出风险点的识别

图6-1显示，金融地产、可选消费、公用事业等行业指数，在2015M01~2015M05均出现明显的爆炸性上升，意味着这些行业在这一区间可能形成泡沫。图6-1还直观地显示，金融地产、可选消费的急剧上涨，明显比沪深300指数的上涨更为陡峭。由此延伸的问题是，哪些行业的泡沫引导了市场泡沫，即哪些行业的泡沫是市场泡沫的Granger原因。现根据BSADF统计量序列确定的泡沫位置和大小、市场泡沫与个股或者行业泡沫是否形成Granger因果关系，揭示泡沫之间的相互引导关系，即市场泡沫的微观结构。特别地，本章界定，引导市场泡沫的行业和个股的泡沫形成的时点，构成市场突出的风险点。所谓"突出"，是因为这些行业泡沫会引导市场泡沫，这些行业泡沫会演变为市场泡沫。为揭示市场泡沫的微观结构，识别突出的风险点，本章对10个行业的价格指数进行GSADF泡沫检验，并且使用BSADF检验确定其泡沫形成和破灭的时点。在此基础上，将这10个行业的BSADF统计量序列与沪深300的BSADF统计量序列进行Granger因果关系检验。其结果一并由表6-1给出。

表6-1　2011M01~2017M03沪深300及其一级行业指数的泡沫时点、
持续时间、大小[a]及Granger因果关系检验

	泡沫形成时点	泡沫破灭时点	持续时间	BSADF最大值	Granger因果关系检验（p值）
沪深300	2014M11	2015M07	8M	3.887	—
能源	2015M04	2015M05	1M	1.975	1.318（0.276）
原材料	2014M12	2015M07	7M	3.737	0.834（0.440）
工业	2014M11	2015M06	7M	5.337	1.529（0.226）
可选消费	2014M12	2015M07	7M	7.886	3.328[**]（0.016）

	泡沫形成时点	泡沫破灭时点	持续时间	BSADF最大值	Granger 因果关系检验（p 值）
主要消费	2015M03	2015M07	4M	3.351	0.283（0.755）
医疗卫生	2015M01	2015M06	5M	5.763	0.940（0.397）
金融地产	2014M11	2015M01	2M	5.806	5.968 ***（0.000）
信息技术	2015M02	2015M06	4M	6.214	1.615（0.209）
电信业务	2014M12	2015M06	6M	4.142	1.781（0.178）
公用事业	2014M09	2015M07	10M	4.133	4.109 **（0.022）

注：泡沫形成与破灭的时点分别由式（6.6）和式（6.7）得出。表6-1中第五列为根据式（6.5）得到的 BSADF 统计量序列的最大值。最后一列为 Granger 因果关系检验（原假设为行业泡沫不是市场泡沫的 Granger 原因）的 F 统计量与对应 p 值，其中 ** 和 *** 分别表示在5%和1%的水平上显著。

a. 泡沫的大小由 BSADF 序列的最大值度量。

表6-1清晰地表明，市场泡沫于2014M11形成，其 BSADF 最大值为3.887，泡沫持续8个月后于2015M07破灭。可选消费行业的泡沫虽略晚于市场泡沫形成，但其泡沫程度（BSADF 最大值）最大，达到7.886。金融地产行业的泡沫与市场泡沫同期形成，但 Granger 因果检验证实，这一行业的泡沫对市场的泡沫产生明显的引导作用。[①] 公用事业行业的泡沫形成于2014M09，早于市场泡沫形成的时点，尽管其泡沫小于可选消费行业，但也对市场泡沫起到了引导作用。总之，Granger 因果检验证实，在5%的显著性水平上，金融地产、可选消费和公用事业等行业的泡沫是市场泡沫的 Granger 原因。这些结果表明，可选消费、金融地产和公用事业等行业的泡沫对市场泡沫起了引导作用，因此，这些行业泡沫形成的时点构成了突出的风险点。

进一步，我们对上汽集团、我国银行、国电电力等各行业中流通市值较大的多只个股，进行 BSADF 泡沫检验。结果发现，上汽集团和我国银

———————

① 我们认为，一个行业或个股泡沫对市场具有引导作用，如果其满足以下两个条件。第一，其泡沫产生早于市场泡沫；第二，其泡沫是市场泡沫的 Granger 原因。

行分别于 2014M11 和 2014M10 形成泡沫，比其所属的可选消费和金融地产行业的泡沫均提前 1 个月。因此，上汽集团和我国银行的泡沫引导了可选消费和金融地产行业的泡沫。2014M11 前后，上汽集团、我国银行的泡沫形成了所属行业突出的风险点。

由于泡沫形成和破灭的时点是根据式（6.5）计算的系列 BSADF 统计量的值与临界值比较的结果，BSADF 统计量[①]的值因此度量泡沫的大小，对 BSADF 统计量序列进行 Granger 因果关系检验，其结果将为证实重要个股、行业与市场泡沫之间的引导关系提供具有针对性的证据。具体地，本章以样本 2011M01 ~ 2017M03 区间内的 BSADF 值[②]为对象，检验可选消费行业（金融地产行业、公用事业行业）泡沫是否是市场泡沫的 Granger 原因[③]，个股上汽集团、我国银行和国电电力泡沫是否为可选消费行业、金融地产和公用事业泡沫及市场泡沫的 Granger 原因。主要结论如下。在 1% 的显著水平上，上汽集团泡沫→可选消费泡沫；上汽集团泡沫→市场泡沫；我国银行泡沫→金融地产泡沫→市场泡沫；公用事业泡沫→国电电力泡沫；国电电力泡沫→市场泡沫（其中→表示 Granger 原因）。也就是说，在 99% 的置信度下，我国股市 2015 年的泡沫主要由金融地产行业（包括其中的重要个股，如我国银行）、可选消费行业和公用事业行业中的重要个股（典型的，如可选消费行业中的上汽集团，公用事业行业中的国电电力）的泡沫所引导，由此形成以重要个股泡沫带动重要行业泡沫，再由重要行业泡沫促成市场泡沫的传导机制。

---

① 之所以以 BSADF 统计量而不是自相关系数为研究对象，一方面是因为我们感兴趣的样本区间正好是各个指数中泡沫形成、扩张或破灭的区间，这一区间中，指数很可能经历了由爆炸性到单位根过程，或由单位根过程到平稳过程的变化，从而使得不同指数自相关系数之间出现虚回归。而将自相关系数除以其标准差得到 BSADF 统计量，再进行格兰杰因果关系检验，则能有效避免上述问题。另一方面，根据泡沫检验的定义，当 BSADF 统计量的值超过临界值时（当样本大小和最小窗宽给定时，临界值不变），认为序列中存在泡沫，因此，BSADF 统计量比自相关系数更能准确度量泡沫。

② 对应于样本期 2011M01 ~ 2017M03，每一研究对象都有 60（$= T - \lfloor r_0 T \rfloor + 1$）个 BSADF 观测值（见图 6 - 2），而每一观测值都由所对应样本时点倒向递归，并求系列 ADF 统计量的上确界所得。

③ 由于待检测的 BSADF 统计量值都是 I（1）过程，基于 I（1）变量的 Granger 因果关系检验发现，其中的滞后阶数相比平稳数据增加了一阶。参见 Toda and Yamamoto（1995）。

我国资本市场的行业泡沫和市场泡沫及其传导，也可以由金融理论关于理性与非理性泡沫所解释。理性泡沫理论假设投资者具有理性预期，在无套利条件下资产价格仍然可能持续偏离其"基础价格"而形成"理性泡沫"，即市场参与者预期资产价格可能进一步上升，进行套利交易，由此形成"理性泡沫"。非理性泡沫理论则从行为金融学角度解释泡沫，认为非理性投资者对收益的正反馈是泡沫形成的重要原因。这两种理论从不同角度为上述泡沫传导机制提供了理论解释。一方面，由于经济体中各行业、企业通过上下游产业链、交叉持股等方式密切相关，个股或某些行业指数的上涨，诱导投资者产生其他个股及行业上涨的预期，从而购买相关领域上涨相对较慢的个股或者相关行业的指数。这种以规避"追涨"风险为特征的交易具有理性预期，因而从理性预期角度解释了泡沫从先于大盘上涨的行业及个股传导到市场的过程。另一方面，从行为金融学角度看，个股或某些行业指数的持续上涨，导致非理性投资者产生所谓代表性偏差，基于非理性的过度乐观而"追涨"，从而促使泡沫进一步扩大。但损失厌恶偏差使其更倾向于购买还未上涨的个股，从而使这一类个股和行业的价格上涨并形成泡沫。这类个股或行业的泡沫由于明显滞后，对市场泡沫不具有引导作用。

总之，以上的 Granger 因果关系检验结果与泡沫发生和破灭的时点，不仅相互印证地支持了结果的稳健性，而且准确刻画了当时的背景——2014 年 2 月到同年 11 月，上汽集团的股价上涨 56%，我国银行的股价上涨 33%，而公用事业和金融地产行业指数上涨均为 43%。在金融地产、公用事业行业和其他行业个股的带动下，沪深 300 指数涨幅达到 29%，市场形成泡沫。[①] Granger 因果结论和上述数据都证实，以上汽集团、我国银行、国电电力为代表的个股，以及可选消费、金融地产、公用事业行业的泡沫，构成了当时突出的风险点。刺破这些行业或者个股早期的泡沫，不仅将阻滞市场泡沫，而且能化解突出的风险点，从而实现对资本市场风险

---

① 数据来自国泰安 CSMAR 数据库。

的精细化解。

至此，本章的第二个结论可以概述如下：我国资本市场的泡沫（2014M11~2015M07）为金融地产行业和上汽集团、国电电力为代表的可选消费、公用事业行业中的重要个股的泡沫所引导。这些具有引导市场泡沫作用的行业和个股泡沫发生的时点，形成了突出的风险点。这一结论不仅揭示了市场泡沫的微观结构，而且意味着，金融监管的关键在于实时识别这些突出的风险点，实时地刺破这些行业和个股的泡沫。这样有针对性的监管以致干预，能促使市场回归到有效运行状态。这一结论为如何实时进行市场监管提供了具体的对象和目标，也为本章的反事实仿真提供了实施路径。

6.4　我国资本市场监管与干预的反事实仿真

Fama 的弱有效市场和泡沫理论及其后续研究均认为，弱有效运行的市场具有如下主要特征。一是市场价格指数的数据生成过程为随机游走，市场的大多数个股或者行业的价格便是如此，在市场指数服从随机游走的样本期，绝大多数个股的价格波动基本反映了基本面走势。二是由随机游走的统计特征可知，价格或市场指数不可能出现爆炸性上涨或下跌趋势。股市价格波动主要归结为市场供需变动的冲击，市场预期变化的冲击，市场规则变动的冲击，信息披露、风险警示以及对违法违规交易行为进行查处产生的冲击，也包括"羊群行为"与从众心理等因素的冲击。在市场有效运行期间，对个股或者部分行业实施以刺破其泡沫为目的的实时针对性监管，尽管对它们甚至市场产生冲击，但是不可能导致市场运行脱离有效运行轨道，至少不应持续地偏离随机游走。而且，如果通过针对性监管实时刺破了重要的个股或行业的泡沫，化解了突出的风险点，市场不存在具有泡沫的行业及重要个股，市场自然地会延续有效运行的轨道。基于上述理论分析，本章针对资本市场 2015 年的突出风险点与监管和干预，设计并且实现系列反事实仿真，为论证以上分析提供证据。

6.4.1 实时化解资本市场突出的风险点——对资本市场 2015 年泡沫存续期的反事实仿真

我国资本市场于 2014M11~2015M07 期间经历了市场泡沫的发展、演变与破灭。尤其是 2015 年 1 月到 5 月，沪深 300 指数从 3 434 点爆炸性上涨到 4 841 点，4 个月就上涨 41%。而从 2015 年 6 月 8 日的 5 354 点（最高点），仅经历 1 个月就下跌 32% 至 3 663 点。针对股市的急剧下跌，为化解系统性金融风险，证监会等政府机构于 2015 年 7 月市场泡沫破灭之际，对市场实施护盘干预。主要干预措施包括，汇金公司申购 ETF，21 家证券公司联合出资 1 200 亿元购蓝筹 ETF 等（以下简称护盘干预）。

据此，本章的"反事实"仿真设计的思想和目的可以概括为，通过刺破对市场泡沫具有引导作用的重要行业和个股初期的泡沫（或者市场中期的泡沫），化解突出的风险点，促使市场延续（或者返回）有效运行的轨道，为守住"底线"筑起第一道防线。如同 Brunnermeier 等（2017）所述，在重要个股或行业形成泡沫时，如果不采取有针对性的监管和干预措施，市场短视投资者、从众投资者和投机者、违法违规交易者，将快速推高市场波动，投机和违法违规交易的回报率相应上升，影响资产定价的有效性，导致市场泡沫膨胀。如果市场初期的泡沫没有被及时刺破，市场的投机和违法违规交易愈演愈烈，资产价格和波动率越来越高，最后大量资产的风险溢价无法补偿其相应的波动风险，市场崩盘。应用这一理论分析，本章设计以下反事实仿真的思想。

其一，反事实主要体现在：将发生在泡沫破灭期[①]的干预，反事实地提前到市场泡沫初期[②]进行监管；同时，将以入市购买为主要手段的干预，

[①] 我们将泡沫破灭期界定为泡沫破灭时点（根据 BSADF 检验方程式（6.7））到指数触底反弹之间的时期。

[②] 泡沫初期为泡沫形成时点（根据 BSADF 检验方程式（6.6））一个月以内的时期。

反事实地改变为对市场泡沫具有引导作用的行业和个股的泡沫进行针对性的实时监管；将泡沫存续期沪深 300 的爆炸性数据生成过程（事实），反事实地设计为市场弱有效运行的随机游走过程，但其波动为泡沫存续期的波动。由此形成仿真路径一。

其二，如果化解突出的风险点没有实现预期目标，市场泡沫发展到中期，意味着突出的风险点正在向系统性风险演变。我们针对泡沫正在向系统性金融风险演变，设计反事实仿真，以阻止市场泡沫膨胀，为化解系统性金融风险提供证据。本章设计将发生在泡沫破灭期的干预，反事实地提前到市场泡沫的发展期①（泡沫中期）；针对市场泡沫的演变，实施以限制杠杆资金入市、国有股减持等为主要手段的干预，由此形成仿真路径二。为进一步证实实时化解突出风险点的重要性，扩展仿真路径二，考虑泡沫中后期不同时点的干预，形成仿真路径四和仿真路径五。

其三，如果没有干预市场，既没有化解突出的风险点，也没有在泡沫破灭时进行护盘干预。也就是说，将发生在泡沫破灭期的护盘干预反事实地改变为放任市场下跌后自然价值修复，由此形成仿真路径三。

故有反事实仿真如下。第一，在整个样本期，检验和估计弱有效运行的子样本的数据生成过程（DGP）和波动，检验 DGP 残差分布，估计其方差，分析这一子样本期间市场的运行和监管。第二，估计和检验泡沫存续期的 DGP 和波动，揭示市场价格的爆炸性数据生成过程及其波动特征。第三，将泡沫存续期价格的 DGP 反事实地设定为弱有效运行期间的 DGP，但将其波动设定为泡沫存续期的波动；将发生在泡沫破灭之后的干预（事实），反事实地提前到泡沫的初期和中期，基于此生成反事实的仿真数据。第四，通过事实和反事实仿真数据的对比分析，提出监管和干预建议。

---

① 泡沫发展期为泡沫形成时点（根据 BSADF 检验方程式（6.6））一个月以后到泡沫破灭时点（根据 BSADF 检验方程式（6.7））之间的时期。

1. 市场弱有效运行的子样本及其数据生成过程

为增强反事实仿真数据的稳健性和可信度，现将仿真所需的全部数据由月度数据转换为日度数据，记为 $\{y_t^D\}$。为稳健地估计弱有效运行子样本的 DGP，并且考察干预效果，将基于泡沫存续期①的样本区间向前向后各扩展 7 个月，形成仿真的全样本期（2014M05D05 – 2016M01D25）和两个待检验的弱有效子样本（2014M05D05 ~ 2014M11D28 和 2015M07D01 ~ 2016M01D25）。为检验子样本数据是否服从随机游走，本章使用 DF 检验，结果显示两个子样本 DF 检验的 p 值分别为 0.9997 和 0.2208，据此，两个子样本的 DGP 均为随机游走，且第一个子样本的 p 值更大，可确定弱有效的子样本为 2014M05D05 ~ 2014M11D28，对应的沪深 300 的 DGP 为 $y_t^D = \hat{\rho} y_{t-1}^D + \hat{u}_t$，$\hat{\rho} = 1$，$\hat{u}_t \sim NID(0, \hat{\sigma}_0^2)$，即残差服从正态分布并且 $\hat{\sigma}_0 = 21.6$。对应的沪深 300 的标准差为 $std(y_t^D) = 162$。这一结果表明，弱有效运行的市场，沪深 300 和主要的行业指数不仅没有呈现出确定性趋势，而且具有合理的波动。

2. 泡沫存续期的反事实仿真数据生成过程

为揭示泡沫存续期的波动和分布特征，使用泡沫存续期的日度数据（2014M12D01 ~ 2015M06D30），估计泡沫存续期沪深 300 的 DGP，并检验其残差分布。为此，估计式（6.8）后对其残差进行正态性检验，并计算残差方差，结果如下。在 5% 的显著性水平上，接受残差服从正态分布的原假设，且残差的方差 $\hat{\sigma}^2 = 100.5^2$，相当于前述有效市场残差方差的 21.6 倍。这一剧烈波动蕴含着存续期泡沫的快速膨胀，是市场参与者的从众交易、违法违规交易、监管官员贪腐与内外勾结做局等各种因素，在泡沫存续期聚集对市场产生的冲击效应，反映了当时市场的主要特征。因

---

① 基于本章前一部分泡沫检验的结论，视 2014M11 ~ 2015M06 为泡沫存续期。但泡沫检验使用月末（收盘）数据，出于稳健性考虑，现将 2014M12D01 ~ 2015M06D30 视为泡沫存续期。

此，本章反事实仿真的 DGP 的残差保留这一波动，以反映泡沫存续期各类违法违规交易等现实背景。基于上述分析，设定泡沫存续期反事实的 DGP 的基准形式为：

$$y_t^D = \rho y_{t-1}^D + u_t \tag{6.8}$$

其中，$\rho = 1$，$u_t \sim NID(0, \sigma_t^2)$。前者反映弱有效运行期的主要特征，也是反事实的标志之一；后者 u_t 服从正态分布，则反映泡沫存续期残差的分布特征。为分别实现泡沫初期的监管和泡沫中期干预两种路径的反事实仿真，将监管与干预对应的时点设定为，扰动项的方差由 $\hat{\sigma}_0^2 = 21.6^2$（弱有效市场的波动）演变至 $\hat{\sigma}^2 = 100.5^2$（泡沫存续期的波动）的结构突变点。即有：

$$\sigma_t = \sigma_0 + D_t (\sigma - \sigma_0) \tag{6.9}$$

其中，D_t 为虚拟变量：

$$D_t = \begin{cases} 0, & t < \tau \\ 1, & t \geq \tau \end{cases} \tag{6.10}$$

当监管或干预发生，$t = \tau$ 取 1，否则取 0。根据泡沫时点和前述仿真设计，反事实仿真路径一是在市场泡沫初期（2014M12D01）进行以化解突出风险点为目的的实时监管，于是 τ 取 2014M12D01。反事实仿真路径二是在泡沫中期（2015M01D05）对市场进行干预，即 τ 取 2015M01D05。作为对路径二的扩展，反事实仿真路径四和仿真路径五分别为，在泡沫中、后期对市场进行干预，τ 各自取 2015M03D02 和 2015M05D04。

本章根据 DGP 的式（6.8）、式（6.9）和式（6.10）生成反事实仿真数据 1～仿真数据 2 和仿真数据 4～仿真数据 5，其结果分别由图 6-3 和图 6-4 给出，为简洁，其典型结果由表 6-2 给出。反事实仿真数据 1（对应于路径一，下同）和仿真数据 2 分别由图 6-3 的虚线和点线给出；反事实仿真数据 4 和仿真数据 5 分别由图 6-4 的虚线和点线给出；对应的实线则为事实数据，即真实的沪深 300 指数日收盘数据。

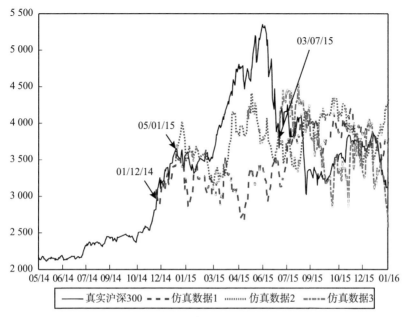

图 6 - 3 沪深 300 及反事实仿真数据 1 ~ 仿真数据 3

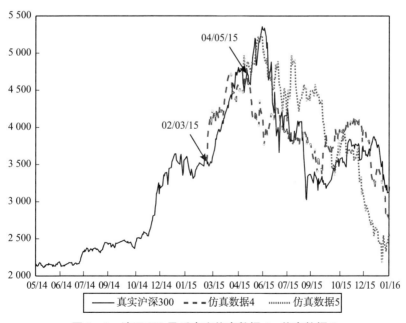

图 6 - 4 沪深 300 及反事实仿真数据 4 ~ 仿真数据 5

表 6 - 2   沪深 300 指数真实数据和反事实仿真数据的比较分析

数据类型	干预时点	仿真样本期 (2014M12D01 ~ 2016M01D25)						泡沫破灭后 (2015M07 D03 ~ 2016M01D25)			
		峰值	连续上涨天数	连续下跌天数	波动率	日收益率 VaR		均值	波动率	日收益率 VaR	
						99% 置信度 (%)	95% 置信度 (%)			99% 置信度 (%)	95% 置信度 (%)
仿真数据 1	泡沫初期 (2014M12)	4 202	11	12	374	6.18	4.39	3 796	221	5.46	4.01
仿真数据 2	泡沫中期 (2015M01)	4 412	27	20	323	5.29	4.19	3 863	273	5.11	4.15
仿真数据 3	无干预	5 354	80	40	628	11.53	6.92	3 652	492	13.05	8.23
仿真数据 4	泡沫中期 (2015M03)	4 774	42	25	441	5.52	3.95	3 731	363	7.17	4.21
仿真数据 5	泡沫后期 (2015M05)	5 230	51	39	752	7.93	4.64	3 709	789	9.08	6.11
沪深 300 指数	泡沫破灭期 (2015M07)	5 354	80	43	572	7.87	5.03	3 619	302	8.75	6.19

注：仿真数据 1、仿真数据 2、仿真数据 4、仿真数据 5 是将发生在泡沫破灭之后（2015 年 7 月初）的护盘干预，分别反事实地设定在泡沫初期（和中期）不同时点以刺破泡沫或者阻断市场泡沫的实时监管。其中，监管（干预）的时点分别为 2014M12D01、2015M01D05、2015M03D02、2015M05D04；仿真数据 3 是反事实地设定没有护盘干预，并且考虑价值修复后生成的数据，用于评估政策效应。沪深 300 指数为真实数据，其对应的干预时点在 2015M07（泡沫破灭期）。

6.4.2   以化解突出风险点为目标的实时监管——来自反事实仿真的证据

表 6 - 2 和图 6 - 3 清晰地显示，在仿真的样本期（2014M12D01 ~ 2016M01D25），真实数据和反事实仿真数据 1 和仿真数据 2 呈现明显差异。其一，真实数据的最高点是 2015M06D08 的 5 354 点，而仿真数据 1 的最高点在 2015M11D13 的 4 202 点，仿真数据 2 的最高点在 2015M05D20 的 4 412 点。这表明，反事实仿真数据成功降低了市场（真实沪深 300）波动的峰，且降低的幅度为 1 000 点左右。这一结果表明，通过实时刺破市场初期泡沫，尤其是实时刺破对市场泡沫具有引导作用的行业和个股的泡沫，可以将市场的峰值降低 1 000 点左右。其二，真实数据在 80 个

交易日（2015M02D06～2015M06D08）内保持连续上涨趋势，且其波动为589点，这80个交易日的连续爆炸型上涨，将真实沪深300推到了最高点（5 354点），由此形成了泡沫的膨胀期，而紧随其后的是43个交易日（最长）（2015M06D08～2015M08D06）的连续下跌，这种大起大落的运行导致了显著的系统性风险。而仿真数据1最长的连续上涨（下跌）时期只有11（12）个交易日，仿真数据2最长的连续上涨（下跌）时期也只有27（20）个交易日。这一分析结果表明，实时刺破对市场泡沫具有引导作用的行业和个股的泡沫，能够显著缩短泡沫存续期连续上涨和下跌的时间，化解突出的风险点，回避系统性风险。因此，实时监管和及时干预显著释放了真实数据连续上涨所积累的系统性风险，避免了真实数据爆炸性上涨和悬崖式下跌，守住了不发生系统性风险的底线。其三，由真实数据计算的日收益的系统风险值VaR[①]（在险价值）在99%（95%）的置信水平下为7.87%（5.03%），而仿真数据1和仿真数据2相应的VaR分别为6.18%（4.39%）和5.29%（4.19%）。这一结果证实，以刺破市场初期的泡沫为目的，进行实时针对性监管，能够有效化解市场突出的风险点，[②]规避系统性金融风险；针对市场泡沫的发展及时进行强制性干预，是化解系统性金融风险的必要途径。其四，泡沫破灭后（2015M07D03～2016M01D25），真实数据的日收益VaR在99%（95%）的置信水平下为8.75%（6.19%），而仿真数据1和仿真数据2相应的VaR分别为5.46%（4.01%）和5.11%（4.15%）。结果再次证实，将监管和干预提前至泡沫的初期或中期，将明显降低股市的系统性风险。

从表6-2和图6-4不难发现，仿真数据4和仿真数据5（干预分别发生在泡沫中期（2015M03D02）和后期（2015M05D04））尽管与真实沪

---

① 由于真实数据和仿真数据分布的差异较大，故使用历史模拟法计算VaR。具体地，由于样本量 $T=282$，显著性水平 $\alpha=0.01$（$\alpha=0.05$），将收益率数据按从小到大进行排序，对排位在1%（5%）的分位数，即第$\lfloor \alpha T+0.5 \rfloor=3$（14）个值反号，即为样本区间置信水平为99%（95%）的日收益VaR值。

② 本章界定，引导市场泡沫的行业和个股的泡沫形成时点，构成了市场突出的风险点。有效化解突出风险点，即通过市场或政策手段，及时刺破市场泡沫，能使市场回归有效运行状态。

深 300 指数相比，有较低的峰值和 VaR，较短的连续上涨、下跌天数，但其表现明显不及仿真数据 1 和仿真数据 2。这一比较证实，通过刺破对市场泡沫具有引导作用的行业泡沫，化解突出风险点，是降低系统性金融风险，守住不发生系统性金融风险、维系市场弱有效运行、提高监管效率最为有效的途径。

以上反事实仿真结果，为资本市场的实时监管和干预、精细化解突出风险点和系统性金融风险，提供了翔实的证据。

（1）在市场处于有效运行的状态下，对市场监管的目的是延续市场的有效运行，坚决打击各种违法违规行为，完善 IPO 和退市制度，建立健全卖空机制，加强制度性建设等。对于少数个股或者行业的泡沫，主要运用诸如信息公开等手段进行监管。

（2）当市场形成突出风险点时，基于上述反事实仿真路径一，监管部门应以刺破对市场泡沫具有引导作用的行业和个股泡沫、及时化解这些突出风险点为目的，运用市场和法规的手段进行针对性监管。具体而言，如果金融地产、可选消费等连续上涨超过 40%（其中的重要个股价格连续上涨幅度超过 50%），[①] 市场就形成了突出风险点，需即刻启动以管理层名义对形成泡沫的个股发布风险警示报告等针对性监管。这包括披露相关信息甚至公布其实际业绩，及时核查已形成泡沫的个股和相关公司是否有违规交易、存在应披露而没有披露的信息等，对这些行业发布权威的风险警示，引导市场和投资者形成风险预期，通过有效的信息披露及时化解投资者的从众心理和"羊群行为"。这些针对个股和行业的泡沫进行的实时监管，不仅能化解突出的风险点，也迫使市场从泡沫的初期状态回归有效运行的轨道。

（3）一旦主要运用市场和法规手段刺破行业和个股泡沫，化解突出风险点没有实现预期目标，市场泡沫将进一步膨胀，导致市场运行明显偏离有效运行的轨道。典型案例是 2015 年 1 月，金融地产行业指数已持续上

---

① 基于本章检验结果的直观判断，此结果在不同的样本期对于不同的行业不尽相同。

涨超过80%，沪深300指数的BSADF值达到3.887，超过对应临界值①近7倍。这些数据表明，市场泡沫处于膨胀期（中期），系统性金融风险加速形成。面对市场泡沫膨胀，基于上述反事实仿真路径二，为阻止市场泡沫发展，守住不发生系统性风险的底线，监管部门必须对市场坚决进行实时的大力度监管和干预。如对形成泡沫的行业或者个股反复警示风险，由此逆转市场对具有泡沫的个股和行业的"羊群"投资行为；及时核查已经形成较大泡沫的个股，严厉查处和精确打击违法违规交易；通过配售新股调节资本市场供求关系等。与此同时，启动相关的干预措施，如国有控股公司和政策性公司减持泡沫较大的个股以阻止泡沫传染，实施包括限制杠杆资金入市在内的措施，切断市场泡沫进一步膨胀的来源，随着干预和监管措施的生效，行业和个股泡沫不断破灭，投资者渐趋理性，由此化解"羊群行为"，致使市场经历剧烈波动后逐渐回复有效运行轨道。

（4）比较而言，针对突出风险点（市场泡沫处于初期），进行实时以刺破泡沫为目的的监管（仿真路径一），是化解突出风险点最有效的途径和手段。表6-2显示，反事实仿真数据1中，连续上涨最长的持续时间仅仅为11个交易日，发生在2015M09D22～2015M10D16，经检验，这一区间不存在泡沫。而真实沪深300和仿真结果2连续上涨最长的持续时间分别为80个和27个交易日，持续80个交易日的上涨将沪深300从3 165点推高到4 143点，形成系统性风险。因此，主要以市场和法规的手段及时化解突出风险点，能实现最有效监管。再以仿真结果2中连续上涨的这27个交易日为样本进行泡沫检验，结果证实这一区间仍然存在着泡沫。这就意味着，针对市场泡沫发展到中期而实施减持、限制杠杆资金入市等手段的干预，由于干预时点较晚，干预未能及时有效地阻断市场泡沫。上述比较分析表明，以化解突出风险点为目的的监管，不仅降低了市场波动和系统性风险，而且维系了市场的有效运行，实现了监管的预期效应。因此，在市场形成突出风险点的实时监管，是最佳的监管时点，健全股票市

---

① 对应的95%的临界值为0.492。

场法规，主要使用市场和法规手段化解突出风险点的监管，是最有效的监管。

为说明本章仿真结果的稳健性，我们将所有仿真数据（1~5）重复生成1 000次，计算每一次仿真的峰值、谷值、均值、波动率及在险价值，并求其中位数①（见表6-3）。比较表6-3和表6-2，可以发现，数据的均值、日收益率VaR等结果均高度一致。

表6-3 沪深300指数真实数据和1 000次反事实
仿真数据（中位数）的比较分析

数据类型	干预时点	仿真样本期 (2014M12D01~2016M01D25)					泡沫破灭后（2015M07 D03~2016M01D25）			
		峰值	均值	波动率	日收益率 VaR		均值	波动率	日收益率 VaR	
					99% 置信度 (%)	95% 置信度 (%)			99% 置信度 (%)	95% 置信度 (%)
仿真数据1	泡沫初期（2014M12）	3 855	2 750	584	5.73	3.17	2 767	403	5.44	3.63
仿真数据2	泡沫中期（2015M01）	4 621	3 571	595	7.30	4.58	3 652	411	7.39	4.78
仿真数据3	无干预	5 354	3 426	996	17.29	8.93	2 784	796	20.68	12.48
仿真数据4	泡沫中期（2015M03）	4 584	3 546	567	7.70	4.49	3 603	423	7.40	4.83
仿真数据5	泡沫后期（2015M05）	5 645	4 399	722	10.00	6.23	4 804	414	9.93	6.45
沪深300指数	泡沫破灭期（2015M07）	5 354	3 325	572	7.87	5.03	3 619	302	8.75	6.19

注：表6-3中仿真数据的结果为1 000次模拟的中位数。仿真数据1、仿真数据2、仿真数据4、仿真数据5是将发生在泡沫破灭之后（2015年7月初）的护盘干预，分别反事实地设定在泡沫初期（和中期）不同时点，以刺破泡沫或者阻断市场泡沫的实时监管。其中，监管（干预）的时点分别为2014M12D01、2015M01D05、2015M03D02、2015M05D04；仿真数据3是反事实地设定没有护盘干预，并且考虑价值修复后生成的数据，用于评估政策效应。沪深300指数为真实数据，其对应的干预时点在2015M07（泡沫破灭期）。

———————

① 使用中位数，是因为均值在一定程度上抵消了随机性，而中位数相对更为合理。

6.4.3　2015年护盘干预的效果——来自反事实仿真的证据

文献显示，国外金融界对我国2015年7月针对资本市场急剧下跌的护盘干预发表了大量评论和质疑。例如，Bieliński、Markiewicz 和 Mosionek – Schweda（2017），Zeng、Huang 和 Hueng（2016）均认为，干预并未起到托底护盘的作用，反而加剧了市场的不确定性，人为导致了市场急剧波动。为科学评估干预效应，提高监管效率，回应国外质疑，本章设计如下反事实仿真。假如在2015年7月泡沫破灭期，证监部门没有实施护盘干预，而是任由当时的市场下跌特征决定市场后续的运行。实现这一反事实仿真的思路和步骤为：估计和推断泡沫破灭之后干预发生之前的市场指数（沪深300）的数据生成过程（DGP）和波动；基于这一 DGP 和波动生成没有干预（反事实）的市场运行数据；比较实施了干预（真实）的数据和没有干预（反事实所生成）的数据，据此评价护盘干预的效果。首先估计和推断护盘干预实施之前的泡沫破灭期（2015M06D08～2015M07D02）沪深300指数的 DGP，结果为：$y_t^D = \hat{\rho} y_{t-1}^D + u_t$，其中 $\hat{\rho} = 0.9753$，$u_t \sim NID$ $(0, \hat{\sigma}_1^2)$，$\hat{\sigma}_1 = 173.1$。$\hat{\rho} < 1$ 和 $\hat{\sigma}_1 > 100$ 导致这一时期的市场价格向下偏离随机游走，且处于剧烈波动的运行状态。基于我国资本市场超跌反弹的实际，其价值修复占20%左右，据此将 $\hat{\rho}$ 增至0.9948（即增加20%），同时保留扰动项较大的波动。这样，没有干预的反事实仿真数据的 DGP 为：

$$y_t^D = 0.9948 y_{t-1}^D + u_t, \ u_t \sim NID(0, \hat{\sigma}_1^2), \ \hat{\sigma}_1 = 173.1 \qquad (6.11)$$

根据这一 DGP 生成没有干预的后续（2015M07D03～2016M01D25）数据，结果由表6-2和图6-3的虚点线（仿真数据3）给出。

比较这一时期（2015M07D03～2016M01D25）的真实数据（实施了干预）和仿真数据3（无干预），有以下发现。第一，真实数据的最低点为2015M08D26的3 026点，而仿真数据3的最低点在2015M08D11的2 332点，表明护盘干预成功地将最低点提高了694点。因此，这一结果为干预产生的"托底"效果提供证据。第二，真实数据的波动为302点，而仿真数据 3 的波动为 492 点，这一数据意味着，护盘干预减弱了市场波动。第三，由真实数据计算的日收益 VaR[①] 在 99%（95%）的置信水平下为 8.75%（6.19%），而仿真数据 3 相应的 VaR 为 13.05%（8.23%），说明护盘干预减弱了系统性金融风险。特别地，表 6 - 3 中（无干预）的中位数结果与上述结果基本一致。以上的反事实仿真结果，首次为护盘干预是否有效提供了反事实仿真证据。

6.5 结论与建议

本章检验并且确定 2015 年沪深 300 及其十大行业指数和重要个股泡沫及其相互的引导关系，由此界定并且识别资本市场突出的风险点。针对 2015 年资本市场突出的风险点以及护盘干预，本章设计并进行系列反事实仿真分析，结论为实时监管化解突出风险点、评估干预是否有效提供了反事实仿真证据。主要结论如下。

（1）我国的资本市场在子样本区间 2014M01～2015M12 内存在泡沫。泡沫形成时间为 2014 年 11 月，破灭时间为 2015 年 7 月。

（2）我国资本市场突出的风险点界定为，对市场泡沫产生引导作用的行业泡沫发生的时点。对于 2015 年而言，市场泡沫主要由金融地产行业，以及上汽集团、国电电力为代表的可选消费、公用事业行业中的重要个股的泡沫引导。这些对市场泡沫产生引导和促进作用的行业泡沫形成的时点，构成了我国资本市场突出的风险点。

（3）本章针对突出风险点和证监部门对 2015 年资本市场的干预，设计系列反事实仿真，分析的主要结果如下。首先，市场形成突出风险点的时点，是最佳的监管节点（反事实仿真数据 1）；而进行诸如公开警示个

---

① 我们仍使用历史模拟法计算 VaR。由于样本量 $T = 138$，显著性水平 $\alpha = 0.01$（$\alpha = 0.05$），将收益率数据按从小到大进行排序，对 $\lfloor \alpha T + 0.5 \rfloor = 1$（7）个值反号，即为样本区间置信水平为 99%（95%）的日收益 VaR 值。

股或者行业风险、实时核查形成泡沫的个股是否存在违规问题等监管手段，以刺破对市场泡沫具有引导作用的行业泡沫，确实维系了市场的有效运行，减弱了市场的波动，尤其是大幅度降低了连续上涨的时间，有效化解了系统性风险。其次，针对市场泡沫的膨胀，强制国有控股公司减持泡沫较大的个股等干预，减弱了市场波动和系统性风险，但某些行业仍然残留泡沫（反事实仿真数据2）。比较而言，以刺破对市场泡沫具有引导作用的行业和个股的泡沫为目的，实时化解突出风险点，主要使用制度、法规等手段，是监管的最佳路径和有效手段，也是监管的最佳时点。

（4）上述反事实仿真的分析结果，为如何化解资本市场突出风险点、改进和提高实时监管和干预效率、守住资本市场不发生系统性风险的底线，提供了证据和建议。首先，在资本市场有效运行的状态下，建议以延续市场的弱有效运行为目标，根据制度、法规和政策进行常规性监管。同时加强有效市场的机制建设，实施或者出台新的规则或管理法规，查处违法违规交易。其次，当对市场泡沫具有引导作用的行业和个股价格出现泡沫，且形成突出风险点时，应以刺破这些行业或者个股泡沫为目的，实时启动针对性监管，通过刺破这些泡沫及时化解突出风险点，维系市场有效的运行。最后，如果化解突出风险点没有实现预期目标，市场泡沫仍然迅速发展与演变，意味着突出风险点正在向系统性风险演变，证监部门应坚决果断地实施以阻断市场泡沫膨胀为目的的强制干预，使市场从泡沫状态折返至有效运行状态。比较而言，实时化解突出风险点，应作为优先的监管时点和方式。

（5）根据本章的反事实仿真结果，我国证监部门2015年对资本市场的护盘干预产生的效应可以概括为：护盘干预产生了托底效应，[①] 减弱了市场波动，降低了系统性风险。这一结果首次以反事实仿真的结论，回应了国际金融界对我国股市护盘干预的质疑。

---

① 即在股指急剧下滑（俗称股灾）时，及时干预市场制止股指急速下跌产生的效应。

第7章

油市与股市泡沫传染性

7.1 问题的提出

近几十年来，随着经济的快速增长和能源消费结构的升级，我国的石油消费量急剧增长。根据《BP 世界能源统计年鉴》，1990 ~ 2017 年，我国的石油消费量从 110.3 百万吨油当量（Mtoe）增加到 608.4 百万吨油当量。在 2017 年，我国石油消费量占全球消费量的 13.2%，仅次于美国（19.8%）。此外，由于石油储量不足，我国的石油进口量正在快速增长。在 2017 年，我国石油进口量超过美国，达到 1 024.1 万桶/天，致使其石油进口依赖度达到 68% 以上。

我国对成品油价格的严格控制曾被认为是其应对国际油价波动的一道保护墙。我国一直在努力推进成品油价格的市场化改革。2013 年 3 月 26 日，我国实施了成品油价格调整周期由 22 个工作日缩短为 10 个工作日的改革，取消了 4% 的油价变动上限①，这次改革大大放宽了成品油价格管制。此外，2018 年 3 月 26 日，原油期货已在上海期货交易所上市，原油

---

① 《国家发展改革委关于进一步完善成品油价格形成机制的通知》，中国政府网，2013 年 3 月 27 日，http://www.gov.cn/zwgk/2013 - 03/27/content_2363601.htm。

期货的价格发现功能进一步推进了石油定价机制的完善。随着我国石油进口依存度的提高和石油定价体系的变革，我国石油价格与国际石油价格的相关性日益增强。

在此背景下，国际油价波动对我国的石油市场（Jia et al.，2015）、实体经济（Tang et al.，2010）与股票市场（Xiao et al.，2018）有显著影响。例如，如果国际油价上涨，一方面，成本的增加会导致投资和产出减少，这会对股市产生不利影响；另一方面，投资者情绪和溢出效应（Li and Wei，2018）可能对股市产生积极影响。除了国际油价对我国股市具有不确定性影响之外，由于我国的石油进口在全球石油贸易的比重高，我国经济增长也会影响国际油价（Beirne et al.，2013；Wang and Zhang，2014）。

鉴于其复杂的影响机制及对投资者和政策制定者的重要现实意义，本章从一个新的视角，即泡沫的传染效应视角来研究石油和股票市场间的依赖性。现有研究从多个角度说明了泡沫的重要性。Narayan 和 Narayan（2017）指出泡沫在解释能源价格调整方面具有重要作用，Narayan 等（2013）发现交易量对股价泡沫有正向影响，Narayan 等（2016）发现股价泡沫能够增加福利，Narayan 等（2016）发现基于资产价格泡沫构建的股票组合具有最小的波动性。与这些文献不同，我们的研究试图找到以下问题的答案。石油市场和我国股市是否存在泡沫？如果存在，那么泡沫什么时候形成，什么时候破裂？石油泡沫和我国股市泡沫之间有什么关系？泡沫之间是否存在传染效应？传染方向是怎样的？

为了回答这些问题，我们使用最近提出的 GSADF 方法，对我国和国际原油价格、我国能源部门指数和市场指数在 2004 年 9 月 1 日至 2018 年 7 月 9 日期间的泡沫进行了检验。基于 BSADF 统计量，在样本期间，我们在每个时间序列中检测出两次泡沫时期：2007～2008 年全球金融危机时期和 2014～2015 年石油产能过剩时期。通过分析六个时间序列中的泡沫，我们发现了以下结果，这为石油市场和股票市场极端价格波动之间的关系提供了重要线索。首先，相比于 2007～2008 年全球金融危机期间，2014～2015 年石油产能过剩期间我国原油价格对国际原油价格的敏感度更高。其次，2014～2015 年的泡沫始于原油价格泡沫，随后扩散到我国股票市场，2007～2008 年泡沫的传导方式则正好相反。本章进一步解释了石油和股票价格泡沫之间不断变化的传染效应，并为监管机构预防系统性金融风险给出启示。鉴于石油在我国经济中扮演的关键角色，以及政府对成品油价格和股票市场的严格监管，我们的研究具有重要的政策意义。

不同于以往的研究，我们对价格泡沫的定义是基于有效市场假说，而不是传统的理性泡沫理论。根据理性泡沫理论，泡沫被定义为实际价格与基本面价格之差。然而，Pavlidis 等（2018）认为，基本面价格的衡量过于主观且总有严重的设定误差。他们认为利用市场对价格的预期是一种检验资产价格泡沫的更好的方法。鉴于我国原油期货市场发展时间较短且我国股票股息率较低，用石油期货价格和股票股息计算相应的基本面价格是不合适的。此外，众所周知，石油和股票的基本面价格都应该是非爆炸性的，以反映经济增长的一般规律，因此我们直接根据实际价格来定义价格泡沫：如果实际价格发生了爆炸性的过程，那么泡沫就存在。这个定义与Pavlidis 等（2018）一致，不同的是本章使用过去一天的实际价格作为价格的市场预期。

此外，据我们所知，本章首次使用了基于 BSADF 统计量的格兰杰因果检验来识别石油和股票价格泡沫的传染效应。过往文献提供了大量关于石油和股票市场之间溢出效应的证据，但并没有关注价格泡沫是否会在整个市场中进行传染。在泡沫时期，价格不再简单地由供需决定，因此传染效应应该不同于通常的溢出效应。大多数早期的文章将传染效应定义为在动荡时期资产之间日益密切的相关性，然而这一定义忽视了极端事件造成的非理性影响，因此受到诸多质疑。学者们随后采用极值理论（EVT）（Chen and Lv，2015）、联合（copula）法（Wen et al.，2012）、分位数回归（Baur and Schulze，2005）和多类逻辑回归（Bae et al.，2003）测量"共超"（co-exceedance）传染效应。与这些研究一致的是，我们的研究考虑了极端事件。但与它们不同的是，本章通过泡沫的发生来定义一个极端事件，我们认为这比使用 EVT 来计算临界值更直观。

Gürkaynak（2008）对这种检验泡沫的方法进行了研究，得出的结论是，资产价格泡沫的计量检验不能达到令人满意的确定性程度。Phillps 等（2011）取得了突破，提出了基于一组递归右尾 ADF 检验的上界值的 SADF 检验方法，该方法被证实提高了检验周期性泡沫的检验势。为了提高其检验多个泡沫的检验势，Phillps 等（2015）将 SADF 扩展到 GSADF，使检验窗口的起点也进行递归，他们还提出了一种基于 BSADF 统计数据的一致实时日期戳策略。这一方法被证明优于 Pavlidis 等（2018）提出的方法，因此在之前的研究中被广泛使用，如 Bohl 等（2013）、Caspi 等（2018）、Su 等（2017）、Sharm 和 Escobari（2018）。通过使用 GSADF 检验和 BSADF 统计量，我们可以用其高的检验势和精确日期来识别价格中的多个泡沫，这使我们能够直观地探究传染效应。我们发现了支持石油市场和我国股市泡沫间传染效应的实证证据，即当石油市场或股市出现泡沫时，它很可能会扩散到另一个市场。

我们的研究不仅提供了关于国际石油市场、我国石油和股票市场泡沫期和传染效应的实证证据，而且为大量研究问题作出了贡献，包括国际和我国石油市场之间日益密切的关系，石油市场和股票市场的异常波动或泡沫，石油市场和股票市场的相关性和溢出效应，以及极端市场条件下的泡沫传染效应。详细分析见 7.2 节。

7.2 文 献 回 顾

学术界对石油和股票的价格波动进行了大量研究。第一，许多研究将油价的剧烈变化视为结构性断点或泡沫。例如，Lee 等（2010）通过建立一个重构成分 - ARJI 模型，发现了 WTI 和 WTIF 市场的多重结构断点。Chen 等（2015）对 WTI - Brent 原油价格价差进行了各种单位根检验，并验证了持续性变化假设。2008 年 7 月，国际油价突破 140 美元/桶，引发热议。Phillps 和 Yu（2011）、Shi 和 Arora（2012）及 Gronwald（2016）都检测出了 2008 年的石油价格泡沫。Tokic（2010）认为泡沫是由美联储在 2008 年金融危机后实施的反通缩策略导致的。2015 年初，国际油价跌至 50 美元/桶以下。Fantazzini（2016）发现 2014 年与 2015 年油价出现负泡沫。Tokic（2015）利用欧元对美元贬值这一现象来解释油价的暴跌，Domanski 等（2015）认为石油公司杠杆率的增加可能是其原因，Sharm 和 Escobari（2018）将油价的暴跌归因于非 OPEC 国家石油出口的增加，特别是美国页岩油产量的持续增长。

第二，一些研究发现我国股市存在泡沫。例如，Jiang 等（2010）使用对数周期性幂律（LPPL）方法检测了 2005～2007 年和 2008～2009 年我国股市的泡沫。Shu 和 Zhu（2019）发现从 2005 年 3 月 1 日到 2018 年 4 月 2 日，我国股市有 3 个正泡沫和 4 个负泡沫。Gong 等（2019）基于理性资产价格泡沫理论分析了我国股票市场的泡沫。虽然 Yu 和 Ma（2019）遵循 Narayan 和 Popp（2010）的核心思想，考虑了时间趋势中的断点，并发现了一个相当短的泡沫周期，但他们没有给出一个区分时间趋势中的断点和爆炸过程的有效方法。

上述研究分别关注了石油市场和我国股票市场的结构变化或泡沫，但并没有将两个市场的异常行为联系起来。本章试图通过分析我国股票市场、我国原油市场和国际原油市场泡沫期的具体时间来识别两者之间的联系，从而填补现有研究中的这一空白。

大量文献对于石油价格波动对宏观经济的影响进行了研究。大多数学者认为油价上涨对实体经济的不利影响可以通过以下几个渠道来解释，包括供给侧冲击、财富转移、通货膨胀、实际余额效应、意外效应和调整成本（Brown and Yücel，2002；El Anshasy and Bradley，2012；Kim et al.，2017）。而 Wei 和 Guo（2016）找到了石油价格上涨对我国产出具有积极影响的证据，并通过出口的增加来解释这一积极影响。Jarrett 等（2019）研究了石油价格、金融稳定和经济增长之间的混合关系，认为更好的金融机构可以减轻石油波动对经济增长的影响。

最近的研究集中在石油和股票市场之间的风险溢出效应。Smyth 和

Narayan（2018）对油价如何影响股票收益进行研究。总体而言，文献发现了从石油市场到金融市场的正向风险溢出效应（Li and Wei，2018；Wang and Wu，2018），并且发现其影响是时变的（Xiao et al.，2018）且不对称的（Xu et al.，2019）。例如，基于 2 178 只伊斯兰股票的数据集，Narayan 等（2019）发现油价显著影响了约 32% 的股票。You 等（2017）及 Wang 和 Wu（2018）认为，由于市场条件、投资者情绪和市场中不知情的交易者，石油价格的变化对金融市场具有不对称的影响。Balcilar 等（2018）和 Tsuji（2018）发现了股票市场和石油市场之间的双边风险溢出效应。此外，Chen 和 Lv（2015）、Ding 等（2016）、Mensi 等（2014）、Sukcharoen 等（2014）及 Wen 等（2012）关注了极端市场条件下的关系，并为两个市场之间正的极端依赖性提供了证据。

我们发现，大多数文献关注石油和股票市场之间的一般联系，其余则关注极端价值依赖，但并没有文献分析这些市场泡沫之间的特定传染关系。因此，我们首先基于 GSADF 方法对是否存在泡沫进行检验，然后基于 BSADF 统计量确定泡沫产生和破灭的时间，最后使用格兰杰因果检验确定泡沫的传染效应。

综上所述，现有文献研究了石油和股票价格的波动特征，以及石油价格波动对宏观经济和股票市场的影响。基于不同的理论框架，他们找到了充分的证据来证明石油价格、实体经济和股票市场之间的密切关系。然而，这两类文献是相互独立的。因此，我们将通过研究我国股市和石油市场泡沫之间的传染效应，将两者整合在一起，并且我们将同时考虑国际和我国原油价格。

7.3 数据和泡沫识别方法

为了检验泡沫，识别石油市场和股票市场之间的传染效应，本章采用反映我国整体股票市场的指数（CSI300）和反映我国能源相关股票市场的指数（油气勘探指数，OGEI）。本章还考虑了代表我国原油市场的两种价格（大庆和胜利）和两个国际原油价格（WTI 和 Brent）。大庆油田是我国第一大油田，也是世界十大油田之一，胜利油田是我国第二大油田。2017 年，这两个油田的石油总产量为 5 740 万吨，约占我国石油总产量的 30%。因此，它们的价格可以代表我国的石油价格。数据来源于能源知识服务系统数据库（http：//energy. ckcest. cn/home）。WTI 和 Brent 原油价格是国际石油市场的基准价格，这两种价格的数据来自 EIA 网站（www. eia. gov）。我们用到的六个时间序列均为日度数据。受我国原油价格数据的限制，本章选取了 2004 年 9 月 1 日至 2018 年 7 月 9 日的样本时段。为了简便和易于比较，我们删除了有缺失值的日期，最后得到每个变量的 3 138 个观测值。需要注意的是，这四种油价都是以美元/桶为单位计算的，其中 WTI 和 Brent 原油价格是离岸价格。

根据有效市场假说，服从随机游走的市场基本面价格很好地反映了来自预期、噪声和各种市场规则的冲击以及决定价格的供需关系的一般影响（Fama，1970）。因此，如果出现实际价格明显偏离随机游走的情况，我们定义价格泡沫存在。

将检验的指数或价格序列记为 $\{x_t\}$，$t = 1$，$\cdots$，T。假设回归模型有一个弱（接近于零）截距项，形式如下：

$$x_t = T^{-c} + \rho x_{t-1} + u_t \tag{7.1}$$

其中，T 为样本容量，c 为局部化系数，$u_t \sim NID(0, \sigma^2)$ 为扰动项。根据 Phillps 等（2015），我们设置 $c > 0.5$ 以确保截距是渐近可忽略的。当 $\rho = 1$ 时，$\{x_t\}$ 随机游走；当 $\rho > 1$ 时，$\{x_t\}$ 是一个爆炸过程，意味着背离有效市场假说。我们认为这种背离是泡沫存在的信号。因此，建立原假设 H_0：$\rho = 1$ 和相应的备择假设 H_1：$\rho > 1$ 来检验泡沫，只有 H_0 在右侧检验中被拒绝时才能得出泡沫存在的结论。

在使用递归右侧 ADF 进行检验的过程中，我们用瞬时动态对式（7.1）进行补充，使其能够像标准 ADF 检验一样处理扰动项中的自相关。假设回归子样本从总样本的 r_1 部分开始，到 r_2 部分结束。递归回归如下：

$$\Delta x_t = \alpha_{r_1 r_2} + \delta_{r_1 r_2} x_{t-1} + \sum_{k=1}^{K} \beta_{r_1 r_2}^k \Delta x_{t-k} + u_t \tag{7.2}$$

其中，$\alpha_{r_1 r_2}$ 为恒定截距，$\delta_{r_1 r_2} = 1 - \rho_{r_1 r_2}$，$K$ 为通过最小化赤池信息准则（AIC）或贝叶斯信息准则（BIC）选择的滞后阶数，$u_t \sim NID(0, \sigma_{r_1 r_2}^2)$。式（7.2）中的 ADF 统计量可表示为 $ADF_{r_1}^{r_2}$。为了检验样本周期内是否存在泡沫，我们使用 GSADF 统计量，它被定义为 ADF 统计量序列在所有可行范围 r_1 和 r_2 上的上界值。假设回归样本的最小窗宽为 $\lfloor r_0 T \rfloor$，其中 $\lfloor . \rfloor$ 表示参数的整数部分。GSADF 统计量用 $GSADF(r_0)$ 表示，形式如下：

$$GSADF(r_0) = \sup_{\substack{r_2 \in [r_0,1] \\ r_1 \in [0, r_2 - r_0]}} \{ADF_{r_1}^{r_2}\} = \sup_{\substack{r_2 \in [r_0,1] \\ r_1 \in [0, r_2 - r_0]}} \left\{ \frac{\hat{\delta}_{r_1 r_2}}{se(\hat{\delta}_{r_1 r_2})} \right\} \tag{7.3}$$

该表达式表明 GSADF 检验不仅允许子样本将终点 r_2 从 r_0 变动到 1，还允许子样本起点 r_1 从 0 变动到 $r_2 - r_0$。与 SADF 检验只允许样本终点的变化相比，这种设定确保了即使当样本周期内存在不止一个投机泡沫时，GSADF 检验也具有较高的检验势。

虽然式（7.3）可以检查泡沫是否存在，但它不能显示泡沫何时形成或破裂。为了确定泡沫的具体起点和终点，我们将 BSADF 统计量与 95% 的 SADF 有限样本临界值序列进行比较。假设待测样本的终点固定为 $\lfloor r_2 T \rfloor$，最小窗宽设置为 $\lfloor r_0 T \rfloor$。BSADF 统计量由以下两个步骤构建。首先，连续地将样本的起点从 $\lfloor (r_2 - r_0) T \rfloor$ 向后改变为 0。每一次改变增加一个观测值，每一次都得到一个 ADF 统计量。其次，计算所有 ADF 统计量序列的上界值，即：

$$BSADF_{r_2}(r_0) = \sup_{r_1 \in [0, r_2 - r_0]} \{ADF_{r_1}^{r_2}\} \tag{7.4}$$

泡沫的起始位置和终点位置分别由以下公式确定：

$$\hat{r}_e = \inf_{r_2 \in [r_0, 1]} \{r_2 : BSADF_{r_2}(r_0) > cv_{r_2}^{SADF}\} \tag{7.5}$$

$$\hat{r}_f = \inf_{r_2 \in [\hat{r}_e + \eta \log(T)/T, 1]} \{r_2 : BSADF_{r_2}(r_0) < cv_{r_2}^{SADF}\} \tag{7.6}$$

其中，$cv_{r_2}^{SADF}$ 为样本量为 $\lfloor r_2 T \rfloor$ 时 SADF 的临界值，$\lfloor \eta \log(T) \rfloor$ 为泡沫的最小

持续时间①。日期戳策略将泡沫起点（由$\lfloor \hat{r}_e T\rfloor$表示）定义为$BSADF_{r_2}(r_0)$超过 SADF 统计值临界值的第一个观测值，将泡沫终点（由$\lfloor \hat{r}_f T\rfloor$表示）定义为$\lfloor (\hat{r}_e + \eta\log(T)/T)\ T\rfloor$之后使得$BSADF_{r_2}(r_0)$小于 SADF 统计量临界值的第一个观测值。

Phillps 等（2015）证明了在原假设下 $\{x_t\}$ 是具有渐近可忽略漂移的随机游走过程，SADF 和 GSADF 检验统计量的极限分布分别为：

$$\frac{\frac{1}{2}\left[B(1)^2 - 1\right] - B(1)\int_0^1 B(s)\,ds}{\left\{\int_0^1 B(s)^2 ds - \left[\int_0^1 B(s)\,ds\right]^2\right\}^{1/2}} \tag{7.7}$$

和

$$\sup_{\substack{r_2\in[r_0,1]\\ r_1\in[0,r_2-r_0]}}\left\{\frac{\frac{1}{2}r_w\left[B(r_2)^2 - B(r_1)^2 - r_w\right] - \int_{r_1}^{r_2}B(r)\,dr\left[B(r_2)-B(r_1)\right]}{r_w^{1/2}\left\{r_w\int_{r_1}^{r_2}B(r)^2 dr - \left[\int_{r_1}^{r_2}B(r)\,dr\right]^2\right\}^{1/2}}\right\} \tag{7.8}$$

其中，$r_w = r_2 - r_1$，B 代表标准布朗运动。这两个极限分布都是非标准分布，因此临界值只能通过数值模拟（渐近临界值）或蒙特卡罗模拟（有限样本临界值）得到。具体地说，我们在实证研究中使用有限样本临界值，这些临界值是从 2 000 次蒙特卡罗模拟的重复中获得的。

7.4 实证结果

由于我国政府的价格控制，大庆和胜利原油的平均价格低于以 WTI 和 Brent 原油为代表的国际原油价格。表 7 - 1 列出了六个序列的描述性统计数据。图 7 - 1 显示了六个时间序列的数据，每个时间序列中均存在两

---

① Phillips 等（2015）强调，可以根据设置和样本量选择与频率相关的参数 η。这里，我们设定 $\eta = 0.4$。

个异常周期。此外，从图中可以看出，2006～2007 年，六个序列均急剧上涨，并在 2007 年前后达到峰值，在这个峰值之后，这两个股票指数的走势与四种石油价格的走势有明显的不同。这些特征促使我们探讨在引言中提出的问题：在这六个序列中是否有泡沫产生，如果有，泡沫何时产生、何时破灭，以及石油市场和股票市场的泡沫之间是否存在相关性？

表 7 - 1　　　　　　　　　　描述性统计

项目	CSI300	OGEI	Daqing	Shengli	WTI	Brent
样本量	3 138	3 138	3 138	3 138	3 138	3 138
均值	2 233.1585	3 087.9639	60.0208	56.7332	62.4460	65.2540
标准差	811.3187	1 248.0074	21.7251	21.2489	19.2378	21.8030
最小值	818.2444	983.2094	14.3170	14.1023	21.3854	20.3562
最大值	5 217.5923	10 861.3799	121.9220	108.5262	125.4495	129.3949

注：CSI300 和 OGEI 来自 Wind 数据库。大庆和胜利油价来自 KEST 数据库，WTI 和 Brent 油价来自 EIA。四种原油的价格都是以美元/桶为单位计算的，WTI 和 Brent 的价格都是离岸价格。样本期为 2004 年 9 月 1 日至 2018 年 7 月 9 日。

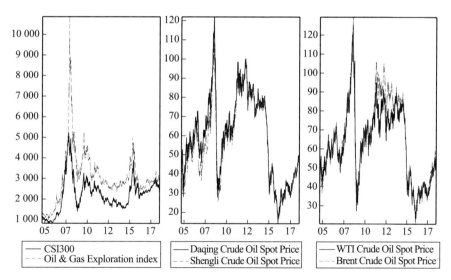

图 7 - 1　我国股票市场、我国原油市场和国际原油市场的时间序列

注：第一幅图为 CSI300 和 OGEI 的时间序列，代表我国股市；第二幅图为大庆和胜利原油价格，代表我国原油市场；第三幅图为 WTI 和 Brent 原油价格，代表国际原油市场。

基于式（7.3），我们计算了两个指数和四个价格序列的 GSADF 统计量，并将结果报告在表 7 - 2 的第二列。由于所有序列具有相同的样本量 $T = 3\ 138$，因此它们具有相同的临界值集。根据 Phillps 等（2015）对最小样本的窗宽的建议，我们设置 $r_0 = 0.01 + 1.8/\sqrt{T} = 0.042$，从而得到最小窗口大小 $\lfloor r_0 T \rfloor = 132$。此外，Phillps 等（2015）建议在 GSADF 检验和 BSADF 日期戳中使用固定的滞后长度，因此我们将滞后阶数设置为 $K = 0$ 来考虑瞬时动态关系，我们还在第 5 节的稳健性检验中考虑了 $K = 3$ 的情况。由 $K = 0$ 时的 2 000 次蒙特卡罗模拟得到的 90%、95% 和 99% 有限样本临界值分别为 2.281、2.508 和 2.908。将六个 GSADF 统计值与临界值进行比较，我们发现在所有测试序列中都有强有力的证据支持泡沫的存在。除了 WTI 原油价格在 5% 的显著性水平上拒绝原假设外，每个序列均在 1% 的显著性水平上拒绝带漂移随机游走的原假设。简而言之，两个股票指数和四大原油价格都存在泡沫。

为了确定两个指数和四个价格序列中泡沫存在的时间，我们使用式（7.4）计算 BSADF 统计序列，并将其绘制在图 7 - 2 ~ 图 7 - 4（点线）中。除了 BSADF 统计量序列，我们还绘制了 95% 有限样本临界值（虚线），两者均对应左侧纵轴。为了便于比较，我们在同一张图中还绘制了被检验的时间序列数据（实线），这些数据对应右侧纵轴。

表 7 - 2 总结了结果。第一，检验的六个价格序列均存在两次泡沫。第一次泡沫与众所周知的 2007 ~ 2008 年全球金融危机发生的时间相符。第二次泡沫开始于 2014 年底，2015 年中期时在股市结束，但四种油价的泡沫直到 2016 年初才破裂。我国股票市场的第一次泡沫始于 2006 年 4 月，主要是美国信贷市场的繁荣吸引了大量投机资金所致。石油市场的第二次泡沫很可能是由正的石油供应冲击和负的需求冲击共同造成的。从供给方面来看，美国页岩气产量的扩大，通常被称为"页岩气革命"，对石油市场的影响持续存在且逐渐增强。页岩气的生产还主要表现在非 OPEC 国家石油出口量的大幅增加，这对油价有很大的负面影响。从需求方面看，

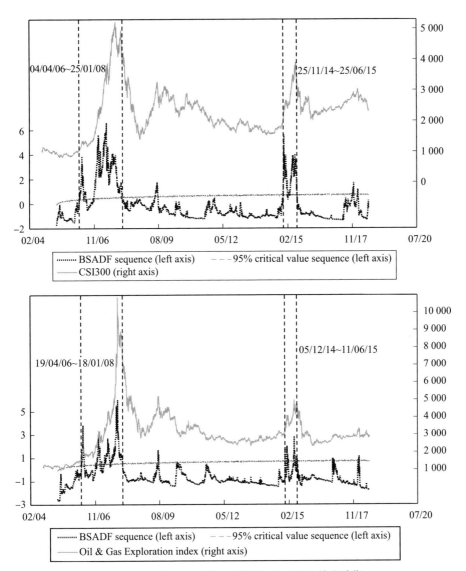

图 7 – 2 BSADF 序列：CSI300 和 OGEI 的泡沫期

注：样本时间为 2004 年 9 月 1 日至 2018 年 7 月 9 日。每个序列有 3 138 个观测值。右边纵轴对应的实线表示时间序列数据的值，左边纵轴对应的点线和虚线分别是由式（7.4）得到的 BSADF 序列和 2 000 次蒙特卡罗模拟得到的 95% 有限样本临界值。当 BSADF 序列超过相应的临界值时为泡沫期。

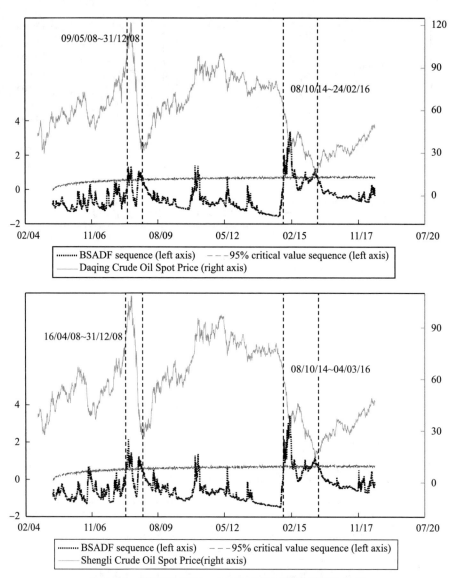

图7-3 BSADF 序列：大庆和胜利原油价格的泡沫期

注：样本时间为 2004 年 9 月 1 日至 2018 年 7 月 9 日。每个序列有 3 138 个观测值。右边纵轴对应的实线表示时间序列数据的值，左边纵轴对应的点线和虚线分别是由式（7.4）得到的 BSADF 序列和 2 000 次蒙特卡罗模拟得到的 95% 有限样本临界值。当 BSADF 序列超过相应的临界值时为泡沫期。

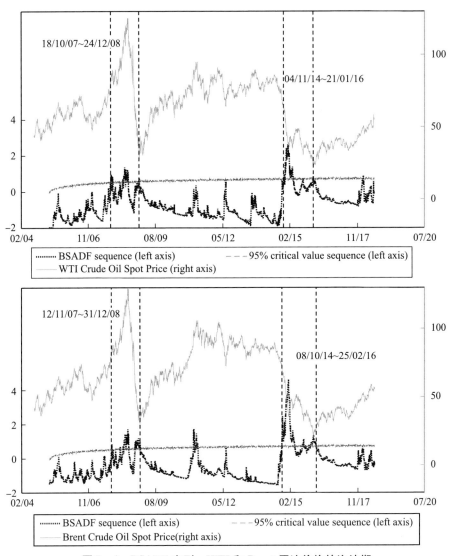

图 7 - 4 BSADF 序列：WTI 和 Brent 原油价格的泡沫期

注：样本时间为 2004 年 9 月 1 日至 2018 年 7 月 9 日。每个序列有 3 138 个观测值。右边纵轴对应的实线表示时间序列数据的值，左边纵轴对应的点线和虚线分别是由式（7.4）得到的 BSADF 序列和 2 000 次蒙特卡罗模拟得到的 95% 有限样本临界值。当 BSADF 序列超过相应的临界值时为泡沫期。

表 7 – 2　　　　泡沫检验、日期戳和泡沫格兰杰因果关系检验结果

变量	GSADF	泡沫产生时点	泡沫破灭时点	持续时间	最大BSADF	格兰杰因果关系检验
CSI300	6. 620 ***	2006/04/04	2008/01/25	661D	6. 620	—
		2014/11/25	2015/06/25	212D	5. 601	3. 705 ** （0. 011）
OGEI	6. 024 ***	2006/04/19	2008/01/18	639D	6. 024	—
		2014/12/05	2015/06/11	188D	2. 856	7. 895 *** （0. 000）
Daqing	3. 382 ***	2008/05/09	2008/12/31	236D	1. 403	3. 589 ** （0. 013）
		2014/10/08	2016/02/24	504D	3. 382	—
Shengli	3. 461 ***	2008/04/16	2008/12/31	259D	2. 144	2. 118 * （0. 096）
		2014/10/08	2016/03/04	513D	3. 461	—
WTI	2. 625 **	2007/10/18	2008/12/24	433D	1. 362	3. 746 ** （0. 011）
		2014/11/04	2016/01/21	443D	2. 625	—
Brent	4. 622 ***	2007/11/12	2008/12/31	425D	1. 751	2. 796 ** （0. 039）
		2014/10/08	2016/02/25	505D	4. 622	—

　　注：滞后阶数为 $K = 0$ 的 GSADF 统计量由式（7.3）得出。根据 Phillps 等（2015）的日期戳策略，可以得到泡沫的开始和结束日期（式（7.5）和式（7.6））。对于 GSADF 统计，90%、95%、99% 临界值分别为 2.281、2.508 和 2.908。对于 BSADF 统计，临界值随子样本大小的变化而变化（见图 7 – 2 ~ 图 7 – 4 中的虚线）。我们将 BSADF 统计量与 95% 有限样本临界值进行比较，这些临界值是从 2 000 次蒙特卡罗模拟中获得的。第 5 列显示了相应泡沫期的持续时间。第 6 列显示了从每个样本和每个序列中获得的最大 BSADF 统计值，代表泡沫大小。第 7 列显示格兰杰因果关系检验的统计数据和 p 值（括号中）。原假设为：沪深 300 指数的第一次泡沫是四种油价泡沫的格兰杰原因，Brent 原油价格的第二次泡沫是沪深 300 指数和 OGEI 泡沫的格兰杰原因。两个格兰杰因果关系检验的样本周期分别为 2004 年 9 月 1 日至 2011 年 8 月 3 日和 2011 年 8 月 4 日至 2018 年 7 月 9 日，各包含 1 569 个观测值。*** 、** 和 * 分别表示在 1%、5% 和 10% 的水平上显著。

我国经济增速逐渐放缓使其石油需求有所减少。由于我国是最大的石油进口国，其需求量占全球石油进口的一半，其增速放缓导致石油需求量大幅减少。这两个事实都导致了 2014 ~ 2015 年的石油产能过剩。

　　第二，两次泡沫在两个指数和四种油价中存在重合部分。就两个指数而言，第一次泡沫期是 2006 年 4 月至 2008 年 1 月，而第二次泡沫期始于 2014 年底，于 2015 年 6 月破裂。对于四种原油价格，WTI 和 Brent 原油价

格的第一次泡沫开始得比大庆和胜利原油价格更早，而四种原油价格第二次泡沫存在的时间几乎完全重叠。特别地，WTI 和 Brent 原油价格的第一次泡沫是在全球金融危机泡沫扩散的 2007 年末开始出现的，然而，大庆和胜利原油价格的第一次泡沫直到 2008 年中期才出现，当时股市泡沫已经破裂。我国原油价格的第二次泡沫发生在 2014 年 10 月至 2016 年 2 月期间，与 Brent 原油价格泡沫相同，这意味着我国对成品油价格的严格控制未能阻止石油市场受到国际冲击。这可能是因为，自 2013 年 3 月我国政府实施新一轮油价改革以来，我国与国际油价之间的关联度增强了。

第三，本章通过比较两种股票指数与四种原油价格的泡沫产生和破灭时间、持续时间和规模，发现了泡沫传染效应。从泡沫形成时间来看，两个股指的第一次泡沫始于 2006 年 4 月，比四种油价泡沫的形成时间早了一到两年。相比之下，原油价格的第二次泡沫始于 2014 年 10 月初，并在两个月内迅速蔓延到我国股市。从泡沫的持续时间和规模来看，对于股票市场来说，2007 ~ 2008 年全球金融危机的泡沫比 2014 ~ 2015 年的石油产能过剩泡沫持续更长、影响更大，而石油市场则相反。换句话说，2014 ~ 2015 年的石油产能过剩泡沫对石油市场来说是一个更为严重的问题，甚至刺激了我国股市泡沫的产生。

为了验证我们对泡沫传染效应的猜想，我们将样本分成两个子样本，每个子样本有 1 569 个观测值，并利用时间序列数据检验 2007 ~ 2008 年我国股市泡沫是否是 2007 ~ 2008 年四种原油价格泡沫的格兰杰原因[1]，以及 2014 ~ 2015 年四种原油价格泡沫是否是 2014 ~ 2015 年我国股市泡沫的格兰杰原因（见表 7 - 2 最后一列）。结果表明，在 10% 的显著性水平上，2007 ~ 2008 年的股市泡沫是四种原油价格泡沫的格兰杰原因；在 5% 的显著性水平上，2014 ~ 2015 年的原油价格泡沫是我国股市泡沫的格兰杰原因。

---

[1] 利用 Narayan 和 Popp（2010）提出的在未知时间下截距和斜率有两个结构突变的单位根检验，我们发现所有六个时间序列数据都是 I（1）过程，因此我们使用 Toda 和 Yamamoto（1995）提出的针对 I（1）变量的格兰杰因果检验。

过往大多数研究结果强调石油市场对我国股市的单边波动溢出效应（Xiao et al.，2018）或指出石油市场对我国股市的传染效应（Fang and Egan，2018），与这些研究不同，本章揭示的是两个市场之间具有泡沫双边传染效应的密切关系。我们验证了2007~2008年的全球金融危机泡沫，这一泡沫首先从股票市场开始，然后在一到两年内扩散到石油市场。此外，政府对成品油价格的强力调控成功地保护了我国石油市场，延缓了油价泡沫的产生。与此不同的是，2014~2015年的石油产能过剩泡沫始于四种原油价格，然后在两个月内迅速蔓延到我国股市。

这些发现支持了以下传染机制。2007年，股票市场的过度繁荣通过投资者的高涨情绪扩散到石油市场，导致石油需求过度，从而导致石油价格急剧上涨。2008年初，股市泡沫破裂，投机资金涌入石油市场，导致油价非理性上涨，此外，危机后的反通缩政策也促进了油价的上涨。2014年，经济增长放缓导致的石油需求下降和供应过剩共同导致了油价的大幅下跌，油价的负泡沫刺激了企业投资和杠杆的扩张，从而导致了我国股市的非理性繁荣。石油价格的负泡沫虽然能够刺激投资，但弊大于利，因为它会导致资源配置不当和市场定价机制的低效，最终导致非理性繁荣和系统性金融风险。

我们的研究结果具有重要的政策意义，对监管机构和投资者来说都有很大价值。首先，我们可以利用BSADF泡沫时点识别来开发一个科学的石油价格和股票市场异常波动预警系统。由于此方法不是事后分析，而是对泡沫的实时监测，因此可以有效地防止泡沫在异常时期刚开始的膨胀，并维持金融市场的稳定。鉴于石油市场和股票市场的密切关系，只要在这六个序列中发现一个泡沫，监管机构就应该防止泡沫扩散，并促使相应的价格回到有效水平。投资者在进行投资组合分散化时，也应考虑泡沫的传染效应。

其次，建立充分的信息披露机制，稳定市场预期，减少石油市场和股票市场的投机或非理性行为是非常重要的。随着我国与国际石油市场的日渐融合，国际油价波动风险对我国石油和股票市场的影响不可忽视。因此，我国政府应该通过国家石油战略储备系统和我国原油期货市场等多种方式，更好地控制国际油价波动带来的风险。

最后，我国的石油价格改革抑制了投机行为，促进了石油市场的有序竞争，但也扩大了我国对国际石油市场的风险暴露。因此，我国政府有必要建立以制度和法规为基础的风险防火墙，同时完善石油价格的市场化决定机制。例如，我国政府在现行成品油定价机制中设定了成品油的上限和下限①，并设置储备以控制油价风险。此外，我们建议政府通过行政手段建立更有效的市场体系，加大对非法交易和投机活动的惩罚力度。

7.5 稳健性检验

为了提高实证结果的可靠性，我们进行了两种稳健性检验。首先，我们将 GSADF 检验的滞后阶数由 $K=0$ 改为 $K=3$。表 7-3 的结果表明，滞后阶数的改变并不影响实证结果。其次，我们考虑 Harvey 等（2015）提出的另一种泡沫检验方法，这是一种基于 SADF 检验和 Homm 和 Breitung（2012）的向后递归邹检验（表示为 SDFC）的联合策略②（我们将其记为 UR）。

表 7-3　基于滞后阶数 $K=3$ 的 GSADF 和 UR 方法的泡沫检验结果

变量	GSADF $K=3$	UR	UR SADF	SDFC
面板 A：检验统计量				
CSI300	6.801 ***	6.600 ***	6.600 ***	-0.252
OGEI	5.694 ***	6.024 ***	6.024 ***	-0.432

---

① 如果相应的国际原油价格上涨超过 130 美元/桶，国内成品油价格上涨幅度就会减少；如果相应的国际原油价格下跌到 40 美元/桶以下，国内成品油价格就会停止下跌。

② Harvey 等（2015）发现，当爆炸现象发生在样本早期或接近样本中期时，SADF 测试表现更好，而 SDFC 测试在其他情况下表现更好，因此推荐了一种联合策略（我们将其表示为 UR），结果证明在任何情况下，该策略的表现接近两种测试中较好的一种。

续表

变量	GSADF $K = 3$	UR	UR SADF	SDFC
面板 A：检验统计量				
Daqing	3.411 ***	0.948 *	0.948 *	− 0.240
Shengli	3.990 ***	1.258 **	1.258 **	− 0.243
WTI	2.904 ***	0.919 *	0.919 *	− 0.353
Brent	3.978 ***	1.353 **	1.353 ***	− 0.328
面板 B：有限样本临界值				
90%	2.651	0.916	0.912	1.532
95%	2.709	1.249	1.235	1.860
99%	2.766	1.378	1.318	2.079

注：GSADF 统计量由滞后阶数为 $K = 3$ 的式（7.3）获得，UR 统计量由来自 Harvey 等（2015）的式（7.11）获得。SADF 统计量和 SDFC 统计量是 UR 中使用的中间变量，分别来自 Phillip 等（2011）与 Homm 和 Breitung（2012）。在计算 UR 统计量时，本章使用了 SADF 和 SDFC 统计量的 95% 临界值。所有临界值都是从 2 000 次重复的蒙特卡罗模拟中获得的（样本大小为 3 138，最小窗宽为 132）。*** 、** 和 * 分别表示在 1%、5% 和 10% 的显著性水平上显著。

假设 $\{x_t\}$ 在 $t = 1$，$\cdots$，$\lfloor rT \rfloor$ 时随机游走，在 $t = \lfloor rT \rfloor + 1$，$\cdots$，$T$ 时则变成一个爆炸过程。让子样本从总样本 T 的起点开始，到总样本的第 r 个部分结束（用 $\lfloor rT \rfloor$ 表示）。构建回归模型如下：

$$\Delta x_t = \alpha_r + \delta_r x_{t-1} 1_{\{t > \lfloor rT \rfloor\}} + u_t \tag{7.9}$$

其中，α_r 为常截距项，$1_{\{\cdot\}}$ 为指标函数，$\delta_r > 0$，$u_t \sim NID(0, \sigma_r^2)$。SDFC 统计量表示为 $SDFC(r_0)$：

$$SDFC(r_0) = \sup_{r \in [0, 1-r_0]} DFC_r = \sup_{r \in [0, 1-r_0]} \frac{\sum_{t=\lfloor rT \rfloor+1}^{T} \Delta x_t x_{t-1}}{\hat{\sigma}_r \sqrt{\sum_{t=\lfloor rT \rfloor+1}^{T} x_{t-1}^2}}$$

$$\tag{7.10}$$

其中，$\hat{\sigma}_r^2 = \frac{1}{T-2} \sum_{t=2}^{T} \hat{u}_t^2$，$\hat{u}_t = \Delta x_t - \hat{\delta}_r x_{t-1} 1_{\{t > \lfloor rT \rfloor\}}$，$\hat{\delta}_r$ 是系数 δ_r 的 OLS 估计量。

UR 检验统计量可以写为：

$$UR(r_0) = \max\left(SADF(r_0), \frac{cv^{SADF}}{cv^{SDFC}}SDFC(r_0)\right) \qquad (7.11)$$

其中，$SADF(r_0) = \sup_{r \in [r_0, 1]}\{ADF^r\}$，$ADF^r$ 是基于回归式（7.10）的 ADF 统计量，其中 $r_1 = 0$，$r_2 = r$。$SDFC(r_0)$ 是由一组 DF–type 邹检验的上界值所构造的统计量。cv^{SADF} 和 cv^{SDFC} 分别是 SADF 和 SDFC 的临界值。

除了油价泡沫的显著性水平从 1% ~5% 下降到了 5% ~10% 之外，UR 检验的结果与 GSADF 检验的结果基本一致。此外，我们发现在本章的样本中，UR 检验以 SADF 检验为主。实际上，如果只使用 SDFC 方法，结果会很有误导性：其在任何时间序列中都没有检测到泡沫。这可以由数据的特征来解释，即如果一个显著的爆炸事件发生在样本早期会使 SDFC 方法无效。

7.6 结论与启示

由于我国石油消费量大且高度依赖国外石油供给，国际原油市场、我国石油市场和股票市场之间的关系吸引了大量学者、投资者和政策制定者的关注。本章研究了这三个市场在 2004 年 9 月 1 日至 2018 年 7 月 9 日期间泡沫的传染效应。本章以六个日度时间序列，即两个国际原油价格（WTI 和 Brent 原油价格）、两个我国原油价格（大庆和胜利原油价格）和两个我国股票市场指数（沪深 300 和 OGEI）的序列为研究对象。

我们采用 GSADF 检验方法，在六个序列中都检测到了泡沫，且在该检验中设置不同的滞后阶数或使用不同的泡沫测试方法仍能得出一致结论，即实证结果具有稳健性。我们根据 BSADF 统计量确定了六个序列中泡沫的产生和破灭时间、持续时间及规模。实证结果表明，2007 ~2008 年的泡沫开始于股票市场，在一到两年内向国际和我国石油市场扩散；2014 ~2015 年的泡沫在国际和我国石油市场同时开始（2014 年 10 月），随后在两个月内扩散到我国股票市场。也就是说，我们发现了石油市场和我国股市之间的泡沫双边传染效应，并通过格兰杰因果检验进一步验证了传染效应。此外，我们发现，随着我国石油定价机制的改革，我国石油市场对国际油价的波动越来越敏感。这些发现对监管机构和投资者预防系统性风险和进行投资组合分散化具有重要意义。

最后，识别石油和股票市场泡沫的传染效应对防范金融风险和维护金融稳定来说至关重要。我们基于 BSADF 方法估计的泡沫存在的准确时间分析传染效应，并用格兰杰因果检验的证据支持了我们的发现，但我们的分析还存在不足。更深入地考察泡沫传染效应，深入分析潜在原因（如传染效应是否由共同因素驱动），将是未来研究的课题。此外，虽然 GSADF 方法在检测多个泡沫时表现较好，被学术界广泛接受，但其不允许在水平或时间趋势上出现断点。未来我们将对此方法的扩展进行研究。

参 考 文 献

［1］ Abarbanell J. , Bushee B. , 1998. Abnormal returns to a fundamental analysis strategy. *The Accounting Review*, 73 (1): 19 –45.

［2］ Ali A. , Hwang L. , Trombley M. , 2003. Arbitrage risk and the book-to-market anomaly. *Journal of Financial Economics*, 69 (2): 355 –373.

［3］ Almeida H. , Campello M. , 2007. Financial constraints, asset tangibility, and corporate investment. *Review of Financial Studies*, 20 (5): 1429 – 1460.

［4］ Amihud Y. , 2002. Illiquidity and stock returns: Cross-section and time-series effects. *Journal of Financial Markets*, 5 (1): 31 –56.

［5］ Amihud Y. , Mendelson H. , 1989. The effects of beta, bid-ask spread, residual risk, and size on stock returns. *The Journal of Finance*, 44 (2): 479 –486.

［6］ Anderson C. , Garcia – Feijóo L. , 2006. Empirical evidence on capital investment, growth options, and security returns. *The Journal of Finance*, 61 (1): 171 –194.

［7］ Andrews D. W. K. , 1991. Heteroskedasticity and autocorrelation consistent covariance matrix estimation. *Econometrica*, 59 (3): 817 –858.

［8］ Ang A. , Hodrick R. J. , Xing Y. , et al. , 2006. The cross-section of volatility and expected returns. *The Journal of Finance*, 61 (1): 259 –299.

［9］ Antonakakis N. , Chatziantoniou I. , Gabauer D. , 2019. Cryptocurrency market contagion: Market uncertainty, market complexity, and dynamic portfolios. *Journal of International Financial Markets, Institutions and Money*, 61: 37 – 51.

[10] Ao M., Li Y., Zheng X., 2019. Approaching mean-variance efficiency for large portfolios. *The Review of Financial Studies*, 32: 2890 – 2919.

[11] Asness C., Porter B., Stevens R., 2000. Predicting stock returns using industry-relative firm characteristics. Working paper.

[12] Asparouhova E., Bessembinder, H., Kalcheva, I., 2013. Noisy prices and inference regarding returns. *The Journal of Finance*, 68: 665 – 714.

[13] Avramovic A., Mackintosh P., 2013. Inside the NBBO: Pushing for wider—and narrower! —spreads. Trading strategy: Market commentary, Credit Suisse Research and Analytics.

[14] Bae K. H., Karolyi G. A., Stulz R. M., 2003. A new approach to measuring financial contagion. *Review of Financial Studies*, 16 (3): 717 – 763.

[15] Bai J., Li K., 2012. Statistical analysis of factor models of high dimension. *The Annals of Statistics*, 40: 436 – 465.

[16] Bai J., Ng S., 2002. Determining the number of factors in approximate factor models. *Econometrica*, 70 (1): 191 – 221.

[17] Bai J., Shi S., 2011. Estimating high dimensional covariance matrices and its applications. *Annals of Economics and Finance*, 12 (2): 199 – 215.

[18] Balakrishnan K., Bartov E., Faurel L., 2010. Post loss/profit announcement drift. *Journal of Accounting and Economics*, 50 (1): 20 – 41.

[19] Balcilar M., Hammoudeh S., Toparli E. A., 2018. On the risk spillover across the oil market, stock market, and the oil related CDS sectors: A volatility impulse response approach. *Energy Economics*, 74: 813 – 827.

[20] Bali T. G., Cakici N., Whitelaw R. F., 2011. Maxing out:

Stocks as lotteries and the cross-section of expected returns. *Journal of Financial Economics*, 99 (2): 427 – 446.

[21] Bandyopadhyay S. P. , Huang A. G. , Wirjanto T. S. , 2010. The accrual volatility anomaly: Working paper, School of Accounting and Finance, University of Waterloo.

[22] Banz R. W. , 1981. The relationship between return and market value of common stocks. *Journal of Financial Economics*, 9 (1): 3 – 18.

[23] Barbee W. , Mukherji S. , Raines G. , 1996. Do sales-price and debt-equity explain stock returns better than book-market and firm size? *Financial Analysts Journal*, 52 (2): 56 – 60.

[24] Bariviera A. F. , 2017. The inefficiency of Bitcoin revisited: A dynamic approach. *Economics Letters*, 161: 1 – 4.

[25] Barth M. , Elliott J. , Finn M. , 1999. Market rewards associated with patterns of increasing earnings. *Journal of Accounting Research*, 37 (2): 387 – 413.

[26] Basu S. , 1977. Investment performance of common stocks in relation to their price-earnings ratios: A test of the efficient market hypothesis. *The Journal of Finance*, 32 (3): 663 – 682.

[27] Basu S. , 1983. The relationship between earnings' yield, market value and return for NYSE common stocks: Further evidence. *Journal of Financial Economics*, 12: 129 – 156.

[28] Bauder D. , Bodnar T. , Parolya N. , Schmid W. , 2020. Bayesian mean-variance analysis: optimal portfolio selection under parameter uncertainty. *Quantitative Finance*, 1 – 22.

[29] Baur D. G. , Cahill D. , Godfrey K. , Liu Z. F. , 2019. Bitcoin time-of-day, day-of-week and month-of-year effects in returns and trading volume. *Finance Research Letters*, 31: 78 – 92.

[30] Baur D. G. , Hong K. , Lee, A. D. , 2018. Bitcoin: Medium of

exchange or speculative assets? *Journal of International Financial Markets*, *Institutions and Money*, 54: 177 – 189.

[31] Baur D., Schulze N., 2005. Co-exceedances in financial markets—A quantile regression analysis of contagion. *Emerging Markets Review*, 6 (1): 21 – 43.

[32] Behr P., Guettler A., Miebs F., 2013. On portfolio optimization: Imposing the right constraints. *Journal of Banking & Finance*, 37: 1232 – 1242.

[33] Beirne J., Beulen C., Liu G., Mirzaei A., 2013. Global oil prices and the impact of China. *China Economic Review*, 27: 37 – 51.

[34] Belo F., Lin X., Bazdresch S., 2014. Labor hiring, investment, and stock return predictability in the cross section. *Journal of Political Economy*, 122 (1): 129 – 177.

[35] Bhandari L. C., 1988. Debt/equity ratio and expected common stock returns: Empirical evidence. *The Journal of Finance*, 43 (2): 507 – 528.

[36] Bian J., He Z., Shue K., et al., 2018. Leverage-induced fire sales and stock market crashes. NBER Working Paper, no. 25040.

[37] Bian J., Su T., Wang J., 2022. Non-marketability and one-day selling lockup. *Journal of Empirical Finance*, 65: 1 – 23.

[38] Bieliński T., Markiewicz M., Mosionek – Schweda M., 2017. Do government interventions affect China's stock market? Case study-analysis of the asset bubble in 2015 – 2016. Research Papers of the Wroclaw University of Economics.

[39] Blume M., Stambaugh R., 1983. Biases in computed returns: An application to the size effect. *Journal of Financial Economics*, 12: 387 – 404.

[40] Bodnar T., Parolya N., Schmid W., 2018. Estimation of the global minimum variance portfolio in high dimensions. *European Journal of Operational Research*, 266: 371 – 390.

［41］ Boh M. T. , Kaufmann P. , Stephan P. M. , 2013. From hero to ze-ro: Evidence of performance reversal and speculative bubbles in German renew-able energy stocks. *Energy Economics*, 37: 40 – 51.

［42］ Bollerslev T. , Patton A. J. , Quaedvlieg R. , 2018. Modeling and forecasting (un) reliable realized covariances for more reliable financial deci-sions. *Journal of Econometrics*, 207 (1): 71 – 91.

［43］ Borgards O. , Czudaj R. L. , 2020. The prevalence of price overre-actions in the cryptocurrency market. *Journal of International Financial Markets*, *Institutions and Money*, 65: 101194.

［44］ Bouoiyour J. , Selmi R. , Tiwari A. , 2015. Is Bitcoin business in-come or speculative bubble? Unconditional vs. conditional frequency domain a-nalysis. *Annals of Financial Economics*, 10: 1 – 23.

［45］ Bouri E. , Lucey B. , Roubaud D. , 2020. Cryptocurrencies and the downside risk in equity investments. *Finance Research Letters*, 33: 101211.

［46］ Boyd S. P. , Vandenberghe L. , 2004. *Convex optimization.* Cam-bridge University Press.

［47］ Brandt M. W. , Santa – Clara P. , Valkanov R. , 2009. Parametric portfolio policies: Exploiting characteristics in the cross-section of equity returns. *Review of Financial Studies*, 22: 3411 – 3447.

［48］ Branger N. , Lučivjanská K. , Weissensteiner A. , 2019. Optimal granularity for portfolio choice. *Journal of Empirical Finance*, 50: 125 – 146.

［49］ Brauneis A. , Mestel R. , 2018. Price discovery of cryptocurren-cies: Bitcoin and beyond. *Economics Letters*, 165: 58 – 61.

［50］ Brauneis A. , Mestel R. , 2019. Cryptocurrency-portfolios in a mean-variance framework. *Finance Research Letters*, 28: 259 – 264.

［51］ Breeden D. T. , 1979. An intertemporal asset pricing model with sto-chastic consumption and investment opportunities. *Journal of Financial Economics*, 7 (3): 265 – 296.

［52］ Britten – Jones M. , 1999. The sampling error in estimates of mean-variance efficient portfolio weights. *The Journal of Finance*, 54: 655 – 671.

［53］ Brodie J. , Daubechies I. , De Mol C. , et al. , 2009. Sparse and stable Markowitz portfolios. Proceedings of the National Academy of Sciences of the United States of America, 106: 12267 – 12272.

［54］ Brown D. , Rowe B. , 2007. The productivity premium in equity returns. Working paper.

［55］ Brown S. P. A. , Yücel M. K. , 2002. Energy prices and aggregate economic activity: an interpretative survey. *The Quarterly Review of Economics and Finance*, 42: 193 – 208.

［56］ Brunnermeier M. , Farhi E. , Koijen R. S. J. , et al. , 2021. Perspectives on the future of asset pricing. *The Review of Financial Studies*, 34 (4): 2126 – 2160.

［57］ Brunnermeier M. , Sockin M. , Xiong W. , 2017. China's model of managing the financial system. Princeton University Working Paper.

［58］ Burggraf T. , 2020. Beyond risk parity – A machine learning-based hierarchical risk parity approach on cryptocurrencies. Finance Research Letters: 101523.

［59］ Caldararo N. , 2018. Bitcoin: Rube Goldberg machine, antique throwback, gigantic distraction, entertainment, ripoff or new money? Interdisciplinary Description of Complex Systems: INDECS 16: 427 – 445.

［60］ Callot L. , Caner M. , Önder A. Ö. , Ulaşan E. , 2020. A nodewise regression approach to estimating large portfolios. *Journal of Business & Economic Statistics*, forthcoming.

［61］ Canh N. P. , Wongchoti U. , Thanh S. D. , Thong N. T. , 2019. Systematic risk in cryptocurrency market: Evidence from DCC – MGARCH model. *Finance Research Letters*, 29: 90 – 100.

［62］ Carpenter J. N. , Lu F. , Whitelaw R. F. , 2021. The real value of

China's stock market. *Journal of Financial Economics*, 139 (3): 679 – 696.

［63］ Caspi I. , Katzke N. , Gupta R. , 2018. Date stamping historical periods of oil price explosivity: 1876 – 2014. *Energy Economics*, 70: 582 – 587.

［64］ Castro J. G. , Tito E. A. H. , Brandão L. E. T. , et al. , 2020. Crypto-assets portfolio optimization under the omega measure. *The Engineering Economist*, 65: 114 – 134.

［65］ Chan S. , Chu J. , Nadarajah S. , et al. , 2017. A statistical analysis of cryptocurrencies. *Journal of Risk and Financial Management*, 10: 12.

［66］ Chandrashekar S. , Rao R. K. S. , 2009. The productivity of corporate cash holdings and the cross-section of expected stock returns: McCombs Research Paper Series No. FIN – 03 – 09.

［67］ Charfeddine L. , Benlagha N. , Maouchi Y. , 2020. Investigating the dynamic relationship between cryptocurrencies and conventional assets: Implications for financial investors. *Economic Modelling*, 85: 198 – 217.

［68］ Cheema M. A. , Man Y. , Szulczyk K. R. , 2020. Does investor sentiment predict the near-term returns of the Chinese stock market? *International Review of Finance*, 20 (1): 225 – 233.

［69］ Chen C. D. , Demirer R. , Jategaonkar, S. P. , 2015. Risk and return in the Chinese stock market: Does equity return dispersion proxy risk? *Pacific – Basin Finance Journal*, 33: 23 – 37.

［70］ Chen Q. , Lv X. , 2015. The extreme-value dependence between the crude oil price and Chinese stock markets. *International Review of Economics and Finance*, 39: 121 – 132.

［71］ Chen T. , Gao Z. , He J. , et al. , 2019. Daily price limits and destructive market behavior. *Journal of Econometrics*, 208 (1): 249 – 264.

［72］ Chen W. , Huang Z. , Yi Y. , 2015. Is there a structural change in the persistence of WTI – Brent oil price spreads in the post – 2010 period?

Economic Modelling, 50: 64 – 71.

[73] Chincarini L. B., Kim D., 2006. *Quantitative Equity Portfolio Management: An Active Approach to Portfolio Construction and Management*. New York: McGraw – Hill.

[74] Choi J. J., Jin L., Yan H., 2016. Informed trading and expected returns. Working paper.

[75] Chordia T., Subrahmanyam A., Anshuman V. R., 2001. Trading activity and expected stock returns. *Journal of Financial Economics*, 59 (1): 3 – 32.

[76] Chowdhury R., Rahman M. A., Rahman M. S., et al., 2020. An approach to predict and forecast the price of constituents and index of cryptocurrency using machine learning. *Physica A: Statistical Mechanics and Its Applications*, 551: 124569.

[77] Christoforou E., Emiris I. Z., Florakis A., 2020. Neural networks for cryptocurrency evaluation and price fluctuation forecasting. In Mathematical Research for Blockchain Economy, 133 – 149. Cham: Springer.

[78] Chu J., Zhang Y., Chan S., 2019. The adaptive market hypothesis in the high frequency cryptocurrency market. *International Review of Financial Analysis*, 64: 221 – 231.

[79] Ciaian P., Rajcaniova M., 2018. Virtual relationships: Short-and long-run evidence from Bitcoin and altcoin markets. *Journal of International Financial Markets*, Institutions and Money 52: 173 – 195.

[80] Cochrane J. H., 2011. Presidential address: Discount rates. *The Journal of Finance*, 66 (4): 1047 – 1108.

[81] Cooper M. J., Gulen H., Schill M. J., 2008. Asset growth and the cross-section of stock returns. *The Journal of Finance*, 63 (4): 1609 – 1651.

[82] Corbet S., Eraslan V., Lucey B., Sensoy A., 2019a. The effectiveness of technical trading rules in cryptocurrency markets. *Finance Research*

Letters, 31: 32 –37.

[83] Corbet S., Lucey B., Urquhart A., Yarovaya. L., 2019b. Cryptocurrencies as a financial asset: A systematic analysis. *International Review of Financial Analysis*, 62: 182 –199.

[84] Corbet S., Lucey B., Yarovaya L., 2018. Datestamping the Bitcoin and Ethereum bubbles. *Finance Research Letters*, 26: 81 –88.

[85] Cremers M., Petajisto A., Zitzewitz E., 2012. Should benchmark indices have alpha? Revisiting performance evaluation. Nber working paper 18050, National Bureau of Economic Research.

[86] Daniel K., Mota L., Rottke S., et al., 2020. The cross-section of risk and returns. *The Review of Financial Studies*, 33: 1927 –1979.

[87] Datar V. T., Naik N. Y., Radcliffe R., 1998. Liquidity and stock returns: An alternative test. *Journal of Financial Markets*, 1 (2): 203 –219.

[88] Daubechies I., Defrise M., De Mol C., 2004. An iterative thresholding algorithm for linear inverse problems with a sparsity constraint. *Communications on Pure and Applied Mathematics*, 57: 1413 –1457.

[89] De Nard G., Engle R. F., Ledoit O., Wolf M., 2021a. Large dynamic covariance matrices: enhancements based on intraday data. University of Zurich, Department of Economics, Working Paper, (356).

[90] De Nard G., Ledoit O., Wolf M., 2021b. Factor models for portfolio selection in large dimensions: The good, the better and the ugly. *Journal of Financial Econometrics*, 19 (2): 236 –257.

[91] De Nard G., Zhao Z., 2022. A large-dimensional test for cross-sectional anomalies: Efficient sorting revisited. *International Review of Economics & Finance*, 80: 654 –676.

[92] De Nard G., Zhao Z., 2023. Using, taming or avoiding the factor zoo? A double-shrinkage estimator for covariance matrices. *Journal of Empirical Finance*, 72: 23 –35.

［93］ DeMiguel V. , Garlappi L. , Nogales F. J. , et al. , 2009a. A generalized approach to portfolio optimization: Improving performance by constraining portfolio norms. *Management Science*, 55 (5): 798 –812.

［94］ DeMiguel V. , Garlappi L. , Uppal R. , 2009b. Optimal versus naive diversification: How inefficient is the 1/N portfolio strategy? *Review of Financial Studies*, 22: 1915 –1953.

［95］ DeMiguel V. , Martin – Utrera A. , Nogales F. J. , et al. , 2020. A transaction-cost perspective on the multitude of firm characteristics. *Review of Financial Studies*, 33, 2180 –2222.

［96］ DeMiguel V. , Martin – Utrera A. , Nogales F. J. , 2013. Size matters: Optimal calibration of shrinkage estimators for portfolio selection. *Journal of Banking & Finance*, 37: 3018 –3034.

［97］ Desai H. , Rajgopal S. , Venkatachalam M. , 2004. Value-glamour and accruals mispricing: One anomaly or two? *The Accounting Review*, 79 (2): 355 –385.

［98］ Detzel A. L. , Liu H. , Strauss J. , et al. , 2020. Learning and predictability via technical analysis: Evidence from bitcoin and stocks with hard-to-value fundamentals. *Financial Management*, forthcoming.

［99］ Dezhbakhsh H. , Demirguc – Kunt A. , 1990. On the presence of speculative bubbles in stock prices. *Journal of Financial and Quantitative Analysis*, 25 (1): 101 –112.

［100］ Diba B. T. , Grossman H. I. , 1988. Explosive rational bubbles in stock prices? *The American Economic Review*, 78: 520 –530.

［101］ Ding H. , Kim H. G. , Park S. Y. , 2016. Crude oil and stock markets: Causal relationships in tails? *Energy Economics*, 59: 58 –69.

［102］ Domanski D. , Kearns J. , Lombardi M. J. , et al. , 2015. Oil and debt. BIS Q. Rev. (3): 55 –65.

［103］ Dong B. , Jiang L. , Liu J. , et al. , 2020. Liquidity in cryptocurrency market and commonalities across anomalies. Available at SSRN 3563952.

［104］ Dyhrberg A. H. , 2016. Bitcoin, gold and the dollar – A GARCH volatility analysis. *Finance Research Letters*, 16: 85 – 92.

［105］ Eberhart A. C. , Maxwell W. F. , Siddique A. R. , 2004. An examination of long-term abnormal stock returns and operating performance following R&D increases. *The Journal of Finance*, 59 (2): 623 – 650.

［106］ Eisfeldt A. , Papanikolaou D. , 2013. Organization capital and the cross-section of expected returns. *Journal of Accounting Research*, 68 (4): 1365 – 1406.

［107］ El Anshasy A. A. , Bradley M. D. , 2012. Oil prices and the fiscal policy response in oil-exporting countries. *Journal of Policy Modeling*, 34: 605 – 620.

［108］ Elenev V. , Landvoigt T. , Van Nieuwerburgh S. , 2021. A macroeconomic model with financially constrained producers and intermediaries. *Econometrica*, 89 (3): 1361 – 1418.

［109］ Engle R. F. , 1982. Autoregressive conditional heteroskedasticity with estimates of the variance of United Kingdom inflation. *Econometrica*, 50: 987 – 1007.

［110］ Engle R. F. , 2002. Dynamic conditional correlation: A simple class of multivariate generalized autoregressive conditional heteroskedasticity models. *Journal of Business & Economic Statistics*, 20: 339 – 350.

［111］ Engle R. F. , Colacito R. , 2006. Testing and valuing dynamic correlations for assetallocation. *Journal of Business and Economic Statistics*, 24 (2): 238 – 253.

［112］ Engle R. F. , Ledoit O. , Wolf M. , 2019. Large dynamic covariance matrices. *Journal of Business & Economic Statistics*, 37: 363 – 375.

［113］ Engle R. , Pakel C. , Shephard K. , et al. , 2020. Fitting vast dimensional time-varying covariance models. *Journal of Business & Economic Statistics*.

［114］Evans G. W. , 1991. Pitfalls in testing for explosive bubbles in asset prices. *The American Economic Review*, 81: 922 – 930.

［115］Fairfield P. , Whisenant S. , Yohn L. , 2003. Accrued earnings and growth: Implications for future profitability and market mispricing. *The Accounting Review*, 78 (1): 353 – 371.

［116］Fama E. F. , 1970. Efficient capital markets: A review of theory and empirical work. *Journal of Finance*, 25 (2): 383 – 417.

［117］Fama E. F. , French K. R. , 1992. The cross-section of expected stock returns. *Journal of Finance*, 47 (2): 427 – 465.

［118］Fama E. F. , French K. R. , 1993. Common risk factors in the returns on stocks and bonds. *Journal of Financial Economics*, 33 (1): 3 – 56.

［119］Fama E. F. , French K. R. , 2015. A five-factor asset pricing model. *Journal of Financial Economics*, 116 (1): 1 – 22.

［120］Fama E. , French K. , 2008. Dissecting anomalies. *The Journal of Finance*, LXIII (4): 1653 – 1678.

［121］Fama E. , MacBeth J. , 1973. Risk, return, and equilibrium: Empirical tests. *Journal of Political Economy*, 81 (3): 607 – 636.

［122］Fan J. , Fan Y. , Lv J. , 2008. High dimensional covariance matrix estimation using a factor model. *Journal of Econometrics*, 147 (1): 186 – 197.

［123］Fan J. , Kim D. , 2018. Robust high-dimensional volatility matrix estimation for high-frequency factor model. *Journal of the American Statistical Association*, 113 (523): 1268 – 1283.

［124］Fan J. , Kim D. , 2019. Structured volatility matrix estimation for non-synchronized high-frequency financial data. *Journal of Econometrics*, 209 (1): 61 – 78.

［125］Fan J. , Liao Y. , Liu H. , 2016. An overview of the estimation of large covariance and precision matrices. *Econometrics Journal*, 19: C1 – C32.

［126］Fan J. , Liao Y. , Mincheva M. , 2013. Large covariance estimation by thresholding principal orthogonal complements (with discussion). *Journal of the Royal Statistical Society*, Series B. 75 (4): 603 – 680.

［127］Fan J. , Zhang J. , Yu K. , 2012. Vast portfolio selection with gross-exposure constraints. *Journal of the American Statistical Association*, 107: 592 – 606.

［128］Fang F. , Ventre C. , Basios M. , et al. , 2020. Cryptocurrency trading: A comprehensive survey. arXiv Preprint arXiv: 2003. 11352.

［129］Fang S. , Egan P. , 2018. Measuring contagion effects between crude oil and Chinese stock market sectors. *The Quarterly Review of Economics and Finance*, 68: 31 – 38.

［130］Fantazzini D. , 2016. The oil price crash in 2014/15: Was there a (negative) financial bubble? *Energy Policy*, 96: 383 – 396.

［131］Feng G. , Giglio S. , Xiu D. , 2020. Taming the factor zoo: A test of new factors. *The Journal of Finance*, 75 (3): 1327 – 1370.

［132］Frahm G. , Memmel C. , 2010. Dominating estimators for minimum-variance portfolios. *Journal of Econometrics*, 159: 289 – 302.

［133］Francis J. , LaFond R. , Olsson P. , Schipper K. , 2004. Costs of equity and earnings attributes. *The Accounting Review*, 79 (4): 967 – 1010.

［134］Freyberger J. , Neuhierl A. , Weber M. , 2020. Dissecting characteristics nonparametrically. *The Review of Financial Studies*, 33 (5): 2326 – 2377.

［135］Friedman J. , Hastie T. , Hoefling H. , Tibshirani R. , 2007. Pathwise coordinate optimization. *The Annals of Applied Statistics*, 1: 302 – 332.

［136］Froot K. , Obstfeld M. , 1991. Intrinsic bubbles: The case of stock prices. *The American Economic Review*, 81: 1189 – 1214.

［137］Garlappi L. , Uppal R. , Wang T. , 2007. Portfolio selection with parameter and model uncertainty: A multi-prior approach. *Review of Financial Studies*, 20: 41 – 81.

[138] Gettleman E. , Marks J. M. , 2006. Acceleration strategies: SSRN Working Paper Series, Social Science Research Network.

[139] Gkillas K. , Katsiampa P. , 2018. An application of extreme value theory to cryptocurrencies. *Economics Letters*, 164: 109 – 111.

[140] Goldfarb D. , Iyengar G. , 2003. Robust portfolio selection problems. *Mathematics of Operations Research*, 28: 1 – 38.

[141] Golosnoy V. , Okhrin Y. , 2007. Multivariate shrinkage for optimal portfolio weights. *The European Journal of Finance*, 13: 441 – 458.

[142] Gong X. L. , Liu X. H. , Xiong X. , Zhuang X. T. , 2019. Non – Gaussian VARMA model with stochastic volatility and applications in stock market bubbles. *Chaos, Solitons & Fractals*, 121: 129 – 136.

[143] Green J. , Hand J. R. M. , Zhang X. F. , 2013. The supraview of return predictive signals. *Review of Accounting Studies*, 18: 692 – 730.

[144] Green J. , Hand J. R. M. , Zhang X. F. , 2017. The characteristics that provide independent information about average U. S. monthly stock returns. *The Review of Financial Studies*, 30: 4389 – 4436.

[145] Gronwald M. , 2016. Explosive oil prices. *Energy Economics*, 60: 1 – 5.

[146] Gu M. , Jiang G. J. , Xu B. , 2019. The role of analysts: an examination of the idiosyncratic volatility anomaly in the Chinese stock market. *Journal of Empirical Finance*, 52: 237 – 254.

[147] Gu S. , Kelly B. , Xiu D. , 2020. Empirical asset pricing via machine learning. *The Review of Financial Studies*, 33 (5): 2223 – 2273.

[148] Gu S. , Kelly B. , Xiu D. , 2021. Autoencoder asset pricing models. *Journal of Econometrics*, 222 (1): 429 – 450.

[149] Guesmi K. , Saadi S. , Abid I. , et al. , 2019. Portfolio diversifi-

cation with virtual currency: Evidence from bitcoin. *International Review of Financial Analysis*, 63: 431 – 437.

[150] Guo R. J. , Lev B. , Shi C. , 2006. Explaining the short-and long-term IPO anomalies in the US by R&D. *Journal of Business Finance and Accounting*, 33 (3 – 4): 550 – 579.

[151] Gürkaynak R. S. , 2008. Econometric tests of asset price bubbles: Taking stock. *Journal of EconomicSurveys*, 22 (1): 166 – 186.

[152] Hafzalla N. , Lundholm R. , Matthew Van Winkle, E. , 2011. Percent accruals. *Accounting Review*, 86 (1): 209 – 236.

[153] Han C. , 2020. How much should portfolios shrink? *Financial Management*, 49 (3): 707 – 740.

[154] Han Y. , Huang D. , Zhou G. , 2021. Anomalies enhanced: A portfolio rebalancing approach. *Financial Management*, 50 (2): 371 – 424.

[155] Harvey C. R. , Liu Y. , 2015. Backtesting. *The Journal of Portfolio Management*, 42 (1): 13 – 28.

[156] Harvey C. R. , Liu Y. , Zhu H. , 2016. . . . and the cross-section of expected returns. *Review of Financial Studies*, 29 (1): 5 – 68.

[157] Harvey D. I. , Leybourne S. J. , Sollis R. , 2015. Recursive right-tailed unit root tests for an explosive asset price bubble. *Journal of Financial Econometrics*, 13 (1): 166 – 187.

[158] Haugen R. A. , Baker N. L. , 1991. The efficient market inefficiency of capitalization-weighted stock portfolios. *Journal of Portfolio Management*, 17 (3): 35 – 40.

[159] Haugen R. A. , Baker N. L. , 1996. Commonality in the determinants of expected stock returns. *Journal of Financial Economics*, 41: 401 – 439.

[160] Holthausen R. , Larcker D. , 1992. The prediction of stock returns using financial statement information. *Journal of Accounting and Economics*, 15:

373 – 411.

[161] Homm U. , Breitung J. , 2012. Testing for speculative bubbles in stock markets: a comparison of alternative methods. *Journal of Financial Econometrics*, 10 (1): 198 – 231.

[162] Hong H. , Kacperczyk M. , 2009. The price of sin: The effects of social norms on markets. *Journal of Financial Economics*, 93: 15 – 36.

[163] Hou K. , Moskowitz T. , 2005. Market frictions, price delay, and the cross-section of expected returns. *Review of Financial Studies*, 18 (3): 981 – 1020.

[164] Hou K. , Robinson D. , 2006. Industry concentration and average stock returns. *The Journal of Finance*, 61 (4): 1927 – 1956.

[165] Hou K. , Xue C. , Zhang L. , 2015. Digesting anomalies: An investment approach. *Review of Financial Studies*, 28 (3): 650 – 705.

[166] Hou K. , Xue C. , Zhang L. , 2020. Replicating anomalies. *Review of Financial Studies*, 33 (5): 2019 – 2133.

[167] Huang A. G. , 2009. The cross section of cashflow volatility and expected stock returns. *Journal of Empirical Finance*, 16 (3): 409 – 429.

[168] Hu C. , Liu Y. J. , Xu X. , 2021 The valuation effect of stock dividends or splits: Evidence from a catering perspective. *Journal of Empirical Finance*, 61: 163 – 179.

[169] Hu G. X. , Pan J, Wang J. 2021. Chinese capital market: an empirical overview. *Critical Finance Review*, 10 (2): 125 – 126.

[170] Hu G. X. , Wang J. , 2022. A review of China's financial markets. *Annual Review of Financial Economics*, 14: 465 – 507.

[171] Jagannathan R. , Ma T. , 2003. Risk reduction in large portfolios: Why imposing the wrong constraints helps. *The Journal of Finance*, 54 (4): 1651 – 1684.

[172] Jarrett U. , Mohaddes K. , Mohtadi, H. , 2019. Oil price volatili-

ty, financial institutions and economic growth. *Energy Policy*, 126: 131 – 144.

[173] Jegadeesh N., Titman S., 1993. Returns to buying winners and selling losers: Implications for stock market efficiency. *The Journal of Finance*, 48 (1): 65 – 91.

[174] Jia X., An H., Fang W., et al., 2015. How do correlations of crude oil prices co-move? A grey correlation-based wavelet perspective. *Energy Economics*, 49: 588 – 598.

[175] Jiang F., Jin F., Tang G., 2020. Dissecting the effectiveness of firm financial strength in predicting Chinese stock market. *Finance Research Letters*, 32, 101 – 332.

[176] Jiang F., Qi X., Tang G., 2018a. Q – theory, mispricing, and profitability premium: Evidence from China. *Journal of Banking and Finance*, 87, 135 – 149.

[177] Jiang F., Tang G., Zhou G., 2018b. Firm characteristics and Chinese stocks. *Journal of Management Science and Engineering*, 3 (4), 259 – 283.

[178] Jiang G., Lee C., Zhang Y., 2005. Information uncertainty and expected returns. *Review of Accounting Studies*, 10: 185 – 221.

[179] Jiang Z. Q., Zhou W. X., Sornette D., et al., 2010. Bubble diagnosis and prediction of the 2005 – 2007 and 2008 – 2009 Chinese stock market bubbles. *Journal of Economic Behavior & Organization*, 74 (3): 149 – 162.

[180] Kajtazi A., Moro A., 2019. The role of bitcoin in well diversified portfolios: A comparative global study. *International Review of Financial Analysis*, 61: 143 – 157.

[181] Kama I., 2009. On the market reaction to revenue and earnings surprises. *Journal of Banking & Finance*, 36.

[182] Kaponda K., 2018. Bitcoin the 'digital gold' and its regulatory challenges. Available at SSRN 3123531.

[183] Katsiampa P. , 2017. Volatility estimation for Bitcoin: A comparison of GARCH models. *Economics Letters*, 58: 3 – 6.

[184] Katsiampa P. , Corbet S. , Lucey B. , 2019. High frequency volatility co-movements in cryptocurrency markets. *Journal of International Financial Markets*, Institutions and Money, 62: 35 – 52.

[185] Kelly B. T. , Pruitt S. , Su Y, 2019. Characteristics are covariances: A unified model of risk and return. *Journal of Financial Economics*, 134 (3): 501 – 524.

[186] Kilian L. , 2008. Exogenous oil supply shocks: how big are they and how much do they matter for the U. S. economy? *Review of Economics & Statistics*, 90 (2): 216 – 240.

[187] Kim D. , Fan J. , 2019. Factor garch-itô models for high-frequency data with application to large volatility matrix prediction. *Journal of Econometrics*, 208 (2): 395 – 417.

[188] Kim W. J. , Hammoudeh S. , Hyun J. S. , et al. , 2017. Oil price shocks and China's economy: Reactions of the monetary policy to oil price shocks. *Energy Economics*, 62: 61 – 69.

[189] Kishore R. , Brandt M. , Santa – Clara, P. , et al. , 2008. Earnings announcements are full of surprises. Working paper.

[190] Klein T. , Thu H. P. , Walther T. , 2018. Bitcoin is not the New Gold – A comparison of volatility, correlation, and portfolio performance. *International Review of Financial Analysis*, 59: 105 – 116.

[191] Kozak S. , Nagel S. , Santosh S. , 2020. Shrinking the cross-section. *Journal of Financial Economics*, 135 (2): 271 – 292.

[192] Kozak S. , 2020. Kernel trick for the cross-section. Working paper.

[193] Kraaijeveld O. , Smedt J. , 2020. The predictive power of public Twitter sentiment for forecasting cryptocurrency prices. *Journal of International Financial Markets, Institutions and Money*, 65: 101188.

［194］ Lakonishok J. , Shleifer A. , Vishny R. W. , 1994. Contrarian investment, extrapolation, and risk. *The Journal of Finance*, 49 (5)：1541 – 1578.

［195］ Ledoit O. , Wolf M. , 2003. Improved estimation of the covariance matrix of stock returns with an application to portfolio selection. *Journal of Empirical Finance*, 10 (5)：603 – 621.

［196］ Ledoit O. , Wolf M. , 2004a. Honey, I shrunk the sample covariance matrix. *The Journal of Portfolio Management*, 30：110 – 119.

［197］ Ledoit O. , Wolf M. , 2004b. A well-conditioned estimator for large-dimensional covariance matrices. *Journal of Multivariate Analysis*, 88：365 – 411.

［198］ Ledoit O. , Wolf M. , 2008. Robust performance hypothesis testing with the Sharpe ratio. *Journal of Empirical Finance*, 15：850 – 859.

［199］ Ledoit O. , Wolf M. , 2011. Robust performance hypothesis testing with the variance. *Wilmott*, 55：86 – 89.

［200］ Ledoit O. , Wolf M. , 2012. Nonlinear shrinkage estimation of large-dimensional covariance matrices. *The Annals of Statistics*, 40 (2)：1024 – 1060.

［201］ Ledoit O. , Wolf M. , 2015. Spectrum estimation：A unified framework for covariance matrix estimation and PCA in large dimensions. *Journal of Multivariate Analysis*, 139 (2)：360 – 384.

［202］ Ledoit O. , Wolf M. , 2017a. Nonlinear shrinkage of the covariance matrix for portfolio selection：Markowitz meets Goldilocks. *The Review of Financial Studies*, 30 (12)：4349 – 4388.

［203］ Ledoit O. , Wolf M. , 2017b. Numerical implementation of the QuEST function. *Computational Statistics & Data Analysis*, 115：199 – 223.

［204］ Ledoit O. , Wolf M. , 2020a. Analytical nonlinear shrinkage of large-dimensional covariancematrices. *The Annals of Statistics*, 48 (5)：3043 – 3065.

［205］Ledoit O. , Wolf M. , 2020b. The power of (non-) linear shrinking: A review and guide to covariance matrix estimation. *Journal of Financial Econometrics*, forthcoming.

［206］Ledoit O. , Wolf M. , Zhao Z. , 2019. Efficient sorting: A more powerful test for cross-sectional anomalies. *Journal of Financial Econometrics*, 17 (4): 645 –686.

［207］Lee Y. H. , Hu H. N. , Chiou J. S. , 2010. Jump dynamics with structural breaks for crude oil prices. *Energy Economics*, 32: 343 –350.

［208］Leippold M. , Wang Q. , Zhou W. , 2022. Machine learning in the Chinese stock market. *Journal of Financial Economics*, 145 (2): 64 –82.

［209］Lerman A. , Livnat J. , Mendenhall R. R. , 2008. The high-volume return premium and post-earnings announcement drift. Available at SSRN 1122463.

［210］Lev B. , Nissim D. , 2004. Taxable income, future earnings, and equity values. *The Accounting Review*, 79 (4): 1039 –1074.

［211］Li J. , 2015. Sparse and stable portfolio selection with parameter uncertainty. *Journal of Business & Economic Statistics*, 33: 381 –392.

［212］Li X. , Wei Y. , 2018. The dependence and risk spillover between crude oil market and China stock market: New evidence from a variational mode decomposition-based copula method. *Energy Economics*, 74: 565 –581.

［213］Lintner J. , 1965. The valuation of risky assets and the selection of risky investments in stock portfolios and capital budgets. *Review of Economics and Statistics*, 47, 13 –37.

［214］Lioui A. , Tarelli A. , 2020. Factor investing for the long run. *Journal of Economic Dynamics and Control*, 117: 103960.

［215］Litzenberger R. , Ramaswamy K. , 1982. The effects of dividends on common stock prices tax effects or information effects? *The Journal of Finance*, 37 (2): 429 –443.

［216］ Liu J. , Stambaugh R. F. , Yuan, Y. , 2019. Size and value in China. *Journal of Financial Economics*, 134 (1)：48 – 69.

［217］ Liu L. X. , Shu H. , Wei K. C. J. , 2017. The impacts of political uncertainty on asset prices：Evidence from the Bo scandal in China. *Journal of Financial Economics*, 125 (2)：286 – 310.

［218］ Liu W. , 2006. A liquidity-augmented capital asset pricing model. *Journal of Financial Economics*, 82 (3)：631 – 671.

［219］ Liu W. , 2019. Portfolio diversification across cryptocurrencies. *Finance Research Letters*, 29：200 – 205.

［220］ Liu W. , Liang X. , Cui G. , 2020. Common risk factors in the returns on cryptocurrencies. *Economic Modelling*, 86：299 – 305.

［221］ Liu Y. , Tsyvinski A. , 2018. Risks and returns of cryptocurrency. Technical Report. National Bureau of Economic Research.

［222］ Liu Y. , Tsyvinski A. , Wu X. , 2019. Common risk factors in cryptocurrency. Technical Report. National Bureau of Economic Research.

［223］ Lucas Jr. R. E. , 1978. Asset prices in an exchange economy. Econometrica：*Journal of the Econometric Society*, 46 (6)：1429 – 1445.

［224］ Mařenko V. A. , Pastur L. A. , 1967. Distribution of eigenvalues for some sets of random matrices. *Mathematics of the USSR – Sbornik*, 1：457 – 483.

［225］ Markowitz H. , 1952. Portfolio selection. *Journal of Finance*, 7：77 – 91.

［226］ Mba J. C. , Mwambi S. , 2020. A Markov-switching COGARCH approach to cryptocurrency portfolio selection and optimization. *Financial Markets and Portfolio Management*, 34 (2)：199 – 214.

［227］ McLean R. D. , Pontiff J. , 2016. Does academic research destroy stock return predictability? *The Journal of Finance*, 71 (1)：5 – 32.

［228］ Mei X. , DeMiguel V. , Nogales F. J. , 2016. Multiperiod portfolio optimization with multiple risky assets and general transaction costs. *Journal of Banking & Finance*, 69: 108 – 120.

[229] Mei X. , Nogales F. J. , 2018. Portfolio selection with proportional transaction costs and predictability. *Journal of Banking & Finance*, 94: 131 – 151.

[230] Mensi, W. , Hammoudeh, S. , Reboredo J. C. , et al. , 2014. Do global factors impact BRICS stock markets? A quantile regression approach. *Emerging Market Review*, 19: 1 – 17.

[231] Mensi W. , Rehman M. U. , Al – Yahyaee K. H. , et al. , 2019. Time frequency analysis of the commonalities between Bitcoin and major Cryptocurrencies: Portfolio risk management implications. *The North American Journal of Economics and Finance*, 48: 283 – 294.

[232] Meucci A. , 2005. *Risk and Asset Allocation.* Springer Finance, Berlin Heidelberg New York.

[233] Michaely R. , Thaler R. , Womack, K. , 1995. Price reactions to dividend initiations and omissions: Overreaction or drift? *The Journal of Finance*, 50 (2): 573 – 608.

[234] Michaud R. , 1989. The Markowitz optimization enigma: Is optimized optimal? *Financial Analysts Journal*, 45: 31 – 42.

[235] Mohaddes K. , Pesaran M. H. , 2016. Country-specific oil supply shocks and the global economy: A counterfactual analysis. *Energy Economics*, 59: 382 – 399.

[236] Mohanram P. , 2005. Separating winners from losers among low-book-to-market stocks using financial statement analysis. *Review of Accounting Studies*, 10: 133 – 170.

[237] Moskowitz T. , Grinblatt M. , 1999. Do industries explain momentum? *The Journal of Finance*, 54 (4): 1249 – 1290.

[238] Moskowitz T. , Grinblatt M. , 2010. A better three-factor model

that explains more anomalies. *The Journal of Finance*, 65（2）: 563 –594.

［239］Mossin J. , 1966. Equilibrium in a capital asset market. Economet-rica: *Journal of the Econometric Society*, 34（4）: 768 –783.

［240］Nadarajah S. , Chu J. , 2017. On the inefficiency of Bitcoin. *Economics Letters*, 150: 6 –9.

［241］Narayan P. K. , Mishra S. , Sharma, S. , et al. , 2013. Determinants of stock price bubbles. *Economic Modelling*, 35: 661 –667.

［242］Narayan P. K. , Phan D. H. B. , Sharma S. S. , 2019. Does Islamic stock sensitivity to oil prices have economic significance? *Pacific – Basin Finance Journal*, 53: 497 –512.

［243］Narayan P. K. , Phan D. H. B. , Thuraisamy K. , et al. , 2016a. Price discovery and asset pricing. *Pacific – Basin Finance Journal*, 40: 224 –235.

［244］Narayan P. K. , Popp S. , 2010. A new unit root test with two structural breaks in level and slope at unknown time. *Journal of Applied Statistics*, 37（9）: 1425 –1438.

［245］Narayan P. K. , Sharma S. S. , Phan, D. H. B. , 2016b. Asset price bubbles and economic welfare. *International Review of Financial Analysis*, 44: 139 –148.

［246］Narayan S. , Narayan P. K. , 2017. Estimating the speed of adjustment to target levels: The case of energy prices. *Energy Economics*, 62: 419 –427.

［247］Nartea G. V. , Kong D. , Wu J. , 2017. Do extreme returns matter in emerging markets? Evidence from the Chinese stock market. *Journal of Banking & Finance*, 76: 189 –197.

［248］Nesterov Y. , 1983. A method of solving a convex programming problem with convergence rate o（1/k2）. *Soviet Mathematics Doklady*, 27: 327 –376.

[249] Nielsen F. , Aylursubramanian R. , 2008. Far from the madding crowd—Volatility efficient indices. Research insights, MSCI Barra.

[250] Ni X. , Yin S. , 2020. The unintended real effects of short selling in an emerging market. *Journal of Corporate Finance*, 64: 101659.

[251] Novy – Marx R. , 2013. The other side of value: Good growth and the gross profitability premium. *Journal of Financial Economics*, 108 (1): 1 – 28.

[252] Okorie D. I. , Lin B. , 2020. Crude oil price and cryptocurrencies: Evidence of volatility connectedness and hedging strategy. *Energy Economics*, 87: 104703.

[253] Ou J. , Penman S. , 1989. Financial statement analysis and the prediction of stock returns. *Journal of Accounting and Economics*, 11 (4): 295 – 329.

[254] Pakel C. , Shephard N. , Sheppard K. , Engle R. F. , 2021. Fitting vast dimensional time-varying covariance models. *Journal of Business & Economic Statistics*, 39 (3): 652 – 668.

[255] Palazzo B. , 2012. Cash holdings, risk, and expected returns. *Journal of Financial Economics*, 104 (1): 162 – 185.

[256] Parikh N. , Boyd S. , 2013. Proximal algorithms. *Foundations and Trends in Optimization*, 1: 123 – 231.

[257] Pástor L. , 2000. Portfolio selection and asset pricing models. *The Journal of Finance*, 55: 179 – 223.

[258] Pástor L. , Stambaugh R. F. , 2009. Predictive systems: Living with imperfect predictors. *The Journal of Finance*, 64: 1583 – 1628.

[259] Pavlidis E. G. , Paya I. , Peel D. A. , 2018. Using market expectations to test for speculative bubbles in the crude oil market. *Journal of Money, Credit and Banking* 50 (5): 833 – 856.

[260] Pearson N. D. , Yang Z. , Zhang Q. , 2016. Evidence about bub-

ble mechanisms: Precipitating event, feedback trading, and social contagion. The 7th Miami Behavioral Finance Conference.

[261] Philippas D., Philippas N., Tziogkidis P., et al., 2020. Signal-herding in cryptocurrencies. *Journal of International Financial Markets, Institutions and Money*, 65: 101191.

[262] Phillip A., Chan J., Peiris S., 2019. On long memory effects in the volatility measure of cryptocurrencies. *Finance Research Letters*, 28: 95 – 100.

[263] Phillips P. C. B., Shi S., Yu J., 2015. Testing for multiple bubbles: Historical episodes of exuberance and collapse in the S&P 500. *International Economic Review*, 56: 1043 – 1078.

[264] Phillips P. C. B., Wu Y., Yu J., 2011. Explosive behavior in the 1990s NASDAQ: When did exuberance escalate asset values? *International Economic Review*, 52 (1): 201 – 226.

[265] Phillips P. C. B., Yu J., 2011. Dating the timeline of financial bubbles during the subprime crisis. *Quantitative Economics*, 2: 455 – 491.

[266] Piotroski J. D., 2000. Value investing: The use of historical financial statement information to separate winners from losers. *Journal of Accounting Research*, 1 – 41.

[267] Platanakis E., Urquhart A., 2019. Portfolio management with cryptocurrencies: The role of estimation risk. *Economics Letters*, 177: 76 – 80.

[268] Polson N. G., Scott J., Willard B. T., 2013. Proximal algorithms in statistics and machine learning. *Statistical Science*, 30: 559 – 581.

[269] Pontiff J., Woodgate A., 2008. Share issuance and cross-sectional returns. *The Journal of Finance*, 63 (2): 921 – 945.

[270] Rapach D. E., Strauss J. K., Zhou G., 2013. International stock return predictability: What is the role of the United States? *Journal of Finance*, 68, 1633 – 1662.

［271］Richardson S. A. , Sloan R. G. , Soliman M. T. , et al. , 2005. Accrual reliability, earnings persistence and stock prices. *Journal of Accounting and Economics*, 39 (3): 437 – 485.

［272］Rosenberg B. , Reid K. , Lanstein R. , 1985. Persuasive evidence of market inefficiency. *Journal of Portfolio Management*, 11 (3): 9 – 16.

［273］Ross S. A. , 1976. The arbitrage theory of capital asset pricing. *Journal of Economic Theory*, 13 (3): 341 – 360.

［274］Schellinger B. , 2020. Optimization of special cryptocurrency portfolios. *The Journal of Risk Finance*, 21: 127 – 157.

［275］Sharma S. , Escobari D. , 2018. Identifying price bubble periods in the energy sector. *Energy Economics*, 69: 418 – 429.

［276］Sharpe W. F. , 1963. A simplified model for portfolio analysis. *Management Science*, 9 (1): 277 – 293.

［277］Sharpe W. F. , 1964. Capital asset prices: A theory of market equilibrium under conditions of risk. *Journal of Finance*, 19, 425 – 442.

［278］Shi S. , Arora V. , 2012. An application of models of speculative behaviour to oil prices. *Economics Letters*, 115: 469 – 472.

［279］Shiller R. , 1981. Do stock prices move too much to be justified by subsequent changes in dividends? *The American Economic Review*, 71 (2): 421 – 436.

［280］Shu M. , Zhu W. , 2019. Detection of Chinese stock market bubbles with LPPLS confidence indicator. arXiv preprint arXiv: 1905. 09640.

［281］Sloan R. , 1996. Do stock prices fully reflect information in accruals and cash flows about future earnings? (Digest summary). *Accounting Review*, 71 (3): 289 – 315.

［282］Smyth R. , Narayan P. K. , 2018. What do we know about oil prices and stock returns? *International Review of Financial Analysis*, 57: 148 – 156.

［283］So M. K. , Chan T. W. , Chu A. M. , 2020. Efficient estimation of high-dimensional dynamic covariance by risk factor mapping: Applications for financial risk management. *Journal of Econometrics.*

[284] Soliman M. T. , 2008. The use of DuPont analysis by market participants. *Accounting Review*, 83 (3): 823 –853.

[285] Stock J. H. , Watson M. W. , 2002. Forecasting using principal components from a large number of predictors. *Journal of the American Statistical Association*, 97: 1167 –1179.

[286] Su C. W. , Li Z. Z. , Chang H. L. , Lobont O. – R. , 2017. When will occur the crude oil bubbles? *Energy Policy*, 102: 1 –6.

[287] Sukcharoen K. , Zohrabyan T. , Leatham D. , Wu X. , 2014. Interdependence of oil prices and stock market indices: A copula approach. *Energy Economics*, 44: 331 –339.

[288] Summers L. H. , 1986. Does the stock market rationally reflect fundamental values? *The Journal of Finance*, 41 (3): 591 –601.

[289] Sun Y. , Xu W. , 2021. A factor-based estimation of integrated covariance matrix with noisy high-frequency data. *Journal of Business & Economic Statistics*, 0 (0): 1 –15.

[290] Tang W. , Wu L. , Zhang Z. , 2010. Oil price shocks and their short-and long-term effects on the Chinese economy. *Energy Economics*, 32: S3 –S14.

[291] Thomas J. K. , Zhang H. , 2002. Inventory changes and future returns. *Review of Accounting Studies*, 7 (2 –3): 163 –187.

[292] Thomas J. , Zhang F. X. , 2011. Tax expense momentum. *Journal of Accounting Research*, 49 (3): 791 –821.

[293] Tibshirani R. , 1996. Regression shrinkage and selection via the lasso: a retrospective. *Journal of the Royal Statistical Society*, 58: 267 –288.

[294] Titman S. , Wei K. C. J. , Xie F. , 2004. Capital investments and stock returns. *Journal of Financial and Quantitative Analysis*, 39 (4): 677 –

700.

[295] Tiwari A. K. , Jana R. , Das D. , et al. , 2018. Informational efficiency of Bitcoin—An extension. *Economics Letters*, 163: 106 – 109.

[296] Toda Y. H. , Yamamoto T. , 1995. Statistical inference in vector autoregressions with possibly integrated processes. *Journal of Econometrics*, 66: 225 – 250.

[297] Tokic D. , 2010. The 2008 oil bubble: Causes and consequences. *Energy Policy*, 38: 6009 – 6015.

[298] Tokic D. , 2015. The 2014 oil bust: Causes and consequences. *Energy Policy*, 85: 162 – 169.

[299] Tsuji C. , 2018. Return transmission and asymmetric volatility spillovers between oil futures and oil equities: New DCC – MEGARCH analyses. *Economic Modelling*, 74: 167 – 185.

[300] Tu J. , Zhou G. , 2010. Incorporating economic objectives into Bayesian priors: Portfolio choice under parameter uncertainty. *Journal of Financial and Quantitative Analysis*, 45: 959 – 986.

[301] Tu J. , Zhou G. , 2011. Markowitz meets Talmud: A combination of sophisticated and naive diversification strategies. *Journal of Financial Economics*, 99: 204 – 215.

[302] Tuzel S. , 2010. Corporate real estate holdings and the cross-section of stock returns. Review of Financial Studies 23 (6): 2268 – 2302.

[303] Upper C. , Worms A. , 2004. Estimating bilateral exposures in the German interbank market: Is there a danger of contagion? European Economic Review 48 (4): 827 – 849.

[304] Urquhart A. , 2016. The inefficiency of Bitcoin. *Economics Letters*, 148: 80 – 82.

[305] Urquhart A. , Zhang H. , 2019. Is Bitcoin a hedge or safe haven for currencies? An intraday analysis. *International Review of Financial Analysis*,

63: 49 – 57.

[306] Valta P. , 2016. Strategic default, debt structure, and stock returns. *Journal of Financial and Quantitative Analysis*, 51 (1): 1 – 33.

[307] Vidal – Tomás D. , Ibañez A. , 2018. Semi-strong efficiency of Bitcoin. *Finance Research Letters*, 27: 259 – 265.

[308] Walther T. , Klein T. , Bouri E. , 2019. Exogenous drivers of Bitcoin and Cryptocurrency volatility – A mixed data sampling approach to forecasting. *Journal of International Financial Markets, Institutions and Money*, 63: 101 – 133.

[309] Wang X. , Wu C. , 2018. Asymmetric volatility spillovers between crude oil and international financial markets. *Energy Economics*, 74: 592 – 604.

[310] Wang X. , Zhang C. , 2014. The impacts of global oil price shocks on China's fundamental industries. *Energy Policy*, 68: 394 – 402.

[311] Wang Z. , 2005. A shrinkage approach to model uncertainty and asset allocation. *Review of Financial Studies*, 18: 673 – 705.

[312] Webster K. , Luo Y. , Alvarez M. A. , et al. , 2015. A portfolio manager's guidebook to trade execution: From light rays to dark pools. Deutsche Bank Markets Research. Quantitative Strategy: Signal Processing, Deutsche Bank Markets Research, New York, USA.

[313] Wei Y. , Guo X. , 2016. An empirical analysis of the relationship between oil prices and the Chinese macro-economy. *Energy Economics*, 56: 88 – 100.

[314] Wen X. , Wei Y. , Huang D. , 2012. Measuring contagion between energy market and stock market during financial crisis: A copula approach. *Energy Economics*, 34 (5): 1435 – 1446.

[315] West K. , 1987. A specification test for speculative bubbles. *Quarterly Journal of Economics*, 102: 553 – 580.

［316］Xiao J. , Zhou M. , Wen F. , et al. , 2018. Asymmetric impacts of oil price uncertainty on Chinese stock returns under different market conditions: Evidence from oil volatility index. *Energy Economics*, 74: 777 – 786.

［317］Xu W. , Ma F. , Chen W. , et al. , 2019. Asymmetric volatility spillovers between oil and stock markets: Evidence from China and the United States. *Energy Economics*, 80: 310 – 320.

［318］Yang Y. , Zhao Z. , 2021. Large cryptocurrency-portfolios: efficient sorting with leverage constraints. *Applied Economics*, 53 (21): 2398 – 2411.

［319］Yen Y. M. , 2016. Sparse weighted-norm minimum variance portfolios. *Review of Finance*, 20: 1259 – 1287.

［320］You W. , Guo Y. , Zhu H. , et al. , 2017. Oil price shocks, economic policy uncertainty and industry stock returns in China: Asymmetric effects with quantile regression. *Energy Economics*, 68: 1 – 18.

［321］Yu J. , Ma Z. , 2019. Expanded BSADF test in the presence of breaks in time trend-a further analysis on the recent bubble phenomenon in China's stock market. *Applied Economics Letters*, 26 (1): 64 – 68.

［322］Zeng F. , Huang W. , Hueng J. , 2016. On Chinese government's stock market rescue efforts in 2015. *Modern Economy*, 7 (4): 411 – 418.

［323］Zhao Z. , Ledoit O. , Jiang H. , 2023. Risk reduction and efficiency increase in large portfolios: Gross-exposure constraints and shrinkage of the covariance matrix. *Journal of Financial Econometrics*, 21 (1): 73 – 105.

［324］Zhao Z. , Wen H. , Li K. , 2021. Identifying bubbles and the contagion effect between oil and stock markets: New evidence from China. *Economic Modelling*, 94: 780 – 788.

［325］陈淼鑫, 黄振伟. 股价波动的长记忆性与横截面股票收益——基于中国市场的实证研究 ［J］. 中国管理科学, 2023, 31 (4): 1 – 10.

［326］郭文伟, 陈凤玲. 中国多层次股市泡沫测度——兼评资本市场

改革措施的影响 ［J］. 财经科学, 2016 (8): 25 – 36.

［327］姜富伟, 涂俊, Rapach D. E., 等. 中国股票市场可预测性的实证研究 ［J］. 金融研究, 2011 (9): 107 – 121.

［328］简志宏, 向修海. 修正的倒向上确界 ADF 泡沫检验方法——来自上证综指的证据 ［J］. 数量经济技术经济研究, 2012, 29 (4): 110 – 122.

［329］苏冬蔚, 麦元勋. 流动性与资产定价: 基于我国股市资产换手率与预期收益的实证研究 ［J］. 经济研究, 2004 (2): 95 – 105.

［330］王琳玉, 倪中新, 郭婧. 上证 50ETF 隐含高阶矩风险对股票收益的预测研究 ［J］. 统计研究, 2020, 37 (12): 75 – 90.

［331］王少平, 赵钊. 中国资本市场的突出风险点与监管的反事实仿真 ［J］. 中国社会科学, 2019 (11): 44 – 63.

［332］谢谦, 唐国豪, 罗倩琳. 上市公司综合盈利水平与股票收益 ［J］. 金融研究, 2019 (3): 189 – 206.

后　记

　　资产组合与定价、市场泡沫和风险是金融学重要的话题。20世纪50年代到20世纪80年代是相关理论发展的黄金时段。在过去的三十多年里，以套利定价理论和有效市场假说为基础，学者们从实证证据出发，以统计理论和计量方法为工具，对金融市场理论进行扩展和改进，极大地丰富了金融市场理论，对于深层认识金融市场规律和合理制定宏观调控政策具有重要意义。但我们发现，随着数据量和维度的增大，现有的计量方法也需要进行改进。同时，大量的研究以成熟的美国市场为背景，对有着诸多特殊性的中国市场研究不足。过去的三十多年里，中国的资本市场进行了包括股权分置改革、注册制改革、融资融券试点等在内的一系列改革。基于此，本书一方面对高维理论和计量方法进行扩展，另一方面对中国金融市场的风险和政策进行研究，以期为更好地理解金融市场理论和现实提供帮助。

　　本书系笔者将关于高维方法和资本市场研究的主要成果整理出版。本书的第2章和第4章是与苏黎世大学银行与金融系Gianluca De Nard博士合作完成的，分别发表于 *International Review of Economics and Finance* 和 *Journal of Empirical Finance*。本书的第3章是与苏黎世大学经济系Olivier Ledoit教授和华中科技大学数统学院江慧教授合作完成，发表于 *Journal of Financial Econometrics*。本书的第5章是与中南财经政法大学金融学院杨洋博士合作完成，发表于 *Applied Economics*。本书的第6章是与华中科技大学经济学院博士生导师王少平教授合作完成，发表于《中国社会科学》。本书的第7章是与南昌大学经管学院温湖炜教授和湖南师范大学数统学院李科教授合作完成，发表于 *Economic Modelling*。本书的第 2 章主要由寿圆圆同学翻译，第 3 章和第 5 章主要由张美婷同学翻译，第 4 章和第 7 章主要由曾宇青同学翻译。在此一并对合作者们表示感谢，也对期刊、编辑和审稿专家表示感谢。本书的研究得到了国家自科基金面上项目"双重压缩的资产收益因子模型及其在我国资本市场的应用"（项目批准号：72173048）和"华中科技大学文科双一流建设项目基金"的资助，在此一并致谢。

　　由于个人水平和能力有限，本书还存在诸多不足，恳请读者谅解，如有宝贵意见提出我们将衷心感谢。